LES FEMMES DE CAVENDON

Barbara Taylor Bradford

LES FEMMES
DE CAVENDON

Roman

Traduit de l'anglais (Etats-Unis)
par Marion Roman

PRESSES
DE LA CITÉ

Titre original : *Cavendon Hall Women*

L'édition originale de cet ouvrage a paru en 2015
chez HarperCollins *Publishers*, Londres.
© Barbara Taylor Bradford 2015
© Presses de la Cité, 2015 pour la traduction française
ISBN 978-2-258-11869-0

Presses
de   un département **place des éditeurs**
la Cité

place
des
éditeurs

Pour Bob, avec mon amour éternel

PERSONNAGES

À L'ÉTAGE NOBLE

La famille Ingham en 1926

Les parents

Charles Ingham, cinquante-sept ans, sixième comte de Mowbray, seigneur et propriétaire de Cavendon Hall. Désigné sous le nom de lord Mowbray.

Felicity Ingham, cinquante-six ans, son ex-femme. Ancienne comtesse de Mowbray, héritière de feu son père, un riche capitaine d'industrie, elle est remariée à Lawrence Pierce, un chirurgien de renom.

Leurs enfants

Miles Ingham, vingt-sept ans, héritier du titre. Il réside à Cavendon, où il se prépare à reprendre l'exploitation du domaine familial. Il est marié à Clarissa Mildrew.

Lady Diedre Ingham, aînée des filles, trente-trois ans. Célibataire. Elle habite Londres, où elle travaille au War Office.

Lady Daphné Ingham Stanton, trente ans. Elle occupe l'aile sud de Cavendon avec son époux, Hugo Stanton, et leurs cinq enfants.

Lady DeLacy Ingham, vingt-cinq ans. Elle réside à

Londres. Elle a repris son nom de jeune fille après son divorce d'avec Simon Powers.

Lady Dulcie Ingham, la benjamine, dix-huit ans. Elle réside à Cavendon Hall.

Les domestiques parlent affectueusement des demoiselles de Cavendon comme des « Quatre D ».

Alicia, douze ans ; Charles, huit ans ; Thomas et Andrew, cinq ans ; et Annabel, deux ans, sont les enfants de lady Daphné et de M. Hugo Stanton.

Autres membres de la famille Ingham

Lady Lavinia Ingham Lawson, cinquante-trois ans, sœur du comte et veuve de John Edward Lawson, dit Jack. Elle habite Londres. Lorsqu'elle séjourne dans le Yorkshire, elle vit à Skelldale House, sur le domaine de Cavendon.

Lady Vanessa Ingham, quarante-sept ans, sœur du comte. Restée célibataire, elle dispose d'appartements privés à Cavendon Hall. Elle demeure le plus souvent à Londres.

Lady Gwendolyn Ingham Baildon, quatre-vingt-six ans, tante du compte, veuve de feu Paul Baildon. Elle réside au manoir de Little Skell, sur le domaine de Cavendon.

Honorable Hugo Ingham Stanton, quarante-cinq ans, cousin germain du comte, neveu de lady Gwendolyn, la sœur de sa défunte mère, lady Evelyne Ingham Stanton. Il est l'époux de lady Daphné.

DANS L'ESCALIER

L'autre famille : les Swann

Les Swann sont au service des Ingham depuis plus de deux siècles. En conséquence, les deux familles se vouent une confiance totale et réciproque, et leurs destins sont liés à bien des égards. Depuis des générations, les Swann vivent au village de Little Skell, situé en bordure du domaine de Cavendon. Les représentants actuels de la famille Swann, aussi loyaux et dévoués que l'étaient leurs ancêtres, seraient prêts à défendre leurs maîtres de leur propre vie.

La famille Swann en 1926

Walter Swann, quarante-huit ans, valet du comte. Il est le chef de la famille Swann.

Alice Swann, quarante-cinq ans, son épouse. Couturière hors pair, elle prend soin de la garde-robe de la comtesse et confectionne des vêtements pour les demoiselles Ingham.

Harry, vingt-huit ans, leur fils. Anciennement apprenti jardinier à Cavendon, il se forme désormais à la gestion du domaine aux côtés de Miles Ingham.

Cecily, vingt-cinq ans, leur fille. Elle habite et travaille à Londres, où elle s'est fait un nom dans la mode. Elle possède trois boutiques de vêtements.

Autres membres de la famille Swann

Percy, quarante-cinq ans, frère cadet de Walter. Il est le garde-chasse du domaine.

Ted, cinquante et un ans, cousin germain de Walter. Il est responsable de la charpenterie et de la maintenance à Cavendon.

Eric, quarante-six ans, frère de Ted et cousin germain de Walter. Il est majordome à la résidence londonienne de lord Mowbray, et célibataire.

Laura, trente-neuf ans, sœur de Ted et cousine germaine de Walter. Elle est gouvernante à la résidence londonienne de lord Mowbray et célibataire.

Charlotte, cinquante-huit ans, tante de Walter et Percy. Charlotte est la matriarche de la famille Swann. Elle est très respectée de tous et les Ingham la traitent avec une déférence particulière. Dans sa jeunesse, Charlotte a travaillé comme assistante personnelle de David Ingham, cinquième comte de Mowbray, jusqu'à la mort de ce dernier. La véritable nature de leurs relations a donné lieu à bien des spéculations.

Dorothy Pinkerton, née Swann, cousine de Charlotte. Elle vit à Londres, où elle est mariée à un enquêteur de Scotland Yard. Elle travaille avec Cecily chez Cecily Swann Couture.

À L'OFFICE

M. Henry Hanson, majordome.
Mme Agnès Thwaites, gouvernante.
Mlle Susie Jackson, cuisinière (nièce de Nell, retraitée).
M. Gordon Lane, premier valet de pied.
M. Ian Melrose, second valet de pied.
Mlle Jessie Phelps, première femme de chambre.
Mlle Pam Willis, deuxième femme de chambre.
Mlle Connie Layton, troisième femme de chambre.
M. Tim Hartley, chauffeur.

AUTRES EMPLOYÉS

Mlle Margaret Cotton, dite « Nanny », la nourrice des enfants de lady Daphné.
Mlle Nancy Pettigrew, la préceptrice. Elle ne passe pas l'été à Cavendon.

LES OUVRIERS DU DOMAINE

La propriété s'étend sur plusieurs centaines d'hectares, dont une vaste lande réservée à la chasse au tétra et plusieurs terrains loués en fermage. Cavendon n'est pas seulement la demeure d'une famille noble, c'est aussi une importante source d'emploi pour les habitants des environs. Les villages adjacents au domaine – Little Skell, Mowbray et High Clough – ont été bâtis par différents comtes de Mowbray afin d'y loger leurs employés. Au fil des siècles, ils ont été pourvus d'églises et d'écoles, puis plus récemment de bureaux de poste et de petits commerces.

La maintenance des espaces extérieurs est assurée par une escouade d'ouvriers, dont cinq jardiniers qui prennent soin du parc paysager. Plusieurs bûcherons veillent à entretenir les bois de façon à faciliter la traque du gibier dans les vallons. Une équipe de cinq gardes-chasses, sous la direction de leur superviseur, est assistée de nombreux rabatteurs quand arrivent les « Fusils ».

Le 12 août marque en grande pompe l'ouverture de la chasse au tétra, qui se termine en décembre. En septembre débutent la saison de la perdrix et celle du canard sauvage, tandis que l'on peut tirer le faisan du 1er novembre jusqu'à la fin du mois de décembre.

Sous le terme de « Fusils », on désigne les gentilshommes, nobles pour la plupart, qui viennent chasser à Cavendon.

PREMIÈRE PARTIE

Une réunion de famille
Juillet 1926

L'univers restreint de l'enfance, avec son environnement familier, constitue un modèle réduit du vaste monde. Plus la famille marque profondément l'enfant du sceau de son caractère, plus ce dernier tendra à retrouver dans le monde des adultes son univers miniature d'antan.

Carl Jung (1913)

1

Cecily Swann connaissait bien ce sentier. Elle l'avait parcouru tant de fois qu'elle le voyait dorénavant comme une vieille connaissance. Levant la tête, elle admira le superbe édifice qui la dominait depuis le haut de la colline. Cavendon Hall. L'une des plus grandes demeures d'Angleterre, et la plus renommée du Yorkshire.

Enfant, elle s'y était rendue très souvent : elle résidait alors avec ses parents et son frère Henry au village de Little Skell, à l'orée du domaine. Comme l'avaient fait leurs aïeux pendant précisément cent soixante-treize ans.

C'était un beau vendredi matin de juillet. Le soleil déversait sur le manoir sa lumière cristalline, nimbant la façade de cette douce lueur propre aux régions du Nord.

Cecily reprit sa marche en scrutant les environs, cherchant des yeux Genevra, la jeune gitane. Au bout du champ, on distinguait le campement de roulottes : sa famille habitait donc toujours sur les terres du comte, comme celui-ci l'avait permis de longue date. Certaines choses ne changeaient pas !

D'autres, en revanche…

Si, d'apparence, Cavendon Hall restait fidèle au souvenir qu'en gardait Cecily, tout était sens dessus dessous. La Grande Guerre avait tout bouleversé, les esprits en premier lieu. « C'en est fini du bon vieux temps, comme disait son père, Walter. Tout va à vau-l'eau ! »

Lui et son fils Harry étaient rentrés indemnes des tranchées, mais Guy Ingham, l'héritier du comte de Mowbray, n'avait pas eu leur chance. Il était tombé au combat pour sa patrie, et reposait en France auprès de ses frères d'armes. On l'avait beaucoup pleuré, dans sa famille mais aussi dans tous les villages voisins qui perdaient avec lui plus qu'un futur seigneur, un homme bon. Le titre et l'héritage du comte étaient échus à Miles Ingham, son fils cadet.

Miles…

Le cœur de Cecily se serra. Enfant, il avait été pour elle un compagnon de jeu, un ami fidèle et, plus tard, un amoureux fervent. Et elle l'aimait encore. Il lui avait promis qu'un jour, il ferait d'elle sa femme, mais le sort en avait décidé autrement. Miles avait été contraint d'en épouser une autre : Clarissa Mildrew, la fille de lord Mildrew. La belle aristocrate faisait pour lui un parti plus convenable, à même de lui donner un noble héritier. Ainsi allait la vie dans les grandes familles : la descendance gouvernait le destin des individus.

Cecily bifurqua soudain vers la roseraie. Elle avait besoin de quelques instants de solitude. De toute façon, elle était en avance pour son rendez-vous.

Elle tira le lourd battant de chêne et descendit les quelques marches. Dans l'air flottait le parfum entêtant des dernières roses de la saison, et la jeune femme se laissa enivrer. Elle s'assit sur un banc de fer forgé, déjà un peu apaisée. Cet endroit avait toujours recelé à ses yeux des trésors de beauté. Elle ferma les yeux.

Pourquoi diable avait-elle accepté d'aider Miles à organiser ces festivités ?

Parce que sa tante Charlotte l'en jugeait capable, voilà pourquoi. Sa voix résonnait encore dans la tête de Cecily. « Lady Daphné est la seule à pouvoir assurer le bon déroulement de l'événement ; or elle est accaparée par ses cinq enfants et par la gestion de Cavendon... Si tu pouvais prêter main-forte à Miles, je t'en saurais personnellement gré. »

Une semaine plus tôt, en réponse à cette requête, Cecily avait d'abord cherché à se défiler, prétextant que Miles avait d'autres sœurs qui pouvaient bien s'en charger. Mais sa tante avait battu en brèche ses objections d'un revers de la main. « Et s'il y avait des complications ? Toi seule sauras faire face en cas d'imprévu. Toi seule possèdes la poigne nécessaire pour mener à bien cette tâche. »

Oui, elle avait de la poigne. Mais en l'occurrence, c'était envers elle-même qu'il lui faudrait se montrer intraitable.

Elle n'avait pas parlé à Miles depuis six ans. Oh, ils avaient bien échangé quelques mots en se croisant à Cavendon, s'étaient salués de la main. Mais rien de plus. Six ans plus tôt, Cecily s'était promis de ne plus jamais le laisser l'approcher. « Je vais mener ma propre vie, avait-elle confié à sa tante, et me consacrer à ma carrière de styliste. » Charlotte avait opiné gravement, manifestement soulagée. Alors pourquoi lui demandait-elle à présent d'assister Miles ? Cecily ne se l'expliquait pas. Mais elle n'avait guère le choix.

Elle se redressa en soupirant. Elle devait tant à Charlotte Swann ! C'était elle qui avait avancé de sa poche les fonds nécessaires à l'ouverture de son commerce. Elle lui avait pour ainsi dire offert sa première boutique, dans Burlington Arcade. Elles s'étaient associées et leur partenariat connaissait le même succès florissant que la carrière de Cecily.

« Elle me fait confiance, résolut Cecily. Elle sait que je ne succomberai pas aux charmes de Miles. Que je maintiendrai avec lui des rapports strictement professionnels. Elle n'ignore pas combien il m'a blessée, combien j'en souffre encore. Ni que mon travail représente toute ma vie... »

Rassérénée, elle se releva, quitta la roseraie et reprit la

direction du manoir. Miles Ingham ne lui faisait pas peur. Cecily Swann n'avait peur de personne !

Au cours des six années passées, elle avait appris à ne compter que sur elle-même. Elle était devenue une femme indépendante qui ne laissait personne lui dicter ses choix. Sa réussite professionnelle la comblait ; on s'arrachait ses créations à Londres et même outre-Atlantique. Deux fois déjà, elle avait fait le voyage jusqu'à New York. Oui, Cecily était promise à un avenir radieux fait de défis et, sans doute, de gloire. Miles appartenait au passé. Il fallait aller de l'avant.

Elle avait accepté de l'aider, mais pas plus que nécessaire. Une fois sa mission achevée, elle regagnerait Londres et reprendrait le cours de sa vie, remisant Miles dans un coin de son esprit. Il n'y avait pas de place pour lui dans son existence bien remplie ! Jamais elle n'oublierait ce jour où il lui avait annoncé ses fiançailles et brisé le cœur. Le pardon était impossible.

2

Miles Ingham se baissa pour ramasser les rondelles de liège qui servaient à caler les tableaux équestres de George Stubbs et les déposa sur le manteau de la cheminée, à côté de l'horloge. Charlotte les replacerait ; elle s'en acquittait depuis des années avec un doigté inégalable.

Le jeune homme alla s'asseoir au bureau de son père pour passer en revue le programme des jours à venir, qu'il devrait soumettre à Cecily Swann.

La revoir, parler avec elle, la côtoyer, tout simplement, lui inspirait autant de joie impatiente que de crainte. Depuis des années maintenant, Cecily affichait à son égard une courtoisie distante et guindée ; jamais Miles n'avait réussi à ouvrir la moindre fissure dans ce mur qu'elle avait érigé entre eux. Il ne lui en tenait pas rigueur : il lui avait causé un tort immense. Il comprenait qu'elle lui en gardât rancœur.

Mais, au cours des prochains jours, ils allaient devoir collaborer, et donc se témoigner un minimum de cordialité. Le succès de la grande réunion de famille des Ingham en dépendait. Quelle attitude adopter envers Cecily ? Que jugerait-elle correct, venant de lui ?

Miles bondit sur ses pieds. Ses nerfs le tourmentaient. Il se mit à arpenter la bibliothèque, cherchant à dominer les émotions qui bouillonnaient en lui. Cecily devait arriver d'une minute à l'autre, or il n'avait toujours pas trouvé de formule appropriée pour la saluer. Voilà qui augurait mal des prochains jours !

Miles appréhendait les festivités à venir. Cavendon Hall n'avait plus accueilli ce genre de célébrations depuis de longues années. Entre les difficultés financières rencontrées par la famille, la mort au combat de Guy et de nombreux fidèles employés, le départ de l'ancienne comtesse (scandale que chacun s'efforçait d'oublier), le divorce et la dépression de DeLacy, il n'y avait guère eu lieu de festoyer.

La vie de Miles n'était guère plus reluisante. Il détestait Clarissa, qui s'était très vite révélée obtuse, superficielle et cupide. Dépensière de surcroît, elle ne s'intéressait qu'aux toilettes, aux bijoux et aux cosmétiques. Pour couronner le tout, elle était mauvaise langue : son activité préférée consistait à médire de ses prétendues amies derrière leur dos. Miles nourrissait également une aversion croissante envers son beau-père, lord Mildrew, qui choyait à l'excès sa fille unique, cédant sans sourciller au moindre de ses caprices.

Cet ensemble de griefs avait ouvert un abîme entre les deux époux, situation que Miles aurait pu accepter de bonne grâce si sa femme lui avait donné des enfants. Mais l'héritier que tout Cavendon appelait de ses vœux lui avait été refusé. Clarissa s'était avérée stérile. Pour achever de creuser le fossé qui les séparait, elle avait rapidement pris le domaine en grippe et refusait depuis longtemps d'y mettre les pieds.

— Je ne suis pas un rat des champs ! lui avait-elle lancé quelques mois après leur union.

Leur union… Quel terme ironique. Amer, Miles gagna la fenêtre et son regard se perdit à l'horizon.

Soudain, il tressaillit. Cecily gravissait les marches de la terrasse, et ce spectacle balaya toute pensée. Un poids semblait soudain peser sur sa poitrine... Il se reprit et, masquant son émoi, alla lui ouvrir.

Elle s'avança à sa rencontre, renversante de beauté. Des reflets roux émaillaient sa luxuriante chevelure, son teint d'albâtre faisait ressortir ses yeux pervenche, apanage des Swann. Elle portait une robe toute simple, blanche à ceinture marine, dont la jupe de soie fluide flottait autour de ses jambes fines.

— Bonjour, Cecily, lui dit Miles quand il eut recouvré l'usage de la parole. Merci d'être venue.

Son cœur battait la chamade mais, par chance, sa voix ne chevrotait pas.

Pour toute réponse, elle hocha la tête et prit la main qu'il lui tendait. L'ayant serrée, elle se dégagea.

— J'espère que le beau temps se maintiendra, déclara-t-elle, impassible.

— Oui, moi aussi, répondit Miles.

Sans rien ajouter, il prit la jeune femme par le coude et la mena jusqu'à la bibliothèque. Cecily alla se poster devant l'âtre ; même en été, cette pièce résistait à tous les efforts déployés pour la chauffer.

— Je te présente mes excuses, annonça Miles tout de go.

— Tes excuses ? Pourquoi donc ?

— Je ne t'ai pas félicitée pour ton incroyable succès. Tu as réussi, Cecily, et je tenais à te dire à quel point j'en suis heureux. Je suis très fier de toi. (Il s'éclaircit la gorge.) J'ai voulu t'écrire, mais toutes mes tentatives ont échoué dans ma corbeille à papier : je ne trouvais pas les mots justes. Du reste, je craignais qu'une lettre de moi ne t'importunât...

— Tu as bien fait, répondit-elle, un peu acide.

Elle s'assit près du feu et lissa sa jupe en silence. Il ne lui avait pas échappé que Miles avait mauvaise mine. Une ombre ternissait ses yeux bleus. Hâve, amaigri, il respirait le mal-être. Il souffrait. La jeune femme ne put s'empêcher de compatir.

Miles s'assit et, d'une voix basse, il se lança :

— J'ai rédigé un programme détaillé des journées de samedi et dimanche ; je souhaiterais le revoir avec toi. Mais, avant, je désire t'entretenir d'un autre sujet...

— Je t'écoute, répondit Cecily en soutenant son regard.

— Il s'agit de nos relations. Nous sommes... distants, toi et moi, depuis quelques années. Je le comprends. Cependant, il serait malvenu de nous battre froid devant la famille au grand complet, n'en conviens-tu pas ?

— Si. Je ne tiens pas à heurter les sensibilités. Je ferai amende honorable au cours des prochains jours.

— Moi de même, Cecily.

Un pâle sourire aux lèvres, il ajouta :

— Je me suis surpris à rêver que nous pourrions revivre notre passé. N'étions-nous pas heureux, alors ?

Comme elle gardait le silence, il reprit :

— J'aimerais retrouver cette insouciance.

— Si tu te figures que je vais te suivre au grenier pour une visite à notre « nid d'amour » d'autrefois, tu te mets le doigt dans l'œil jusqu'au coude, laissa tomber Cecily.

Elle avait prononcé ces mots avec tant de solennité que Miles faillit éclater de rire. Lui qui n'avait plus ri depuis des mois...

— Je parlais seulement de notre comportement l'un envers l'autre, se hâta-t-il d'expliquer à la jeune femme indignée.

Il ne s'en doutait pas, mais elle aussi combattait l'hilarité. Il lui avait fallu mobiliser toute sa rancœur pour rester de marbre ; elle ne lui ferait pas le plaisir de se dérider. Ni celui-là ni aucun autre.

— Je crois qu'au prix d'un gros effort, nous devrions être capables d'effacer ces dernières années et de retrouver notre amitié d'antan, le temps des festivités, dit-elle.

Pour ma part, je m'y efforcerai. Je ne ternirai pas la fête de lord Mowbray.

— Merci, Cecily. Je savais que tu accepterais de négocier un accord...

— J'y vois plutôt un compromis, ne t'en déplaise, le coupa-t-elle sans ciller.

— Un mot encore. Il me semble juste de te mettre au courant...

Cecily plissa les yeux. La voix de Miles le trahissait : il s'apprêtait à aborder un sujet important.

— Je suis tout ouïe, dit-elle.

— Je dois me rendre à Londres la semaine prochaine, pour la première fois depuis plusieurs mois. J'ai l'intention de demander le divorce.

— Mais... que dira le comte ? bredouilla Cecily, qui ne s'attendait pas à ce coup de théâtre.

— Mon union avec Clarissa a été une erreur, et papa ne le nie pas. Non seulement ma femme déteste le Yorkshire, mais elle ne m'a pas donné d'enfant, ce qui le fâche fort. Nous vivons séparément : les chances qu'elle nous donne un héritier sont pour ainsi dire nulles.

Silence.

— Tu le savais déjà, comprit Miles. Les Swann sont toujours au courant de tout ce qui touche aux Ingham.

— Pas toujours. Mais, en l'occurrence, c'est vrai : je savais votre union malheureuse. Ma tante Charlotte m'en a informée. Tu m'en vois navrée.

— Au vu des sacrifices consentis... murmura Miles éperdu.

Mais il ne finit pas sa phrase, et Cecily songea avec une pointe d'aigreur à ses propres sacrifices.

— Je ferai à Clarissa une offre généreuse, reprit le jeune homme. Je lui verserai une pension et je lui céderai le manoir de Kensington que mon père nous a offert en cadeau de mariage. Même dans ces conditions, toutefois, j'ignore si elle acceptera le divorce.

— Pourquoi refuserait-elle ? Elle est encore jeune et jolie, elle pourrait se remarier. Avec sa nouvelle maison et sa pension alimentaire en guise de dot...

— J'interromprais la pension en cas de remariage. Mais le problème n'est pas là.

— Où, alors ?

— Clarissa brigue le titre de comtesse. Quand papa a été frappé par une attaque l'année dernière, Clarissa peinait par moments à me cacher sa joie ; elle n'attendait qu'une chose : qu'il meure et me cède sa place. Elle croyait toucher au but...

— Quelle horreur !

— N'est-ce pas ? Oui, elle s'opposera à ma décision, mais je l'emporterai. Papa a parlé à son avocat, et il existe une solution : le divorce pour faute. Maître Paulson affirme que je peux faire valoir l'argument de l'abandon du domicile conjugal. De fait, Clarissa a déserté Cavendon.

Renversée dans son fauteuil, Cecily songea que si elle avait mis à profit ces six dernières années pour lancer et faire prospérer son affaire, elles n'avaient été pour Miles que six années perdues...

— Je donnerais cher pour connaître tes pensées, murmura-t-il en l'observant.

— Je pensais à ce temps précieux que tu as perdu, lui répondit-elle avec sa franchise coutumière.

— Ne me plains pas trop. J'en ai profité pour étudier l'exploitation des terres et du bétail, l'entretien de notre parc de tétras, et la gestion du domaine. Je n'ai eu de cesse d'apprendre.

Il y eut un silence, puis il reprit :

— Quand je serai enfin libéré de Clarissa, pourrai-je espérer... ?

— Espérer quoi ?

— Tu le sais bien. Voudras-tu de moi, Ceci ?

La question ne l'étonna pas. Elle savait que rien ne pouvait altérer leurs sentiments l'un pour l'autre. Elle n'aimerait jamais un autre homme, ni Miles une autre femme. Restait que le comte n'accepterait pour bru qu'une femme de haute naissance. Ceci était une roturière, comme le lui avait fait remarquer DeLacy six ans auparavant. « Comment pouvais-tu imaginer qu'il t'épouserait ? » s'était-elle esclaffée en lui apprenant les fiançailles de Miles avec Clarissa. Ces mots étaient restés gravés dans la mémoire de Cecily.

— Tu ne réponds pas... murmura Miles.

Il posait sur elle un regard d'adoration fervente, et Ceci en fut touchée. C'était là le reflet de ses propres sentiments. Lentement, elle reprit la parole.

— Lorsque j'avais douze ans, tu m'as demandé ma main, et je te l'ai accordée. Mais nous étions trop jeunes. Lorsque j'ai eu dix-huit ans, tu as répété ta demande et, à nouveau, j'ai accepté. Mais tu en as épousé une autre. Dois-je comprendre que la troisième fois sera la bonne ?

— Ma foi... oui.

Le masque grave que Miles affichait laissa la place à un sourire et c'est d'une voix rajeunie qu'il poursuivit :

— Alors, Ceci ? Quand je serai un homme libre, consentiras-tu à m'épouser ?

— Je ne sais pas. Je ne pense pas. J'ai beaucoup changé, et toi aussi...

Elle prit une profonde inspiration avant de terminer sa phrase :

— Mais une chose ne changera jamais : je suis une femme du peuple. Je ne peux pas m'engager auprès de toi, ni toi envers moi.

— Mais tu m'aimes, Cecily, et je n'ai jamais cessé de te rendre cet amour. Ne prétends pas l'ignorer. Nous sommes faits l'un pour l'autre, toi et moi. Nous le savons depuis notre plus tendre enfance.

Cecily resta sans réaction, son visage ne trahissant pas la moindre émotion. Mais son cœur se serrait dans sa poitrine. Elle brûlait de lui dire « oui », mais quelque chose la retenait. Un instinct profond, qui lui dictait de rester sur son quant-à-soi. Car ce n'était pas Miles qui aurait le dernier mot, mais son père, le sixième comte de Mowbray.

Il avait dû lire dans ses pensées, car il annonça :

— Chaque chose en son temps. Je dois d'abord m'occuper de mon divorce. Ensuite, nous en reparlerons. Entendu ?

Cecily opina.

— Bien ! En ce cas, au travail ! Les prochains jours vont être chargés. Pour ce qui est de samedi...

Il se lança dans une tirade toute professionnelle, sans toutefois se départir de son sourire. Cecily deviendrait sienne. Le destin des Swann était inexorablement lié à celui des Ingham, et ce depuis toujours. Or nul ne pouvait rien contre le destin.

3

Avec ses parterres entourés de haies de troènes minia-
tures, le jardin couvert était ravissant. Enchanteur, même.
Charlotte Swann en souriait d'aise : c'était son petit-neveu,
Harry, qui l'avait conçu pour orner le salon vert d'eau,
dans l'aile sud du manoir. En quelque sorte, il avait repris
le flambeau, car elle-même avait déjà, treize ans plus tôt,
réalisé ici même un décor spécial à l'occasion du dîner
dansant que les maîtres donnaient chaque été, et auquel
était conviée toute l'aristocratie du comté. La soirée avait
été mémorable à plus d'un égard. Lady Daphné avait
ébloui l'assemblée par son incomparable beauté. Pendant des semaines, la haute société n'avait parlé que de
sa toilette, une robe piquée de perles turquoise scintillant
comme l'océan.

Repensant à Harry, Charlotte eut un pincement au cœur.
Quel dommage qu'il ait tourné le dos à l'art du jardin ! Il
était si doué pour ce métier, si attentif aux harmonies de
formes et de couleurs. Ses jardins constituaient rien moins
que des œuvres d'art. Hélas ! il s'était désintéressé de cette
profession au profit de la gestion du domaine.

Sa rébellion datait du début de l'année et son père,
Walter, avait encore du mal à l'accepter. Que son fils
envisageât de quitter Cavendon représentait à ses yeux une
trahison. En revanche, Alice, sa mère, n'en avait pas été

surprise. La guerre, la boucherie des tranchées avaient profondément changé son fils. Comme tous les survivants, du reste, Walter le premier. Mais, alors que ce dernier s'était replié sur lui-même, Harry avait développé indépendance et ambition. Et il avait raison : la société avait une dette envers lui. Grâce à l'intervention de Charlotte auprès du comte, qui lui-même en avait touché deux mots à Alex Cope, le nouveau gestionnaire du domaine, Harry avait commencé de gravir les échelons de Cavendon.

— Alors, ça te plaît ?

Charlotte sursauta. Nonchalamment appuyé au cadre de la porte, Harry affichait une expression énigmatique.

— Si ça me plaît ? Harry, mon garçon, tu t'es surpassé !

— Alors, c'est que j'ai hérité d'un peu de ton talent, ma tante.

— Allons, tu es bien plus doué que je ne l'ai jamais été. C'était très aimable à toi de prendre le temps de créer ce jardin.

— Tout le plaisir est pour moi. C'est ma façon de te remercier d'avoir arrondi les angles avec papa. Dis, tante Charlotte, j'ai une question à te poser...

Il s'interrompit et parut sur le point de se raviser.

Sa tante ne put s'empêcher de l'admirer. A vingt-huit ans, Harry était devenu aussi grand que son père. Outre de beaux cheveux auburn, il possédait ces traits ciselés qui faisaient, avec le bleu pervenche de ses yeux, l'attrait des Swann depuis des générations.

— Quelque chose ne va pas ? s'enquit-elle.

— Non, rassure-toi. Je suis seulement curieux de savoir pourquoi tu as encouragé Ceci à prêter main-forte à Miles pour les festivités. L'une des « Quatre D » aurait pu s'en charger...

Charlotte secoua la tête.

— Daphné est trop occupée, Dulcie trop jeune, DeLacy trop déprimée, et la tâche paraît bien trop triviale pour une intellectuelle telle que Diedre. Or Miles ne s'en serait pas sorti seul. Il ne restait que Ceci.

— Le pauvre ! Ma sœur le traite avec tant de froideur qu'il pourra s'estimer heureux s'il s'en sort sans engelures !

Charlotte eut un petit rire. Harry ne mâchait pas ses mots, mais il visait souvent juste.

— Pour tout t'avouer, j'ai une idée derrière la tête...

— Je m'en doute. Laisse-moi deviner. Notre cher Miles est à bout de forces, il a besoin d'égards et de bonté. Et Ceci, malgré sa rancune, n'en est pas avare...

Charlotte s'étonna une fois de plus de la perspicacité de Harry. Il connaissait bien sa sœur, assurément.

— Je joue peut-être avec le feu, confessa Charlotte, mais Miles et Ceci sont adultes : ils sauront se débrouiller.

Harry, qui partageait son avis, s'éloigna pour inspecter les plates-bandes. Arrachant une fleur fanée, il murmura :

— Tu es inquiète, ma tante ? A propos de l'annonce ?

— A vrai dire, je n'en sais trop rien. Cela va jaser, à coup sûr, et les mises en garde vont pleuvoir. Mais nous nous en accommoderons. C'est aussi pour cela que j'ai choisi Ceci : pour son flegme. Elle n'a pas sa pareille pour calmer les esprits échauffés. Je pense parfois qu'elle aurait fait une excellente diplomate. L'art de la négociation n'a pas de secrets pour elle !

— Pour qui ? demanda lady Dulcie en déboulant dans la pièce.

Vêtue d'une robe d'été bouton-d'or, elle rayonnait. A dix-huit ans, elle restait fidèle à l'enfant qu'elle avait été : pleine de vitalité et de verve. C'était une jeune fille sûre d'elle, forte d'une redoutable intelligence et reconnue pour son franc-parler. Seule Diedre, sa sœur aînée, lui inspirait encore quelque circonspection.

Souriante, Dulcie traversa la pièce et enlaça Charlotte, qu'elle considérait un peu comme sa mère : celle-ci l'avait élevée, aux côtés de la nourrice et avec l'aide de Daphné.

— Tu m'as manqué, Dulcie. T'es-tu bien amusée à Londres ?

— Oh ! oui, Charlotte, beaucoup. J'étais très bien chez tante Vanessa ; et mes leçons d'histoire de l'art m'ont énormément plu. Mais je suis contente d'être de retour.

Elle jeta un regard furtif à Harry, qui ne la quittait pas des yeux.

— Bonjour, Harry ! lui lança-t-elle gaiement.

Il inclina la tête, rougissant, et articula quelques mots :

— Soyez la bienvenue, lady Dulcie.

La fille cadette du comte avait le don de lui faire perdre ses moyens. Elle était si belle qu'en sa présence, il se troublait. Charlotte reprit les rênes de la conversation.

— Regarde le joli jardin que nous a composé Harry. Cela sera du meilleur effet, demain soir, au dîner.

— Je n'ai jamais rien vu d'aussi réussi, acquiesça Dulcie. Bravo, vous êtes un artiste accompli. Cela me rappelle quelque chose... Je crois bien que j'ai vu un jardin quand j'étais petite, un soir de bal...

Charlotte sourit : elle se rappelait bien l'incident. On lui avait rapporté le lendemain de la soirée que la petite y avait fait une irruption très remarquée, toute barbouillée de chocolat.

— Aucune de ces dames n'osait t'approcher, de peur de tacher sa toilette.

Dulcie pouffa.

— Au fait, où se cache Daphné ? demanda-t-elle. Je la cherche partout.

— Elle passe en revue le plan de table dans le jardin d'hiver.

— J'y vais ! Mais d'abord, dis-moi : qui est cette experte en négociations dont vous parliez tantôt ?

— Cecily Swann, bien sûr, la renseigna Charlotte.

4

— Dulcie ! Tu m'as manqué, dit Daphné à sa sœur qui se jetait à son cou.

Puis elle tint sa cadette à bout de bras pour l'admirer à loisir, et rendit son verdict :

— Tu es plus belle que jamais.

— Peuh ! C'est toi, la fine fleur de la famille, objecta Dulcie.

Sans reprendre haleine, elle attira sa sœur vers la causeuse en osier, s'y assit et poursuivit :

— J'ai mille choses à te raconter. Il s'agit, surtout, de Felicity.

Depuis que leur mère avait quitté Cavendon, Dulcie ne la désignait plus que par son prénom. Parfois, elle allait jusqu'à l'appeler « cette femme au cœur de pierre qui m'a abandonnée », ou la gratifiait d'autres sobriquets peu flatteurs. Daphné la comprenait. Absorbée par la maladie mortelle de sa propre sœur, ainsi que par d'autres problèmes personnels, Felicity avait négligé la petite Dulcie, chose que l'enfant ne lui avait jamais pardonnée.

— Je t'écoute, lui dit Daphné.

— On murmure qu'elle s'apprête à flanquer son mari à la porte. Et tu sais quoi ? On dit que quand il ne brandit pas le bistouri, c'est d'un autre… « instrument » qu'il joue. On lui prête une sacrée réputation de coureur de jupons !

Dulcie guetta avidement l'effet que produiraient ses sous-entendus grivois. Elle ne fut pas déçue : Daphné éclata de rire. Le langage fleuri de sa sœur ne laissait pas de l'amuser. Leur père lui-même soutenait que la petite était du bois dont on faisait les écrivains.

— De qui le tiens-tu ? s'enquit-elle.

— De lady Dunham, la mère de Margaret Atholl. Il paraît que cette pauvre Felicity est malheureuse et prévoit de revenir à Cavendon. Qu'elle essaie seulement ! Je l'accueillerai, moi ! Papa ne céderait pas aux sirènes de cette créature cupide aux appétits bestiaux, tout de même ?

Daphné se mit en devoir de la rassurer.

— Elle n'oserait jamais revenir. Papa ne veut plus entendre parler d'elle. Ce sont des racontars que tu as entendus. Sauf, peut-être, pour ce qui est de M. Pierce, son mari. J'ai eu vent d'anecdotes le concernant, moi aussi...

— Apparemment, il se considère comme un croisement de Don Juan et Casanova ! On dit qu'il possède un énorme... voyons, comment dire ? Un énorme *talent caché*.

Daphné était hilare.

— Il n'est pas rare que les chirurgiens se prennent pour des dieux, observa-t-elle en recouvrant son sérieux. Sans doute parce qu'ils ont le pouvoir de sauver des vies...

— Ou d'en gâcher, rétorqua Dulcie.

Elles se turent un moment, puis Dulcie changea de sujet.

— J'ai trouvé le bon ami de tante Vanessa très sympathique. C'est un Barnard, une famille respectable, et il a le bras long. Il m'a aidée à apprendre mes leçons... Je crois qu'elle va l'épouser.

— Tu es sûre de ce que tu avances ?

— Non, mais je n'en serais pas étonnée. C'est tout juste s'il n'habite pas chez Vanessa, et ils ne se quittent pas d'une semelle. Ils passent leur temps à se regarder dans le blanc des yeux !

— Papa ne doit pas être au courant, autrement, il m'en aurait parlé. Certes, tante Vanessa a passé l'âge de lui rendre des comptes…

— Bien vrai ! Mais dis, tu crois qu'elle pourra encore avoir des enfants ?

— Je ne sais pas, admit Daphné.

Soudain, Dulcie tressaillit : sur le seuil, son père la toisait, austère. Lui en voulait-il de n'être pas venue le trouver en premier ?

Sa mine n'échappa pas non plus à Daphné. Quelque chose clochait, cela sautait aux yeux. Que s'était-il passé ? Il en fallait beaucoup pour contrarier cet homme de nature affable. Pourvu que cela n'ait pas de rapport avec les événements du week-end !

— Bonjour, papa ! lui lança Dulcie. J'arrive à l'instant…

Un sourire furtif passa sur les traits du comte. Il s'avança pour embrasser sa fille.

— Bienvenue, ma chère. Heureux de te voir de retour parmi nous. Diedre et DeLacy sont-elles arrivées ?

— Pas à ma connaissance, papa. Je suis en avance. Je ne voulais pas rater le thé !

— Bien. Maintenant, peux-tu nous laisser ? J'ai à parler à Daphné en privé d'une affaire urgente.

Restée seule avec le comte, Daphné lâcha la bride à l'angoisse qui sourdait en elle.

— Que se passe-t-il, papa ? Tu sembles furieux…

— Furieux, estomaqué et sidéré ! Je viens de descendre à la salle des coffres. Une mauvaise surprise m'y attendait : certains de nos bijoux ont disparu.

Daphné écarquilla les yeux.

— Mais c'est impossible : toi seul détiens la clé !

— En effet. Et elle se trouvait bien dans sa cachette habituelle. J'ai déverrouillé la salle, ouvert un coffre, puis j'ai ôté le couvercle d'un premier écrin : vide ! Envolés, les pendants d'oreilles en diamants ! J'ai ensuite vérifié le contenu de plusieurs autres boîtes : toutes vides ! Je n'en croyais pas mes yeux. C'est à n'y rien comprendre...

— Retournons-y ensemble de ce pas. Combien manque-t-il de pièces, au juste ? Nous devons en avoir le cœur net.

— Tu as raison. J'aurais dû le faire sans attendre, mais, sous le coup de l'émotion, j'ai couru t'avertir...

— Quelqu'un d'autre sait-il où tu caches la clé ? Se peut-il qu'on l'ait prise, mettons pendant la nuit, afin de nous voler ?

— Comment le savoir ?

— As-tu prévenu Hanson ?

— Pas encore. Retournons-y, Daphné. Apporte de quoi noter, pour l'inventaire. Pourquoi ce malheur frappe-t-il la veille de notre fête ? Quelle infortune !

Les bijoux que l'on portait fréquemment étaient conservés dans un coffre au rez-de-chaussée, mais il se trouvait au sous-sol des chambres fortes plus anciennes. Bâties par Humphrey Ingham, premier comte de Mowbray, et ses architectes, lors de l'érection du manoir dans les années 1700, ces voûtes caverneuses recelaient non seulement l'immense collection de bijoux des Ingham, mais encore de nombreuses pièces d'argenterie forgées par les plus grands orfèvres du XVIIIe siècle.

Tout en dévalant l'escalier, Daphné interrogeait son père :

— Quand as-tu ouvert les chambres fortes pour la dernière fois ?

— Cela remonte à la dernière réception que nous avons donnée, il y a de cela de nombreuses années. Je suis abasourdi. Il faut à tout prix résoudre ce mystère. Mon père, mon grand-père et mon arrière-grand-père avant eux ont toujours considéré ces bijoux comme notre filet de sécurité. Plus que des parures pour nos femmes, ils représentent un investissement. Plusieurs ont été achetés par le premier comte de Mowbray à l'époque où il faisait du négoce aux Antilles et aux Indes ; les diamants proviennent des célèbres mines de Golconde... Leur valeur est inestimable...

Ils étaient parvenus devant la porte blindée. Charles la déverrouilla et alluma le plafonnier, se félicitant que son père ait fait installer l'électricité. Daphné s'engouffra à sa suite.

Contre le mur du fond se dressait le coffre principal. Charles l'ouvrit et en tira une vieille mallette de cuir grenat.

— Celle-ci renfermait les fameux pendants de chez Cartier, annonça-t-il. Comme tu peux le constater, elle est vide. Celle-là contenait un sautoir en diamant, de chez Cartier également...

Daphné plongea la main dans le coffre et en tira un coffret de cuir bleu estampillé d'or.

— On devrait y trouver la broche en forme de nœud à boucles que je portais pour mon mariage...

— Hélas ! Le coffret est vide, lui aussi.

— C'est inconcevable ! Ma broche préférée... Maman la portait pour notre grande réception en janvier 1914, après la naissance de ma fille...

Soudain, elle se tut, fit volte-face et décocha à son père un regard entendu.

— Je sais qui a volé nos bijoux.

Charles fronça les sourcils.

— Si tu songes à Felicity...

— Elle est la dernière à avoir porté la broche, souligna Daphné.

Charles ne le nia pas. Sitôt le vol constaté, il avait nourri des soupçons quant à l'identité du coupable. Seule sa délicatesse l'avait retenu de formuler une accusation ; il avait préféré laisser sa fille tirer d'elle-même les conclusions qui s'imposaient.

Daphné reposa le coffret et tira du coffre deux nouveaux écrins.

— Le premier devrait renfermer un petit diadème serti de diamants et de rubis, annonça-t-elle, et le second, un bracelet assorti.

Elle les ouvrit.

— Regarde : vides ! C'est maman qui les a pris, j'en mettrais ma main à couper. Il s'agissait de ses pièces préférées, après les perles… Ciel ! Sont-elles toujours là ?

— Nous ferions bien de nous en assurer.

Les perles en question dataient du XVIIIe siècle, les Ingham les chérissaient depuis plusieurs générations. De belle taille, régulières, éclatantes, elles étaient montées en collier opéra d'une longueur spectaculaire. Un bijou d'une élégance rare et si parfait qu'il était difficile d'en estimer le prix. Mais Daphné nourrissait l'intime conviction que, mis en vente aux enchères, le sautoir rapporterait une somme colossale.

La boîte pesait lourd dans la paume de la jeune femme. Daphné respira : les perles s'y trouvaient bien.

— Une chance qu'il faille les sortir à l'air libre de temps en temps pour les entretenir, commenta le comte. Je les ai montées dans mes appartements régulièrement afin de les aérer, sans quoi, elles auraient certainement disparu, elles aussi.

— Maman est responsable, j'en jurerais. A l'exception de Miles et moi, elle seule connaissait l'emplacement de la clé. Mais sois sans crainte, papa : je récupérerai ce qui nous appartient. Elle se croit plus maline que moi, mais je saurai la détromper. Je n'aurai de repos que les bijoux de la famille des Ingham nous soient restitués.

— Et comment te proposes-tu de prouver qu'ils sont en sa possession ? Felicity n'avouera jamais le larcin.

Daphné médita cette question durant quelques instants.

— J'ai un allié, confia-t-elle, à la loyauté sans faille.

Le regard de son père se voila d'inquiétude.

— Un allié ? Qui donc ?

— Je ne puis te le révéler, je regrette. Quand tout sera fini, je t'expliquerai. Mais pas avant.

Charles poussa un profond soupir.

— Quand comptes-tu aborder ta mère ?

— Au cours des prochaines semaines, pendant votre... déplacement. Surtout, ne t'inquiète de rien. Maman ne vendra pas nos bijoux : de si belles pièces éveilleraient à n'en pas douter l'attention des joailliers ; s'ils étaient mis sur le marché, nous en serions immédiatement alertés. Refermons ces coffres et oublions l'affaire jusqu'à la semaine prochaine. Alors, je dresserai une liste exhaustive des pièces manquantes, je m'y engage.

— Tout de même, cela me tracasse...

— Je sais, papa, mais ne laissons pas cet imprévu gâter la fête.

— Ah ! Daphné, que deviendrais-je sans toi ?

5

Dans le jardin d'hiver, Daphné pensait à sa mère. Elle avait tellement changé ! La faute en revenait à Lawrence Pierce, qui lui imposait sa loi et exerçait sur elle une influence déplorable. Nul ne pouvait plus rien pour elle.

La jeune femme soupira. Lorsque le chirurgien avait arraché Felicity au domicile conjugal, le scandale s'était abattu sur la famille Ingham, mais Charles et ses enfants s'en étaient sortis la tête haute, leur réputation exempte de tache. Ces temps-ci, rares étaient les familles qui ne rencontraient pas leur lot de difficultés, qu'elles fussent conjugales ou financières.

Ainsi, non seulement Felicity avait quitté son mari et abandonné ses enfants pour les beaux yeux de son amant, mais elle avait emporté dans sa fuite des bijoux qui ne lui appartenaient pas !

C'était douze ans auparavant. La petite Dulcie n'avait pas atteint l'âge de raison et Alicia venait de fêter son premier anniversaire.

Les enfants s'étaient épaulés. Par chance, ils avaient pu compter sur leur père, la bonté personnifiée. Les Swann n'avaient pas été en reste. Qu'auraient fait les Ingham sans leur soutien indéfectible ? Sans Charlotte…

En toute autre circonstance, c'est à elle que Daphné aurait couru raconter la disparition des bijoux et demander conseil. Mais pas ce week-end. Charlotte avait bien trop à faire pour qu'on l'accable d'un fardeau supplémentaire.

Daphné ferma les yeux. Comment procéder ? Contrairement à ce qu'elle avait laissé entendre au comte, elle n'en avait aucune idée. Felicity nierait en bloc toute accusation, cela tombait sous le sens. Pour prouver qu'elle mentait, il faudrait mettre à sac ses quartiers, ce qui était hors de question.

Restait l'allié mystérieux. Quant à savoir dans quelle mesure celui-ci serait à même de l'aider...

Une idée commença de germer dans l'esprit de Daphné. L'idéal aurait été de rendre une visite à sa mère. Mais sous quel prétexte ? Depuis des années, les Ingham la snobaient...

La voix de son mari interrompit le cours de ses pensées.

— Ah ! Te voilà, ma chère ! Je te cherche partout.

Daphné se tourna vers lui, heureuse de cette apparition. A quarante-cinq ans, Hugo lui paraissait plus beau que jamais.

— Bonne nouvelle, déclara-t-il. Paul Drummond, mon collègue new-yorkais, a enfin réussi à vendre mes entrepôts à Manhattan, et à bon prix, qui plus est. Je mettrai bien sûr la somme perçue au service du domaine.

— C'est formidable ! s'exclama Daphné dans un élan de tendresse.

Son époux se démenait pour sauver Cavendon, que grevaient, notamment, diverses taxes, et ils n'étaient pas trop de deux pour aider son père dans cette épreuve.

— Papa sera fou de joie, poursuivit-elle. Merci infiniment. Cette bonne fortune lui fera le plus grand bien. Sais-tu que le sort lui a porté un nouveau coup ?

— Que s'est-il passé ?

— En descendant à la chambre forte, il s'est aperçu que de nombreux bijoux nous avaient été dérobés. Bien sûr, ses soupçons se sont tout de suite portés sur ma mère...

— Elle seule connaissait la cachette de la clé, compléta Hugo.

— Le majordome est aussi dans la confidence, mais je te garantis que notre cher Hanson n'a pas volé nos diamants pour en faire cadeau à sa belle !

— Il en a donc une, le petit cachottier ? badina Hugo pour le plaisir de voir sa femme se dérider.

— Je me suis engagée à récupérer notre bien, l'informat-elle gravement.

— Comment t'y prendras-tu ? Vas-tu sommer Felicity de te rendre ce qui t'appartient ? Cela reviendra à l'accuser de vol pur et simple, elle risque de très mal le prendre...

— J'en ai conscience. Mais je ne puis fermer les yeux sur un tel outrage. Je dois lui parler.

— Je t'accompagnerai. Pense donc, si tu croisais Lawrence Pierce... Je ne te laisserai pas l'affronter seule.

— Je ne serai pas seule. J'ai un allié.

— Ah ? Qui ?

— A toi, je veux bien le dire, mais promets-moi de garder le secret. Papa n'est pas au courant.

— Je serai muet comme une tombe.

— Il s'agit d'Olive Wilson, la femme de chambre de maman.

— Bien sûr ! Olive t'a toujours adorée. Mais elle est au service de votre mère et, quand bien même leurs rapports se seraient tendus, elle reste son employée, rétribuée avec largesse... Prendra-t-elle le risque de se faire renvoyer ?

— Je le crois. Vois-tu, Olive ne supporte plus le climat qui règne à Charles Street. Elle a déjà signifié à ma mère son envie de démissionner, ce qui a fait grimper Felicity sur ses grands chevaux : elle ne voulait pas en entendre parler. Mais Olive ne lui a pas laissé le choix. Je lui ai d'ailleurs proposé de nous rejoindre à Cavendon dès la fin de son préavis.

— Je vois… marmonna Hugo, en calculant le montant de ce salaire supplémentaire qu'il allait falloir débourser.

— Je réglerai son salaire sur mon épargne personnelle, le rassura Daphné, qui lisait en lui comme en un livre ouvert.

— Quand quittera-t-elle Charles Street ?

— Pas avant septembre. Cela nous laisse le champ libre pour régler l'affaire des bijoux. Olive Wilson fera la complice idéale : elle habille ma mère tous les jours, aussi est-elle sans doute amenée à manipuler ses bijoux.

Un pli barrait le front de Hugo.

— En ce cas, pourquoi ne pas t'avoir signalé le vol ?

— Elle ne pouvait pas deviner que ces parures ne lui appartenaient pas. Je te rappelle que le père de Felicity était un riche capitaine d'industrie. Olive aura pensé qu'elles venaient de lui. Du reste, mon père aurait pu les lui offrir…

— Bien, murmura Hugo en se levant. Je retourne travailler. A tout à l'heure.

Un rayon de soleil tomba sur le visage de sa femme alors qu'il se penchait pour l'embrasser, et il fut saisi par sa beauté. Elle portait ses trente ans avec une telle majesté ! Hugo en resta rêveur.

En cheminant, il continua de penser à Daphné. Elle s'était épanouie au fil des années. Non seulement elle lui avait donné cinq beaux enfants, conformément aux prédictions de cette étonnante gitane, mais elle assistait son père dans la gestion de Cavendon avec brio. Il sourit, songeant au surnom dont elle s'affublait elle-même : « la générale » ! Surnom d'autant plus saugrenu qu'elle respirait la féminité, avec son doux visage auréolé de boucles dorées. Le début des années 1920 avait vu la plupart de ses semblables adopter la coupe garçonne, mais pas elle : sa chevelure faisait ressortir ses yeux bleus et son teint éclatant. Oui, Hugo mesurait bien sa chance et appréciait son bonheur à sa juste valeur. Non seulement son épouse et lui-même jouissaient d'une excellente santé, mais ils s'aimaient encore comme au premier jour. Cela tenait du miracle.

6

Dans son ancienne chambre, Diedre couvait d'un regard affectueux ses objets préférés : la grande psyché d'argent, la coiffeuse que sa mère lui avait offerte quand elle était petite, les coussins en dentelle qui ornaient son lit, le jeu de brosses, de peignes et de miroirs en écaille qu'elle avait reçu de son père pour son seizième anniversaire... Elle aimait tendrement ces objets, et cette chambre comptait parmi ses endroits favoris. Elle lui avait manqué.

Elle alla s'asseoir à son secrétaire de style Georgien et, sans crier gare, les larmes perlèrent sous ses paupières.

Il y avait si longtemps qu'elle n'était plus revenue à Cavendon ! Elle n'en avait pas eu le courage pendant son deuil, ne recherchant alors que l'intimité et le recueillement. Elle avait perdu l'être qui comptait le plus à ses yeux, et sa peine ne regardait qu'elle. Nul ne pouvait la consoler dans ce grand malheur, sur lequel elle-même peinait à mettre des mots. Pas même son père, malgré ses facultés d'empathie hors du commun.

Diedre sécha ses yeux. Posant les mains à plat sur l'abattant d'acajou, elle s'apaisa. Contrairement à sa sœur DeLacy, qui ne jurait que par les falbalas et les colifichets, Diedre avait toujours eu un faible pour les bureaux. Plus jeune, elle avait passé de longues heures à dénicher des trésors dans les greniers du domaine qui regorgeaient de superbes antiquités. Elle avait jeté son dévolu sur ce secrétaire des années auparavant et ne l'avait plus quitté : ses mille petits compartiments, ses tiroirs et son sous-main de cuir vert l'enchantaient.

Une vague de souvenirs heureux déferla sur elle, et elle s'abîma dans ses réminiscences. C'était à ce bureau qu'elle avait tenu, enfant, son tout premier journal intime. Plus tard, elle y avait rédigé sa première lettre d'amour. Elle y avait copié ses leçons (avec beaucoup d'application), écrit des cartes de vœux et des courriers divers à l'occasion de fêtes ou d'anniversaires...

Oui, elle avait toujours eu un faible pour les bureaux. Aujourd'hui encore, son appartement de Kensington – son havre de paix – n'en comptait pas moins de trois.

Diedre parcourut la pièce du regard, admirative de ses volumes et de sa luminosité, du charme de la fenêtre en encorbellement, avec sa petite banquette... Les murs lavande et les soieries assorties faisaient naître une atmosphère propice à la détente ; on s'y sentait en sécurité.

Elle regrettait de ne pas être revenue plus tôt dans ce manoir où elle avait grandi, auquel elle vouait un amour sans bornes, de même qu'aux terres et aux jardins. L'histoire du domaine épousait celle des Ingham, et la sienne.

Son père s'était d'ailleurs vexé de son absence prolongée. A son arrivée, quand elle était allée le trouver dans la bibliothèque, il lui avait fait part de son sentiment. Sous son apparente légèreté, la jeune femme avait décelé son chagrin. Elle s'était défendue : ils s'étaient vus souvent à Londres. Avec un petit rire triste, le comte avait objecté que ce n'était pas la même chose.

Diedre se mordit la lèvre. Il lui tardait de parler à sa grand-tante Gwendolyn. Elle proposerait de la raccompagner chez elle, à pied, après le dîner. Ce serait l'occasion de lui soumettre son problème.

Elle soupira, soucieuse. Son ami Alfie Fennel lui assurait qu'on lui cherchait des noises au War Office. Qui et pourquoi ? Mystère.

C'était à n'y rien comprendre. Depuis son entrée au ministère douze ans plus tôt, en 1914, Diedre vivait pour son métier. Elle s'y était dévouée corps et âme durant la Grande Guerre, et son engagement n'avait pas faibli une fois la paix signée. L'objet de son affection n'étant plus de ce monde, ce travail représentait tout pour elle. Aussi l'information donnée par Alfie l'avait-elle fortement ébranlée. Qui pouvait bien vouloir lui nuire ? Cela n'avait ni queue ni tête.

Bien sûr, elle avait bombardé de questions le jeune homme, mais il ne savait pas grand-chose. Alfie tenait ses renseignements de sa cousine, Johanna Ellsworth, une mondaine. Elle l'avait alerté afin qu'il invitât Diedre à rester sur ses gardes.

— Ce n'est qu'une rumeur, avait-il insisté. Je suis sûr qu'elle est dénuée de fondement.

D'aucuns affirmaient pourtant qu'il n'y avait pas de fumée sans feu. Qui avait donc lancé la rumeur, et dans quel but ? Aurait-elle des ennemis au sein du War Office ? Ses supérieurs ne s'étant jamais plaints de son travail, la rumeur pouvait-elle provenir des échelons inférieurs du ministère ? Ou bien de l'extérieur ? Cherchait-on à l'intimider ? Mais pourquoi ? Depuis plusieurs jours maintenant, Diedre ressassait ces questions.

Sa grand-tante saurait l'aider. Elle avait de nombreux contacts au gouvernement britannique et certains hauts fonctionnaires la considéraient même comme une amie. Plusieurs avaient une dette envers elle... Oui, il fallait en parler à lady Gwendolyn. Cela la soulagerait d'un grand poids.

7

Dans le quartier des domestiques, le dos bien droit sur sa chaise de bureau, Henry Hanson passa en revue les plats qu'on servirait au dîner du samedi : une vichyssoise en entrée, de la sole aux câpres et au persil, puis un agneau de lait rôti accompagné de petits pois du jardin et de röstis, ces galettes de pommes de terre râpées qu'on faisait frire à la mode suisse, auxquelles M. Hugo avait initié les habitants de Cavendon. Le menu était l'œuvre de lady Daphné et Hanson n'y trouvait rien à redire. Il est vrai qu'il avait toujours conçu pour elle une tendresse particulière…

Il examina ensuite la liste des vins. Le comte les avait sélectionnés avec soin dans la matinée, favorisant ses crus préférés. Hanson ne pouvait qu'approuver ses choix : le pouilly-fuissé s'accorderait particulièrement bien avec le poisson, et le pomerol rehausserait les saveurs du plat principal.

Par une note manuscrite sur le menu, le comte déléguait à son majordome le soin de choisir le champagne qu'on servirait au dessert. Hanson envisagea d'abord un Dom Pérignon, mais résolut de descendre à la cave pour y trouver l'inspiration.

En attendant, il alla se poster à la fenêtre. Pas un nuage en vue. Pourvu que le temps se maintienne ! Du reste, quelques averses ne suffiraient pas à gâcher les festivités. La joie n'était pas soluble dans l'eau de pluie !

Hanson se réjouissait d'autant plus de cette réception que le comte n'en avait pas organisé depuis six ans. Le fait qu'il ait élu la mi-juillet pour renouer avec la tradition achevait de combler le majordome : chaque été autrefois, on donnait au manoir de grands bals auxquels tout le comté venait danser... Mais c'était bien avant que le monde se mette à marcher sur la tête. Cette fois-ci, seule la famille avait été conviée.

La dernière fois que les Ingham s'étaient trouvés au complet, c'était pour célébrer le mariage de Miles. Quel dommage que son union avec Clarissa Mildrew ait tourné au vinaigre ! La fête était pourtant réussie. Pauvre Miles. Il ne méritait pas le traitement que lui infligeait son épouse. Elle, une aristocrate ? Un pur produit de la classe des « nouveaux riches », oui ! Et en rien l'égale du futur comte de Mowbray, septième du titre, dont la noblesse remontait aux années 1770. Cette Clarissa n'était qu'une parvenue, songea Hanson avec humeur.

Hanson avait soixante-quatre ans et travaillait à Cavendon Hall depuis près de quatre décennies. Il considérait le manoir et les Ingham comme l'alpha et l'oméga de sa vie, et leur était dévoué corps et âme. Il avait vingt-six ans quand le célèbre majordome Geoffrey Swann, flairant son potentiel, l'avait fait embaucher. Après des débuts comme apprenti valet de pied, il avait peu à peu gravi les échelons sous la houlette de son mentor. Dix ans plus tard, lorsque ce dernier avait brutalement trouvé la mort, le comte David Ingham, cinquième du titre, lui avait demandé de lui succéder. Hanson s'était empressé d'accepter sa proposition et ne l'avait jamais regretté. Le comte avait toujours placé en lui une confiance aveugle, et son fils suivait cet exemple ; au fil des années, les preuves de sa loyauté envers la maison n'avaient pas manqué. Hanson ne s'était donc pas étonné que Charles Ingham lui confie la véritable raison d'être des festivités du week-end : la discrétion du majordome n'était plus à éprouver.

Lady Daphné et Hugo avaient également été mis dans la confidence. Quant aux Swann, ils devinaient toujours tout ce qui avait trait aux Ingham, et ce depuis l'époque de James Swann, vassal de Humphrey Ingham, premier comte de Mowbray et bâtisseur de Cavendon Hall.

Hanson se détourna de la fenêtre. Il était temps de descendre choisir les champagnes. Mais, d'abord, il passerait donner quelques encouragements à Susie, la cuisinière, que le dîner de samedi rendait nerveuse. A raison : on serait dix-neuf à table, ça n'était pas rien ! Une chance qu'elle eût hérité du talent de sa tante, Nelly Jackson, que Hanson avait vue partir à regret. La pauvre s'était ruiné la santé à force de piétiner sans relâche les dalles de la cuisine. Elle vivait désormais à Little Skell, et la retraite ne l'empêchait pas de maintenir des contacts étroits avec ses anciens collègues. En outre, Susie lui ressemblait tant qu'on aurait dit qu'un peu de Nell restait présent à Cavendon à travers elle. Plus corpulente encore que sa tante, elle présentait le même goût prononcé pour les pitreries. Rien ne la ravissait tant que d'amuser la galerie.

— Tiens, m'sieur Hanson ! s'exclama-t-elle quand il pénétra dans la cuisine. Vous tombez à pic : j'ai fait du thé et des biscuits. Vous vous laisserez bien tenter ?

— Ma foi, Susie, ce n'est pas de refus. Je passais simplement te dire de ne pas t'inquiéter pour demain. Tu t'en sortiras haut la main.

Susie servit le thé.

— C'est gentil, ça. Tante Nell m'a dit la même chose, ce matin, au bourg. Vous ne savez pas quoi ? Elle prétend que je l'ai « surpassée » ! Même qu'elle m'a qualifiée de « chef ». Elle dit qu'à Londres, je pourrais décrocher du boulot dans les cuisines du Ritz !

— Je n'en doute pas.

En plus de ses talents de cuisinière, Susie était audacieuse, inventive : elle jouait dans la cour des grands.

Pendant quelques instants, ils sirotèrent leur thé en silence.

— Dites, m'sieur Hanson, on n'embaucherait pas des femmes de chambre, en ce moment ? reprit Susie.

L'autre fronça les sourcils.

— Pourquoi cette question ?

— Mon amie Meg a perdu son poste. Elle était au service des Fullerton depuis des années, mais ses maîtres quittent le manoir. Ils mettent les meubles sous housses, ils verrouillent tout et s'en vont vivre dans leur résidence londonienne pour un temps indéterminé. Du coup, ils ont renvoyé leurs domestiques. C'est rude pour eux, m'sieur Hanson, ils se rongent les sangs...

La nouvelle fit à Hanson l'effet d'un coup de massue. Il savait que les Fullerton rencontraient des difficultés financières, mais n'en avait pas pris la pleine mesure. Ainsi, une noble famille de plus se voyait contrainte de quitter ses terres...

— Non, Susie, répondit-il doucement, nous n'embauchons pas en ce moment.

Cavendon ne connaîtrait pas un tel sort, lady Daphné l'en avait assuré. Cependant, Hanson n'était pas tranquille. On se serrait la ceinture depuis quelque temps. Lady Daphné parlait plutôt de « procéder à des coupes budgétaires », expression que le majordome avait en horreur, mais force était de reconnaître que, depuis qu'elle et son mari contribuaient à la gestion de Cavendon, quantité de dépenses inutiles avaient été éradiquées. Non que le comte eût jamais jeté l'argent par les fenêtres, mais son attaque avait quelque peu entamé son efficacité. Lorsqu'elle était survenue, Miles s'était longuement entretenu avec Hanson au sujet du domaine, afin de se préparer à prendre la relève de son père ; le majordome n'avait été que trop heureux de le renseigner, lui expliquant dans le détail son fonctionnement et lui révélant ses richesses cachées : œuvres d'art, argenterie, antiquités... Parmi les tableaux qui ornaient les murs de la Grande Galerie se trouvaient ainsi quelques toiles de maître, dont des œuvres de Constable, Gainsborough et Lely. Les portraits qu'ils avaient réalisés des Ingham de jadis côtoyaient des Canaletto, des Van Dyke, des Rembrandt...

— C'est l'un de nos « filets de sécurité », avait déclaré lady Daphné.

— Tu songes donc à les vendre ? s'était horrifié Miles.

Hanson entendait encore la réponse de sa maîtresse :

— Peut-être faudra-t-il nous y résoudre.

Oubliant sa réserve, le majordome avait bondi.

— Nous n'en arriverons pas là, lady Daphné !

— Non, Hanson, s'était-elle reprise en constatant son alarme. Rassurez-vous. Nos comptes sont à flot. Voulez-vous nous conduire au grenier ? Je souhaite faire admirer à Miles notre collection d'antiquités...

La voix de Susie coupa court aux souvenirs.

— Dites, m'sieur Hanson, à propos du déjeuner de dimanche... ?

— Nous servirons un buffet, comme convenu, dit-il machinalement. C'était la tradition lors des cotillons estivaux. Ah, les beaux jours ! Mais je digresse. Lady Daphné a rédigé une liste de suggestions ; n'hésite pas à la compléter.

Ils achevèrent de mettre au point quelques détails, puis Hanson quitta la cuisine et prit le chemin de la cave. Il s'était décidé. Avec du Dom Pérignon, on ne pouvait pas se tromper.

8

On frappa à la porte.

— Entrez ! lança Diedre sans quitter son bureau.

La silhouette de Dulcie se dessina sur le seuil et Diedre eut un instant de trouble : on aurait juré Daphné à l'âge de dix-huit ans. Mêmes boucles blondes, mêmes grands yeux clairs… Diedre n'avait jamais vu plus jolie jeune femme. Saisie d'une impulsion, elle se leva et enlaça tendrement sa petite sœur.

Dulcie en resta bouche bée. Longtemps, son aînée avait eu le don de la terroriser, mais elle la couvait à présent d'un regard aimant qu'elle ne lui connaissait pas.

— Que tu as changé ces deux dernières années ! s'exclama Diedre. On dirait Daphné au même âge. Votre ressemblance est sidérante.

Dulcie mit quelques instants à recouvrer la parole.

— Toi aussi, tu as changé, observa-t-elle enfin. Autrefois, tu me disais des méchancetés. Tu me tourmentais… Aurais-tu suivi un traitement contre la mesquinerie ?

Diedre écarquilla les yeux, puis éclata de rire.

— Ma parole, tu parles comme tante Gwendolyn !

— Si j'ai la langue acérée, c'est plutôt à toi que je le dois.

— Sans doute, admit sa sœur.

Quelques années plus tôt, Diedre aurait pris ombrage de l'impertinence de Dulcie, mais plus maintenant. Le deuil avait radicalement bouleversé sa façon de voir les choses. Elle avait tant appris sur la nature humaine, et sur elle-même... Oui, la mort l'avait rendue meilleure : elle lui avait enseigné la compassion.

— J'ai été dure envers toi, murmura-t-elle.

— Et comment ! Quoi que j'aie pu faire, je ne trouvais jamais grâce à tes yeux. Et tu ne mâchais pas tes mots ! Tu m'appelais « la petite madame », tu t'en souviens ?

— Pourquoi me montrais-je aussi méchante ? Je ne me l'explique pas. Aurais-je traversé quelque phase... ?

— Non. Tu étais toujours méchante. Du moins, avec moi. Mais je ne t'en tiens pas rigueur : tu m'as forgé le caractère. Si j'ai la peau dure, c'est un peu grâce à toi. Il n'empêche que tu n'aurais pas dû te montrer si cruelle envers une enfant.

— Je te demande pardon, Dulcie, murmura Diedre avec un élan sincère. L'idée que j'aie pu te traiter avec brusquerie m'est insupportable aujourd'hui. Acceptes-tu mes excuses ?

— Ma foi, tout dépendra du traitement que tu me réserveras à l'avenir. Je ne tolérerai plus tes piques. Te voilà prévenue !

La franchise de sa cadette amusait Diedre au plus haut point, mais elle répondit avec solennité :

— Je te promets de ne plus te malmener d'aucune façon.

— Bien. Mais dis-moi, pourquoi cet accès de gentillesse ?

— Parce que... Parce que je t'aime. Tu es ma sœur, après tout. Nous devons nous serrer les coudes. J'aimerais que nous soyons plus proches, toi et moi.

— Proches ? s'esclaffa Dulcie, que le changement d'attitude de sa sœur ne laissait pas de mystifier. Ce serait une première. Tu m'as toujours traitée comme si j'étais un serpent venimeux !

Le cœur de Diedre se serra dans sa poitrine. Comment

avait-elle pu ? Dulcie n'était qu'une petite fille ! Quels qu'aient été ses propres malheurs, elle n'aurait jamais dû se défouler sur sa sœur. Diedre se découvrait mauvaise, et cela l'accablait. Honteuse, elle se mura dans le silence.

Quelques secondes s'écoulèrent.

— Tu fais grise mine, Diedre, remarqua Dulcie. Quelque chose ne va pas ? Dis-moi.

La sollicitude de la jeune fille redoubla les remords de Diedre. Enfin, elle articula :

— Je répugne à penser à mon comportement envers toi. Tu étais si jeune…

— Peut-être étais-tu un peu jalouse. Papa me choyait.

— Peut-être…

Treize ans auparavant, la jalousie avait effectivement occupé une place non négligeable dans les relations conflictuelles que Diedre entretenait avec les siens.

— J'étais sa préférée, affirma Dulcie en toisant sa sœur. D'ailleurs, je le suis toujours.

— Notre père est un homme habile. Il sait nous accorder à chacune un traitement privilégié. Nous sommes toutes quatre persuadées d'avoir sa préférence, alors qu'en réalité, il nous aime toutes autant.

— Admettons. On ne peut pas en dire autant de Felicity. Dis-moi, selon toi, son boucher de mari a-t-il vraiment un physique de jeune premier ? Lawrence Pierce fait-il réellement se pâmer des cohortes d'adoratrices extasiées ?

— Ciel ! Que ton langage est haut en couleur ! Décidément, tu n'es pas la petite-nièce de tante Gwendolyn pour rien.

Dulcie haussa un sourcil.

— Dois-je me sentir flattée ?

— Tante Gwendolyn répondrait certainement par l'affirmative. Je la soupçonne de s'enorgueillir de son langage hardi. Même si sa langue en a égratigné plus d'un !

— Bon, mais ce Pierce, alors ? L'as-tu rencontré ?

— Une ou deux fois, peu après le début de la guerre. Oui, c'est un bel homme, avec du charme à revendre. Mais il est terriblement imbu de lui-même. Tout le monde s'accorde à dire qu'il excelle dans son métier... Les médecins dans son genre, accoutumés à faire des miracles et à tromper la mort, ont souvent une très haute opinion d'eux-mêmes. Ils voudraient qu'on se prosterne à leurs pieds.

— C'est ce qu'on dit, en effet.

— J'en veux à maman de t'avoir négligée, tu sais. Elle aurait dû s'occuper de toi. Mais elle avait autre chose à faire...

— Je vois très bien de quelles activités tu veux parler. Comme justement se mettre à genoux devant Monsieur Bistouri.

Diedre ouvrit des yeux ronds comme des soucoupes et pouffa.

— As-tu déjà songé à écrire, Dulcie ?

— L'idée m'a traversé l'esprit. Mais j'ai plutôt envie d'ouvrir une galerie. Oh, pas tout de suite. Plus tard. Quand je serai grande.

— Si tu veux mon avis, tu l'es déjà ! Je salue ton projet. Sais-tu si DeLacy est arrivée ?

— Oui. Je l'ai entendue pleurer. Elle ressasse son divorce. Je lui ai dit de se ressaisir et de se préparer pour le thé. Je crois qu'elle s'est calmée.

— Tu en es sûre ? Je devrais peut-être passer la voir...

— Pas la peine. Quand je l'ai quittée, elle choisissait sa robe pour ce soir. Ne te dérange pas.

— Et moi, Dulcie, pourquoi es-tu venue me voir ?

D'un pas décidé, Dulcie vint se camper en face de son aînée.

— J'étais curieuse de découvrir si tu m'intimidais toujours autant. Et je suis ravie de constater que ce n'est pas le cas. Alors on fait la paix ? Tu l'as dit toi-même : nous sommes sœurs, après tout...

Sans attendre de réponse, elle se dirigea vers la porte.

— Je vais me préparer, lança-t-elle en sortant. A tout à l'heure !

Diedre n'en revenait pas. Cette mise au point avec sa sœur avait désamorcé tant de vieilles tensions ! Décidément, Dulcie n'était pas seulement devenue une belle jeune femme aux pommettes saillantes et aux sourcils arqués. Elle avait gagné en assurance et en maturité. Elle abordait l'existence dotée de sérieux atouts, songea Diedre en se dirigeant vers sa penderie pour y prendre sa robe. Oui, Dulcie irait loin.

9

Les larmes de DeLacy avaient cédé devant la colère et une moue tordait ses traits. Les robes s'empilaient sur son lit : aucune ne convenait. Toutes étaient affreusement démodées ! Elle contemplait, dégoûtée, le tas de toilettes aux teintes passées, aux coupes peu flatteuses qui croissait sur son édredon quand on toqua à la porte. C'était Miles.

— Je venais voir où tu en étais... Seigneur ! DeLacy, tu n'es pas encore prête ?

— Comment le pourrais-je ? Je n'ai rien à me mettre ! geignit la jeune femme. J'ai apporté de quoi me vêtir pour la soirée, mais j'ai complètement oublié de prévoir une tenue pour le thé.

Miles examina rapidement les vêtements amoncelés et y trouva une robe gris perle ornée de dentelle ivoire, avec une jupe ample, un décolleté carré, des manches longues et fluides.

— Que reproches-tu à celle-ci ? s'enquit-il.

— Pas étonnant qu'elle te plaise : il s'agit d'une vieille création de Cecily...

— Je m'en doutais. Elle a une patte inimitable.

DeLacy pinça les lèvres. Cecily, son amie d'enfance, la boudait depuis des années.

Miles consulta sa montre.

— Allons, habille-toi. Avec quelques bijoux, tu seras sublime.

DeLacy soupira.

— Entendu ! Je n'ai guère le choix de toute façon. Peux-tu m'aider à la passer ? Je n'ai plus le temps de sonner Pam...

Elle disparut avec la robe dans son cabinet de toilette.

— Ne te sauve pas, je vais avoir besoin de toi !

— Je ne bouge pas.

Il patienta à la fenêtre. Au loin, deux cygnes glissaient majestueusement sur les eaux du lac. Par décret de son ancêtre, Humphrey Ingham, il y avait toujours des cygnes au domaine de Cavendon, en hommage à James Swann, son vassal et plus fidèle ami. Depuis cent soixante-treize ans, l'amitié entre les deux familles ne s'était jamais démentie.

— Me voici ! déclara DeLacy en exécutant une pirouette, visiblement ragaillardie. Peux-tu fermer mes boutons ? Je n'aurais plus qu'à mettre mes perles et je serai prête.

— Tu es ravissante, lui répéta-t-il en s'exécutant. A propos de Cecily... Ne serait-il pas temps de vous réconcilier ?

— J'ai essayé, Miles, plus d'une fois, tu peux me croire ! Mais même sa tante refuse de me laisser franchir le seuil de sa boutique. C'est peine perdue : Cecily ne me pardonnera jamais.

— Elle acceptera peut-être d'enterrer la hache de guerre si je lui en fais personnellement la demande. Je lui en toucherai un mot tout à l'heure.

Oubliant ses boutons, DeLacy fit volte-face.

— Elle est là ? Et elle t'adresse la parole ?

La jeune femme tombait des nues.

— Oui, répondit son frère.

— Incroyable ! Tu aurais pu m'avertir, tout de même.

— Je n'avais pas l'intention de te le cacher, DeLacy,

j'ai simplement été très occupé... Allons, dépêche-toi, je t'en prie. Papa nous attend.

Docile, elle courut jusqu'à sa coiffeuse, attrapa un sautoir qu'elle passa à son cou et fixa prestement des boutons d'oreilles assortis.

— Je parlerai à Cecily, reprit Miles comme à part lui. Six ans ont passé, de l'eau a coulé sous les ponts. Ai-je ta permission ?

— Oui... tant que ton intervention ne me vaut pas de nouveaux reproches. J'en ai assez que l'on m'accuse de tous les maux de la terre.

— Tu fais allusion à Simon ?

— En effet. Sais-tu qu'il rejette sur moi l'entière responsabilité de notre séparation ?

— J'en suis navré.

DeLacy secoua la tête.

— Au fond, il n'y a pas de coupable. Notre histoire n'a pas marché, c'est comme ça ! J'ai sans doute ma part de torts...

— Tu n'as pas à te justifier, lui murmura son frère. Une union malheureuse, c'est l'enfer sur terre.

Il était bien placé pour le savoir.

Miles lui prit le bras et ils se mirent en chemin. Il en profita pour étudier discrètement sa sœur. Elle avait maigri et ses traits paraissaient tirés. Il résolut de l'aider à traverser l'épreuve qu'elle vivait. DeLacy possédait des trésors de résilience – après tout, c'était une Ingham ! Mais, pour l'heure, il la sentait fragile.

10

La porte de la bibliothèque était fermée, mais Hanson l'ouvrit sans frapper : le comte l'attendait.

Charles Ingham, assis à son bureau, releva la tête et salua son majordome d'un signe du menton.

— Tout le monde est bien arrivé, Hanson ?

— Oui, Monsieur. Ces dames s'apprêtent.

— Excellent. Je vous rappelle qu'une fois mes enfants auprès de moi, je ne veux pas être dérangé.

— Bien, Monsieur. Si Monsieur le désire, je pourrais monter la garde devant la porte de la bibliothèque...

— Merci, Hanson, mais cela ne sera pas nécessaire, répondit Charles en riant.

Le majordome s'inclina et se retira.

Charles s'approcha du foyer de la cheminée et s'absorba dans ses pensées. Il avait une grande nouvelle à annoncer à ses enfants, mais ne redoutait pas leur réaction : ils comprendraient. Miles et Daphné, déjà informés de sa décision, l'avaient très bien accueillie. Quant à Diedre, DeLacy et Dulcie, elles étaient ouvertes d'esprit, soucieuses de son bien-être et, surtout, confiantes en son jugement. Elles l'approuveraient. C'était tout ce qui comptait à ses yeux. L'opinion du reste du monde, il y avait belle lurette que le comte ne s'en préoccupait plus !

Daphné et Hugo arrivèrent les premiers.

— J'ai parlé à Hugo du vol de nos bijoux..., commença Daphné, mais déjà la porte s'ouvrait à la volée.

— Me voici, papa ! claironna Dulcie avec toute la retenue qui la caractérisait, et elle fondit sur Charles dans un nuage de soie bleu ciel.

— Vous vous exposez aux taquineries de tante Gwendolyn, ta sœur et toi, remarqua-t-il en l'embrassant. Elle ne manquera pas de souligner que vous avez encore choisi des toilettes bleues pour mettre vos yeux en valeur.

— On s'en moque ! riposta Dulcie. Pas vrai, Daphné chérie ? Nous aimons le bleu et il nous le rend bien. Tante Gwendolyn a tort d'y voir une marque de vanité. Nous sommes fières de nos yeux parce qu'ils sont la marque de fabrique du clan Ingham, voilà tout.

Quelques instants plus tard, la porte se rouvrit sur Diedre, puis, peu après, sur DeLacy et Miles.

— Veuillez nous excuser pour notre retard, papa, murmura DeLacy.

Charles se félicita de constater que ses aînées portaient respectivement du rose et du gris. Sans doute avaient-elles encore à l'esprit les réflexions de leur grand-tante. A plus de quatre-vingts ans, celle-ci n'avait rien perdu de sa vivacité d'esprit ni de son espièglerie !

A présent que l'assemblée était au complet, Charles adressa à ses enfants un chaleureux sourire et entama son discours :

— Quelle joie d'être tous réunis ! J'aurais dû organiser un événement de cet ordre il y a longtemps. Mais vous n'ignorez pas que nous avons eu fort à faire pour renflouer les caisses de notre cher domaine. J'ai d'ailleurs le plaisir de vous apprendre que, grâce aux conseils avisés de Hugo, aux innovations apportées par Miles et à la sagesse de Daphné, Cavendon est sauvé !

Applaudissements à la ronde. Charles prit place dans son fauteuil et continua :

— Nous nous apprêtons à passer ensemble quelques journées bénies, mais, auparavant, j'ai plusieurs choses à vous dire. Premièrement, permettez-moi de vous rassurer quant à mon état de santé. Je suis entièrement rétabli. Parole du docteur Laird ! Il me garantit que je jouis d'une santé de cheval et m'autorise officiellement à reprendre une vie normale.

— C'est formidable, papa ! s'écria Dulcie en battant des mains.

Chacun y alla de son mot de félicitation. Miles et les « Quatre D » rayonnaient : leur père, seul véritable repère dans leurs vies chahutées, était tiré d'affaire !

— Dimanche, après le déjeuner, je quitterai Cavendon pour m'octroyer quelques semaines de congé...

— Amplement méritées ! le coupa gaiement DeLacy.

— Où pars-tu ? s'enquit Dulcie.

— A Zurich, en Suisse. Hugo a la bonté de me prêter sa villa.

— Mais, papa, ne crains-tu pas de t'ennuyer ? lui demanda Diedre, pleine de prévenance. Souhaites-tu que l'un d'entre nous t'accompagne ?

— Merci de cette attention, Diedre, mais, vois-tu, je n'irai pas seul. Ce voyage sera mon voyage de noces. Je me marie !

Trois paires d'yeux bleus ronds de stupeur se braquèrent aussitôt sur lui. Diedre, DeLacy et Dulcie étaient sans voix.

— Toutes mes félicitations, papa, dit Daphné en se levant.

Du regard, elle invita ses sœurs à l'imiter, et les congratulations se mirent à pleuvoir.

— Mais, papa, tu ne nous as pas dit qui était l'heureuse élue, observa Diedre, l'air perturbé. La connaissons-nous ?

— Vous la connaissez, répondit Miles en rejoignant Daphné devant la cheminée. Vous la connaissez même très bien.

— Il s'agit de Charlotte, révéla Charles. Je l'aime, et je veux passer le restant de ma vie à ses côtés.

Dans la bibliothèque, ce fut une véritable mêlée d'accolades et d'effusions. Comme toujours, Dulcie fut la première à sauter au cou de son père. Diedre et DeLacy la talonnèrent et bientôt, toutes trois le serraient si fort dans leurs bras qu'elles menaçaient de le faire tomber à la renverse.

— Puis-je en conclure que vous approuvez mon choix ? leur demanda-t-il, hilare.

— Si nous l'approuvons ? rétorqua Diedre. Charlotte a toujours été comme une mère pour nous. Je suis si heureuse pour toi, papa !

— Moi aussi ! renchérit DeLacy.

— Qu'aurais-je fait sans Charlotte lorsque j'étais petite ? ajouta Dulcie.

— Elle nous a toujours été loyale, renchérit Miles.

Quand l'excitation fut retombée, Diedre s'adressa à Daphné et à Miles.

— Vous étiez déjà au courant.

Ils opinèrent.

— Papa devait m'en informer, lui expliqua Miles, puisque je suis son héritier. Quant à Daphné, elle a été chargée d'organiser la noce.

— Je comprends, dit Diedre.

Et c'était vrai. Elle n'en concevait pas une once de jalousie. De quel droit aurait-elle exigé qu'on la mette dans le secret, elle qui s'était tenue éloignée des siens ces dernières années ?

— Quand aura lieu la cérémonie, papa ? voulut savoir Dulcie, qui ne le lâchait pas depuis l'annonce.

— Dimanche matin. Demain soir, au dîner, nous célébrerons nos fiançailles et dimanche, nous nous marierons à la chapelle du domaine. Les Swann et les Ingham seront conviés à un buffet et, après le déjeuner, Charlotte et moi mettrons le cap sur Londres, d'où nous partirons pour Zurich.

— Nos tantes sont-elles au courant ? demanda encore DeLacy.

— Pas encore. Je le leur annoncerai tantôt. Il me semblait correct d'informer d'abord mes enfants. Non que j'aie besoin de votre consentement : à mon âge, je suis libre de mener ma vie comme je l'entends ! Mais je tenais à vous en parler. De même, j'informerai mes sœurs... par courtoisie.

Diedre se mordit la lèvre.

— Elles risquent d'objecter que tu déroges à ton rang...

— Je me moque de leurs objections. C'est de ma vie qu'il s'agit, et je la vivrai comme bon me semblera. Je suis heureux avec Charlotte et sans elle, je dépéris. Je veux goûter au bonheur pendant les années qu'il me reste.

— Le monde a changé, Diedre, remarqua Miles. Du reste, je doute que nos amis prêtent beaucoup d'importance aux agissements de papa, préoccupés qu'ils sont de leur propre sort.

— Bien dit ! l'applaudit Hugo. Nul ne devrait sacrifier sa vie sur l'autel du qu'en-dira-t-on. Charles doit agir à sa guise.

— Je pourrais être demoiselle d'honneur ? implora Dulcie en battant des cils.

— Oui, mon enfant.

— Mais je n'ai pas de robe ! ajouta-t-elle aussitôt avec une moue dépitée.

— Allons, les penderies de Cavendon regorgent de toilettes ravissantes. Tu n'auras qu'à choisir ta préférée, l'assura Daphné. Quelque chose de... bleu, peut-être ?

Les quatre sœurs éclatèrent de rire.

Un mariage à Cavendon – quel bonheur !

11

Au détour du sentier, Cecily aperçut Genevra assise sur le muret et la salua de la main. La gitane lui rendit son signe et sauta à bas de son perchoir.

En approchant, Cecily s'aperçut que Genevra portait – à la perfection – une de ses anciennes robes. Elle ne l'avait pas vue depuis longtemps et la trouva embellie.

— C'est ta m'man qui me l'a donnée, expliqua Genevra en palpant son col de coton blanc. C'est ma préférée !

— J'en suis ravie. Dis-moi, Genevra, quel âge as-tu ?

S'autre se fendit d'un grand sourire.

— Vingt-sept ans. Comme m'sieur Miles. Puis, levant les yeux vers le manoir : Y a du beau monde là-haut.

— En effet. Les demoiselles Mowbray sont toutes venues rendre visite à leur père.

— L'os que j'avais gravé pour toi, tu l'as toujours ?

— Bien sûr. Pourquoi cette question ?

— Faut pas le perdre. C'est un talisman. Il porte bonheur.

— Je ne le perdrai pas, Genevra. Je le chéris.

Cecily disait vrai. La gitane possédait-elle réellement le don de seconde vue, comme elle le prétendait ? Mystère. Certains au domaine ne cachaient pas leur scepticisme, mais Cecily ne comptait pas parmi leurs rangs : elle appréciait la jeune femme, son flair et son dévouement.

— Et ta tante Charlotte, elle a toujours le sien ? demanda-t-elle.

— Je suis prête à parier qu'elle le garde en lieu sûr.

Alors, Genevra ouvrit le poing, révélant un nouvel os sculpté.

— Prends. C'est pour m'sieur Miles. Tu lui donneras de ma part, hein ?

Cecily obéit. L'os était gravé de six petites croix et de deux cœurs, et orné à une extrémité de fins rubans bleus et rouges.

— Il ressemble au mien, commenta-t-elle.

— C'est pas le même.

— Les rubans…

— Les rubans, oui, c'est les mêmes. Tu lui diras, à m'sieur Miles, qu'il porte bonheur. Faut pas le perdre. Ça le protégera.

Cecily le ferait, par devoir. Enfant, elle avait prêté serment, comme tous les Swann : la protection des Ingham constituerait toujours sa priorité.

Ayant repris son ascension, Cecily s'arrêta un moment pour contempler les champs. Derrière la silhouette de Genevra, elle distinguait à l'horizon les trois roulottes de sa tribu. Cecily avait toujours trouvé un charme pittoresque aux convois qu'on apercevait souvent en lisière des forêts ou sur le bord des chemins. Certains gitans se déplaçaient de village en village ; d'autres élisaient un lieu précis et, s'ils en recevaient l'autorisation, n'en bougeaient plus. De manière générale, ils ne se mêlaient pas aux villageois et restaient très discrets. En l'occurrence, le campement était définitif. L'arrière-grand-père de Genevra, un certain Gervais, avait rendu de nombreux services au cinquième comte de Mowbray. On lui devait notamment l'arrestation des braconniers qui volaient le gibier des Ingham. En récompense, le comte lui avait accordé le droit, à lui et aux siens, de s'établir près du bois aux jacinthes pour une durée illimitée. Charles Ingham honorait la promesse de son père.

Cecily ne cessait de se demander pourquoi Genevra se souciait ainsi de la sécurité de Miles. Il n'aurait servi à rien de la questionner plus avant. De nature méfiante, Genevra rechignait à formuler des prédictions.

Avait-elle vu quelque chose de néfaste pour Miles dans l'avenir ? Quelqu'un chercherait-il à lui nuire ? Clarissa, peut-être, ou bien son père, le puissant lord Mildrew ? Ou une tierce personne ? Mais qui ? Cecily n'était pas plus avancée lorsqu'elle gagna la vaste terrasse de Cavendon, mais Miles l'attendait, et elle chassa ses idées noires.

Il avait mauvaise mine, flottant dans un affreux costume de lin bleu marine. Cecily allait devoir intervenir. Du lin… Quelle idée ! Ce tissu contrariant se froissait si vite…

Un peu empruntés, ils s'assirent à la table de la terrasse.

— Alors ? demanda Cecily, laconique.

— Tout s'est très bien passé. La nouvelle a été saluée par des exclamations de joie.

— Je m'en doutais. Ma tante a pour ainsi dire élevé les demoiselles Mowbray.

Elle tira de sa poche le talisman de Genevra et, comme promis, le remit à Miles avec quelques mots d'explication.

Il tourna et retourna le morceau d'os entre ses doigts.

— Que signifient ces gravures ? Le sens des rubans est limpide : le rouge et le bleu sont les couleurs de la maison Ingham, mais ces marques… ?

— Je l'ignore. Genevra m'a offert un talisman similaire, de même qu'à Daphné, il y a des années de cela. Quand Hugo est parti au front, elle a supplié la gitane de lui révéler le sens des gravures et, exceptionnellement, touchée par la détresse de ta sœur, Genevra a bien voulu les décrypter. Elles lui prédisaient la naissance de ses cinq enfants.

— Impressionnant. Crois-tu la gitane douée de clair-voyance ?

— Ma foi… oui. Je sais que Genevra est une jeune femme singulière. Les mauvaises langues racontent qu'elle n'a pas toute sa tête ; pour ma part, je la crois simplement différente. Dans le doute, conserve soigneusement ton talisman !

— Remercie-la de ma part lorsque tu la verras, dit-il en l'empochant.

— Genevra te veut du bien. Et à ce propos : dans ton propre intérêt, je te conjure de ne plus jamais porter ce costume. Il est informe, chiffonné, et sa couleur ne sied pas à ton teint.

Miles la dévisagea, interloqué.

— Tu te soucies de mon apparence, Cecily ?

Cecily s'empourpra et se hâta de rétorquer :

— Je suis styliste, Miles. Je me soucie de l'apparence de tout un chacun.

— Ah ! Je ne suis donc à tes yeux qu'un sujet d'étude parmi d'autres…

— Tout de même pas.

— Non ? Pourquoi pas ?

— Tu es mon ami.

— Merci, Cecily, pour ton amitié. Tu sais que je te la rends.

— J'en suis heureuse. Si nous y mettons du nôtre, nous devrions pouvoir oublier nos différends le temps de la noce.

— Entrons, proposa Miles. On va servir le thé ; papa compte sur ta présence.

Rayonnant, il se leva et tendit la main à Cecily.

12

— Tu te maries ! glapit Lavinia, incrédule, en dévisageant son frère.

— Oui, répondit-il sans se troubler.

— Mais quand ? Et avec qui ?

— Avec Charlotte, bien entendu, et...

— Dieu soit loué !

Gwendolyn, à qui le ton de reproche de Lavinia n'avait pas échappé, cherchait à étouffer dans l'œuf tout conflit potentiel.

— Il était grand temps, ajouta-t-elle. Il me tarde de l'accueillir officiellement au sein de notre famille.

— Moi également, Charles, affirma Vanessa. Au fond, elle en fait déjà partie. Nous avons tous trois grandi avec elle.

— Cela fera jaser, persista Lavinia. Tu déroges à ton rang. Qui plus est, tu as cinquante-sept ans. A quoi bon te remarier ? Pense un peu à ce que diront nos amis : ils jugeront ta conduite tout à fait déplacée. Allons, Charles, épargne à ta famille ce nouveau scandale !

Sa voix s'éteignit. On aurait entendu une mouche voler.

Dans ce silence pesant, Miles guetta la réaction de son père. Ce dernier accusait avec sidération la tirade de sa sœur. Il allait se lever, quand Dulcie le devança, bondissant de son siège pour venir se planter derrière le fauteuil de son père. La main posée sur son épaule, elle le défendit :

— Sauf votre respect, ma tante, je ne crois pas que papa vous ait demandé votre permission. Il se contentait de vous informer de ses actions, qui ne regardent que lui.

Il était temps de calmer les esprits. Miles se leva et annonça d'une voix forte :

— La noce aura lieu ce week-end. Cecily et moi-même superviserons les événements. Permettez que je vous en expose le déroulement. Ce soir, nous dînerons tranquillement en famille. Seuls les Ingham seront présents. Demain soir se tiendra une réception en l'honneur des fiançailles de papa et Charlotte. Harry, Cecily, Mme Alice et Walter sont de la fête, ainsi que…

Avec une grossièreté inaccoutumée, Lavinia l'interrompit pour lancer à son frère :

— J'imagine que tu n'as invité aucun de tes amis ! C'est sans doute pour le mieux…

— Charlotte et moi jugeons préférable de célébrer notre amour en petit comité, déclara-t-il, glacial. Seuls nos amis les plus proches ont été conviés. Nous donnerons une réception plus importante à notre retour de Zurich. Miles, continue, je te prie.

— Merci. Dimanche matin, papa et Charlotte se marieront à la chapelle de Cavendon. S'ensuivra un buffet, comme à l'époque des cotillons, puis les mariés partiront pour leur lune de miel. Nous avons bien entendu invité tous les Ingham et tous les Swann.

— Alicia, mes sœurs et moi-même serons demoiselles d'honneur, précisa Dulcie.

Daphné respira. Son frère et sa sœur avaient contenu avec succès l'éclat de sa tante.

— Je vais demander à Hanson de faire servir le thé, proposa-t-elle.

— Excellente idée, opina Charles.

Il était fier de ses enfants, qui avaient mouché Lavinia. Elle avait dépassé les bornes et il ne manquerait pas de lui dire sa façon de penser, plus tard, en privé.

Daphné alla ouvrir la porte et sursauta en trouvant Hanson au garde-à-vous derrière le battant, faisant tressaillir le majordome à son tour !

— Pardon de vous avoir effrayé, Hanson. Vous pouvez disposer, à présent : papa a fait son annonce.

— A-t-elle été bien accueillie, Mademoiselle ?

— Tante Lavinia a émis quelques réserves, mais tante Vanessa et tante Gwendolyn sont aux anges.

— Lady Gwendolyn a toujours aimé les Swann, Madame. Elle admire beaucoup Charlotte. Veuillez m'excuser, je vais de ce pas faire monter le thé.

Daphné le regarda s'éloigner d'un pas vif vers le sous-sol, puis regagna le petit salon tout tendu de soie jaune en prenant soin d'éviter le regard de la belliqueuse Lavinia. Les langues s'étaient déliées ; chacun bavardait gaiement et Daphné, soulagée, rejoignit son époux. Hugo lui prit la main.

— Les récriminations de Lavinia n'étaient guère de mon goût, lui glissa-t-il à mi-voix. S'adresser ainsi à Charles, qui n'a jamais eu pour elle que des égards... Une chance que Charlotte n'ait pas été présente.

— Hélas ! Cecily est là, elle. Bien qu'elle n'en laisse rien paraître, je crains qu'elle n'ait été blessée. Elle est robuste, sans quoi mon père ne lui aurait pas confié l'organisation des événements, mais...

— Avec Miles à ses côtés, elle saura tout encaisser. Même les saillies de Lavinia.

— Je n'en reviens pas de sa méchanceté. Tu ne trouves pas qu'elle s'est aigrie depuis la mort de son mari ? Lui manquerait-il ?

— J'en doute. Jack la vénérait et il a été bien mal payé

de retour. Le pauvre homme ! Miles affirme qu'elle l'a fait beaucoup souffrir.

— Tiens ? Comment le sait-il ?

— Il semble qu'ils aient été proches. Ton oncle Jack le considérait comme son neveu préféré, peut-être parce qu'il voyait en lui le fils qu'il n'avait jamais eu. C'est d'ailleurs pour cela qu'il lui avait fait une donation, tu te souviens ?

— Donation fortement réprouvée par Lavinia, à en croire papa. Oui, cela me revient, maintenant. Elle avait résolu de la faire annuler, mais le contrat était inattaquable et l'histoire en est restée là.

La porte se rouvrit sur une armée de domestiques. Hanson, mais encore Gordon Lane, passé premier valet de pied, Ian Melrode, son second, et Jessie Phelps, première femme de chambre. Chacun poussait une desserte chargée de canapés, de scones, de confiture de fraise et de crème fraîche, de viennoiseries et de gâteaux divers.

— Chic ! s'exclama Hugo. J'ai une faim de loup.

Miles prit congé de lady Gwendolyn et rejoignit Cecily.

— Je te présente mes excuses au nom de ma tante Lavinia, lui dit-il. J'espère que ses méchancetés ne t'ont pas offensée...

— Pas le moins du monde. Elles m'incitent en revanche à redoubler de vigilance. Nous devons nous assurer que ta tante ne fera pas de nouvel éclat demain soir, au dîner, ni encore moins d'esclandre à l'église, dimanche...

— Nous l'aurons à l'œil.

— Elle est ridicule, intervint Diedre, qui était assise à proximité. Et sotte, qui plus est. Qu'espérait-elle donc ? Que papa, en l'entendant, revienne sur sa décision ?

— Mettons donc sa tirade sur le compte de sa bêtise, suggéra Miles avec indulgence.

Diedre s'en fut parler à lady Gwendolyn. Sur un coup de tête, Miles prit la main de Cecily. Pour son plus grand bonheur, elle ne la retira pas, posant seulement sur lui un regard inquisiteur.

— Il faut que je te pose une question, lui susurra-t-il.

Cecily garda le silence, priant pour qu'il n'aborde pas le sujet de leur relation.

— C'est à propos de DeLacy, se lança le jeune homme. Elle donnerait tout pour réparer votre amitié. Tu lui manques, tu sais. Elle est prête à te faire ses excuses.

— Je ne vois pas de raison de les refuser, répondit Cecily après réflexion. La rancœur est un poison. Cependant, je travaille énormément, je n'aurai pas beaucoup de temps à lui accorder.

— Elle le comprendra. J'y veillerai.

A contrecœur, il relâcha sa main. La jeune femme paraissait mal à l'aise. Miles comprit qu'elle n'allait pas lui faciliter la tâche. Elle ne se laisserait pas facilement reconquérir.

Dulcie s'affala soudain dans le fauteuil voisin.

— Si tante Lavinia fait encore une seule remarque, je lui fourre un scone dans la bouche pour la faire taire !

Miles et Cecily sourirent, amusés par cette image.

— Pourquoi riez-vous ? s'offusqua la jeune fille. Je ne plaisante pas !

Dulcie Ingham faisait toujours très exactement ce qu'elle annonçait. C'était une Ingham ! Or les Ingham tenaient leurs promesses et mettaient leurs menaces à exécution. Surtout les femmes.

13

Dans la maison, tout était calme. Si calme que Cecily s'en alarma. S'avançant dans le vestibule, elle tendit l'oreille : pas même un bruissement. Décidément, c'était anormal. Sa tante avait mauvaise mine la dernière fois qu'elle l'avait vue. Elle paraissait fatiguée, à bout, même. Pourvu qu'elle ne soit pas alitée ! Cecily était venue pour aider Charlotte à faire des essayages, mais serait-elle en état de rester debout, immobile, pendant qu'elle-même poserait les épingles ?

Percevant soudain du bruit à l'étage, elle lança :

— Tu es là, tante Charlotte ?

Et, sans attendre, elle commença de gravir l'escalier.

Charlotte apparut sur le palier.

— Cecily ! Je ne t'attendais pas de si bonne heure.

Lorsqu'elle entra dans la chambre de sa tante, Cecily remarqua aussitôt la photographie dans son cadre d'argent : elle représentait David Ingham, cinquième du titre. Charlotte était entrée à son service comme secrétaire particulière à l'âge de dix-sept ans et l'avait accompagné jusqu'à sa mort. Au fil des ans, ils étaient devenus intimes, mais leur respect des bienséances avait toujours été tel que nul n'aurait su affirmer s'ils avaient ou non été amants. Hormis les Swann, bien sûr, qui savaient tout ce qui se tramait à Cavendon ! A côté du cadre s'empilaient carnets reliés et documents divers. Cecily fronça les sourcils.

— Pourquoi cet intérêt subit pour la photo de David ? s'étonna Charlotte en suivant son regard.

— Je me demandais pourquoi tu la conservais dans ta chambre à coucher. Tu ne crains pas de froisser ton fiancé ? Je doute qu'il apprécie de sentir peser sur lui le regard de son père.

Charlotte eut un petit rire.

— D'habitude, elle est rangée dans un tiroir fermé à clé, mais j'avais besoin de la combinaison de mon coffre, que j'ai inscrite au dos.

Elle sortit le cliché de son cadre et montra à sa petite-nièce les chiffres tracés sur le revers. Puis elle prit sur sa table de chevet une liste qu'elle tendit à Cecily.

— Mais que signifient ces chiffres ? l'interrogea celle-ci.

— Chaque chose en son temps. Ecoute-moi. A ma mort, je veux que tu prennes ma place. Tu tiendras les livres de comptes, et, le moment venu, tu désigneras comme moi quelqu'un pour te succéder...

— Tu n'es pas malade, tante Charlotte ?

— Mais non, ne dis pas de sottises.

— Alors pourquoi ces propos inquiétants, à la veille de ton mariage ?

— Tu me connais, je suis pragmatique. Je veux que mes affaires soient en ordre avant d'épouser Charles. D'autant que nous partons pour l'étranger, et que je ne suis plus de prime jeunesse. En cas de malheur...

— Quoi ?!

— Calme-toi, ma chérie. Je suis en pleine forme, saine de corps et d'esprit. Seulement, je possède quelques biens. Cette maison, des bijoux que je tiens de David, certains investissements réalisés par lui en mon nom... Je veux simplement m'assurer que tu es au courant de tout. Je ne vais pas mourir, je te le promets ! Du moins, pas avant longtemps.

— J'espère bien !

— Ma chérie, nul ne sait de quoi demain sera fait ; nous ne manions pas les fils de notre vie : nous en sommes les pantins. Il nous faut accepter le lot qui nous incombe, et prier que tout s'arrange au mieux. Veille à ne pas l'oublier.

— Je t'écoute religieusement, tante Charlotte.

Charlotte prit l'un des carnets, l'ouvrit.

— Lis cette page.

De ma propre main. Juillet 1876
Par-dessus tout je chéris ma Dame.
Les Swann sont forgés pour le fourreau des Ingham.
J'ai partagé sa couche. Elle est mienne.
Elle me donne sans compter. Un enfant lui ai donné.
Oh, notre joie ! L'enfant mort en son sein. Nous a anéantis.
Elle me quitta. Elle revint.
A nouveau
Mes nuits sont siennes. Et jusqu'à l'heure de ma mort.
M. Swann.

Cecily fixa sa tante, intriguée.

— Quelle tristesse que la perte d'un enfant... murmurat-elle d'une voix que l'émotion faisait vibrer. Qui est l'auteur de ces lignes ?

— Je le devine à la date. Il devait s'agir de Mark Swann, le père de Percy et Walter. C'était le patriarche, en ce temps-là. Bien sûr, j'ignore l'identité de sa dame. Il ne s'est pas risqué à écrire son prénom entre ces pages. Pour ne pas la compromettre, sans doute.

— Pourquoi m'avoir montré ces lignes ?

— Pour la même raison que je les ai montrées à Charles il y a quelques années. Un lien mystérieux mais inexorable pousse les Swann dans les bras des Ingham, et inversement. Et leur destin trouve toujours un chemin. Je voulais que tu en sois consciente.

— Où veux-tu en venir ?

— J'ai aimé deux Ingham. L'un est mort, l'autre s'apprête à devenir mon mari. Et toi ? Où en es-tu avec Miles ? Ne te braque pas, Cecily ! Vous avez toujours été proches, même enfants. Et je sais que vous vous aimez.

— C'est vrai, reconnut Cecily pour la première fois.

— Tu n'en as jamais aimé un autre. Je me trompe ?

— Non. J'ai bien trop de travail.

— Le travail n'y est pour rien. Tu es amoureuse de Miles, et c'est pour cela que les autres ne t'intéressent pas.

Cecily se taisait.

— Ose me dire que j'ai tort, la relança Charlotte.

— Tu n'as pas tort, lâcha Cecily d'une voix blanche.

— Miles t'aime, lui aussi. Je crois que c'est l'une des raisons de l'échec de son union avec Clarissa. Entre autres choses, bien sûr, dont son tempérament. Elle n'a pas été une bonne épouse pour lui. Bref ! Voici mon message : il reviendra à la charge, Ceci. Mieux vaut t'y préparer. Les Ingham n'ont jamais su renoncer aux Swann.

Cecily soupira.

— Il demande le divorce. Il me l'a annoncé ce matin. Une fois celui-ci prononcé, il souhaite m'épouser. Il prétend m'aimer...

— Que lui as-tu répondu ?

— Que je ne savais pas où j'en étais. C'est la vérité, tante Charlotte. Je ne crois pas pouvoir lui revenir. Il m'a fait trop souffrir. Je ne parviens pas à lui pardonner, ni à oublier sa trahison...

— Ma chère, il ne t'a pas trahie, assura sa tante avec véhémence. Il a fait son devoir. Il t'aimait, mais on l'a contraint à sacrifier ses sentiments. Il n'avait pas le choix.

— Tu le défends ?

— Non. Je t'expose la situation de son point de vue.

78

Miles a fait son devoir, insista-t-elle. Il était de sa responsabilité de produire un héritier.

— On attendra la même chose de lui, une fois divorcé : qu'il épouse une aristocrate afin de donner naissance à un fils digne de sa lignée. Le comte y veillera.

— Non, cela n'arrivera pas. Je te le promets. J'ai fait relire à Charles les quelques lignes tracées de la main de Mark Swann. Elles prouvent que le lien qui unit nos deux familles depuis plus d'un siècle est viscéral, et je l'ai imploré de se rendre à l'évidence : Miles doit impérativement divorcer. Quant à votre éventuelle liaison, il s'y fera. Le monde a changé, et Charles le sait.

Muette d'étonnement, Cecily eut besoin de quelques instants avant que la vérité se fît jour dans son esprit.

— Tu avais tout manigancé, n'est-ce pas ? Pour les préparatifs de la noce. Tu as glissé au comte que Miles et moi formerions une bonne équipe... Tante Charlotte, tu nous as manipulés !

— Je préfère penser que j'ai réuni les circonstances favorables pour prévenir tout désagrément à l'occasion de mon mariage. Il se trouve qu'accessoirement, ces circonstances vous permettaient de vous rapprocher, Miles et toi...

— Tu ergotes.

— Peut-être bien, mais cela fait six ans que je vois Miles souffrir le martyre, et toi, t'abrutir de travail et noyer ta solitude dans tes projets de carrière... Vous êtes malheureux, tous les deux. J'ai voulu vous aider.

Cecily ne disait rien.

— Bon, d'accord. Je mérite tes accusations, admit Charlotte. Mais ma chère, en tant qu'héritier, Miles doit avoir des enfants. Or il ne veut qu'une seule femme, et cette femme, c'est toi.

— Tu me mets dans une position des plus délicate...

— Sornettes ! Toutes les cartes sont entre tes mains. C'est à toi de jouer.

Elle changea prestement de sujet.

— Avant mon départ, je veux te parler de mon testament. J'ai deux héritiers : toi, bien sûr, et Harry. Je vous lègue à tous deux ma maison. A toi, je lègue de surcroît mes parts dans l'entreprise Cecily Swann Couture. C'est ton affaire, il n'est que justice que tu en sois propriétaire.

— Merci, tante Charlotte... Mais tante Dorothy ne possède-t-elle pas des parts, elle aussi ?

— Elle me les cédera sans difficulté. Tu n'as pas besoin de partenaire. Souviens-t'en ! A long terme, on ne peut compter que sur soi-même.

— Sur toi, j'ai toujours pu compter... remarqua doucement Cecily, sa mauvaise humeur dissipée.

— Merci, ma chérie. Je me suis efforcée de t'aider sans m'imposer...

Il y eut un silence, que Cecily rompit pour revenir au but de sa visite.

— Tu as des tas de robes à essayer, tu sais ? Nous ferions bien de nous y mettre !

— Je range mes documents et je suis toute à toi, promis !

14

Le samedi, de bon matin, Diedre se rendit au manoir de Little Skell, en lisière du domaine de Cavendon. Elle flâna avec délices le long du lac où deux cygnes à la blancheur immaculée glissaient harmonieusement.

Elle s'arrêta un instant pour les admirer. Les cygnes s'unissaient pour la vie, se remémora-t-elle. Si seulement il lui avait été donné d'en faire autant... Elle chassa aussitôt ses sombres pensées et reprit son chemin d'un pas plus décidé. Rien ne servait de ruminer le passé.

Pas un nuage ne flottait dans le ciel. Le beau temps se maintiendrait-il ? Diedre avait envie que tout soit parfait pour le mariage de son père.

Dire qu'il avait enfin sauté le pas ! Elle s'en réjouissait. Charlotte serait pour lui une épouse exceptionnelle. Du reste, elle en remplissait déjà toutes les fonctions.

La veille, au dîner, Diedre s'était étonnée de se sentir si proche des siens. Sans qu'elle s'en rende compte, ils lui avaient manqué. Absorbée dans son quotidien, abîmée dans ses problèmes personnels, négligeant les valeurs familiales, elle s'était montrée égoïste et entendait désormais faire amende honorable.

Maintenant qu'elle avait renoué avec ses sœurs, toutes les quatre resteraient unies. Elle avait trouvé DeLacy à fleur de peau et Miles lui avait appris que la jeune femme se remettait très mal de son divorce d'avec Simon. Leur vie de couple n'avait été qu'une succession de disputes et de violents désaccords qui les avaient tous deux meurtris, signant, à terme, leur séparation.

Et Miles pesait chacun de ses mots : lui aussi avait été bien malheureux en amour. Avait-il jamais aimé Clarissa ? Diedre ne le pensait pas. Il l'avait épousée pour satisfaire à ses obligations. Et il avait fallu que Clarissa se révèle stérile ! Quelle infortune... D'un autre côté, si Miles demandait effectivement le divorce, ainsi qu'il l'envisageait, mieux valait que des enfants ne s'y trouvent pas mêlés.

Dulcie, pour sa part, avait la vie devant elle, et Diedre résolut de l'épauler. C'était la moindre des choses, après la façon dont elle l'avait traitée, enfant... Son attitude passée continuait de la ronger.

Parvenue dans l'allée de Gwendolyn, elle interrompit sa rêverie pour se concentrer sur son propos. Il s'agissait de ne pas faire perdre son temps à sa grand-tante. Lady Gwendolyn ne supportait pas les bavardages creux, préférant qu'on aborde sans tergiverser le cœur du sujet. Ce en quoi elle avait certainement raison : nul, à la connaissance de Diedre, ne pouvait rivaliser de sagesse avec elle.

La jeune femme actionna le heurtoir de laiton et des coups sourds résonnèrent dans la maison. Presque aussitôt, la porte s'ouvrit sur Mme Pine, gouvernante de longue date chez lady Gwendolyn. Elle salua cordialement Diedre et la conduisit au salon, une pièce pleine de charme qui regorgeait de beaux meubles anciens. Deux grandes fenêtres à meneaux, qui donnaient sur les superbes jardins élaborés par Harry Swann avant sa reconversion professionnelle, la baignaient de lumière.

— Te voici, ma chère, constata lady Gwendolyn, qui attendait sur un canapé. Ponctuelle, comme à ton habitude. Tu sais quel prix j'attache à la ponctualité. Les retardataires sont des égoïstes qui dérobent le temps des autres.

Diedre acquiesça.

— Merci de me recevoir, dit-elle en se penchant pour embrasser sa tante.

— Je t'en prie, Diedre. Assieds-toi.

La jeune femme s'exécuta.

— Je voulais vous parler, ma tante, parce qu'une personne de confiance m'informe que j'ai des ennemis au War Office. Je suis médusée. J'ai toujours fait du bon travail, les promotions qu'on m'a accordées au fil des années l'attestent. Or, à en croire ma source, je suis menacée.

Lady Gwendolyn haussa un sourcil.

— Voilà un mot qui ne me plaît guère. Menacée de quoi ?

— Je l'ignore. Je crois qu'on cherche à se débarrasser de moi – à me faire renvoyer, en somme.

— Que fais-tu au juste au War Office ? la pressa son aïeule. Ta discrétion sur la question suggère que tu travailles au service des renseignements. Je me trompe ?

— Je ne suis pas autorisée à parler de mon travail, ma tante. Permettez-moi seulement de répondre que, pour autant que je sache, vos déductions n'ont encore jamais été erronées.

Un sourire fugace anima le visage de lady Gwendolyn.

— As-tu la moindre information concernant l'identité de ce mystérieux ennemi ? Connais-tu son nom ? Soupçonnes-tu quelqu'un ?

— Hélas ! Trois fois non. Je me creuse la cervelle, mais pas moyen de savoir qui pourrait bien m'en vouloir.

— Ton informateur, qui est-ce ?

— Il s'agit d'Alfie Fennell, un ami de longue date. Je le crois sur parole.

— Est-il de la famille de sir Hubert Fennell ?

— C'est son neveu.

— Et comment ce jeune homme a-t-il eu vent de l'existence de ton prétendu ennemi ?

— Par le biais de sa cousine, Johanna Ellsworth, qui n'a pas plus que lui de lien avec le War Office. Il est avocat ; elle vit de ses rentes.

— Ainsi, cette Johanna serait notre source première. Il s'agirait de découvrir où elle a entendu la rumeur, et de la bouche de qui.

— J'ai essayé. Sans succès.

Lady Gwendolyn se tut quelques instants.

— En ce cas, réfléchissons. As-tu jamais offensé quelqu'un, même involontairement ? As-tu rejeté un soupirant ? Quelqu'un brigue-t-il ton poste ?

— Je ne crois pas... Vous savez, ma tante, je me dévoue entièrement à mon travail et ne prête guère attention au reste.

— As-tu interrogé tes collègues ?

— Non, je ne me sens pas assez proche d'eux. Vous êtes la seule à qui je me sois confiée.

— Qu'attends-tu de moi ?

Diedre soupira.

— Je n'en suis pas sûre moi-même. (Elle hésita.) Peut-être avez-vous des amis en haut lieu à même de creuser la question ?

— Certes, mais je me vois mal leur demander de but en blanc si quelqu'un te cherche des noises.

— Bien sûr, pardon. Je vais prendre mon mal en patience et ouvrir l'œil. La rumeur se démentira sûrement d'elle-même.

— Je vais tout de même mener ma petite enquête. J'ai à faire à la capitale la semaine prochaine, j'en apprendrai peut-être davantage à cette occasion.

— Merci, ma tante. Je me sens déjà mieux...

La voix de Diedre se brisa. Ravalant les larmes qui lui montaient aux yeux, elle reprit le fil de son discours.

— Pardonnez mon émotion. Mon travail est ma raison d'être, voyez-vous.

Son aïeule hocha gravement la tête : elle ne voyait que trop bien.

15

L'histoire était alambiquée. Venant de toute autre que Diedre, lady Gwendolyn n'y aurait pas ajouté foi. Mais sa petite-nièce préférée n'était pas du genre à se monter la tête pour rien, et encore moins à fabuler.

La vieille femme s'inclina contre son dossier et, tout en admirant les parterres qui l'environnaient, laissa divaguer ses pensées.

Qui pouvait bien propager ces ragots ? Les supérieurs de Diedre la tenaient en haute estime, lady Gwendolyn le savait de source sûre...

Soudain, elle se redressa. Elle venait de se remémorer Maxine Lowe, cette amie de Diedre qu'on avait retrouvée morte dans sa demeure de Mayfair, quatre ans plus tôt, dans des circonstances suspectes. Au cours de leurs investigations, les enquêteurs de Scotland Yard avaient questionné Diedre. Lady Gwendolyn s'en serait offusquée, si tous les proches de la défunte n'avaient été soumis au même traitement. Scotland Yard soupçonnait un meurtre. D'autres penchaient pour la thèse du suicide. Puis les résultats de l'expertise médico-légale avaient conclu à un empoisonnement à l'arsenic. Mais comment Maxine avait-elle ingéré la substance ? La police n'avait jamais résolu l'affaire et le mystère était resté entier, alimentant bien des spéculations dans la haute société et le milieu de l'art, cercles qu'avait fréquentés la victime.

De là à la penser liée aux menaces voilées dont Diedre faisait l'objet... Non, cela semblait tiré par les cheveux. Selon toute probabilité, la rumeur provenait d'un collègue jaloux de sa réussite professionnelle. C'était la seule explication rationnelle.

Lady Gwendolyn remâchait l'affaire. Habituellement, pour nuire à quelqu'un, on ciblait ses proches : époux, enfants, parents, frères, sœurs, voire amants. Non que Diedre en eût un, bien sûr. Avec sa coupe dans l'air du temps, ses vêtements dernier cri, ses traits fins, elle était très belle, mais rien ne l'intéressait que sa carrière. Son épanouissement en dépendait. Et c'était sur cette carrière que planait un danger. Qui pouvait avoir intérêt à la saborder ?

Lady Gwendolyn ne manquait pas d'amis puissants et fiables. L'un d'eux accepterait-il de fureter un peu pour elle ? Il faudrait qu'il ait ses entrées dans les cercles politiques les plus élevés... Elle connaissait bien Lucy Baldwin, mais on ne dérangeait pas la femme du Premier ministre pour si peu. Et Winston ? Non seulement il s'agissait d'un bon ami, mais, le connaissant, il serait ravi d'entreprendre, incognito, une petite enquête. Toutefois, M. Churchill traitait actuellement avec les mineurs en grève : il ne serait pas disponible. Mais alors, qui ?

— Lady Lavinia est arrivée, Madame, l'interrompit la gouvernante. Elle vous présente ses excuses pour son avance.

Au prix d'un petit effort, lady Gwendolyn se leva.

— Ce n'est rien. Je rentrais justement.

Sa nièce l'attendait dans le petit salon. Lady Gwendolyn lui trouva les traits tirés.

— Tu es fatiguée, Lavinia ? s'enquit-elle.

— Je n'ai pas fermé l'œil de la nuit, murmura l'autre, un pâle sourire aux lèvres. J'avoue que l'annonce de mon frère m'a prise de court. Pour ne rien vous cacher, je suis bouleversée !

Lady Gwendolyn se contenta d'opiner. Elle avait prévu de la houspiller pour sa saillie de la veille, mais venait de changer d'avis. Sa nièce ne lui semblait pas bien portante. Livide, émaciée, elle avait perdu sa blonde beauté de jadis. Magnanime, Gwendolyn remit à plus tard ses remontrances.

— Nous avons tous été surpris, dit-elle seulement. Pour ma part, je me réjouis pour Charles, et je salue son choix.

Incrédule, Lavinia rétorqua :

— Ma tante, je ne comprends pas. Charles déroge à son rang ! Il se verra ostracisé par la communauté !

— Sornettes ! retentit une voix près de l'entrée.

C'était lady Vanessa, sa sœur.

— Je ne suis pas en retard, j'espère ? ajouta-t-elle à l'attention de Gwendolyn. Lavinia, si j'étais toi, je changerais de ton. Sinon, c'est toi qui finiras ostracisée.

Elle alla embrasser la matriarche et s'installa auprès d'elle sur le canapé. La vieille dame considéra tour à tour les deux sœurs, que tout opposait. Vanessa se distinguait par son ouverture d'esprit, sa tolérance et sa modernité, tandis que Lavinia vivait toujours dans les années 1800.

Cette dernière toisa durement sa sœur.

— Et toi, Vanessa ? Vas-tu nous annoncer tes propres épousailles ?

— Oh, il est encore un peu tôt pour cela, répondit-elle avec un petit rire.

— Tu fréquentes quelqu'un, ma chérie ? l'interrogea sa tante. Qui est-ce ? Je serais heureuse de faire sa connaissance.

— Il s'appelle Richard Bowers. C'est un amour ! Quand vous viendrez à Londres, nous déjeunerons ensemble, si vous le souhaitez.

— Avec plaisir.

— Sa mère, Valérie, est une demoiselle Barnard. Vous la connaissez, je crois.

— Tout à fait. Nous ne sommes pas intimes, mais c'est une femme charmante.

La conversation se tourna bientôt vers la noce du lendemain.

— Le cousin de Hugo, Mark Stanton, sera des nôtres, précisa Vanessa, ainsi que Paul Drummond et...

— Paul Drummond ? la coupa Lavinia. Qui est-ce ?

— Hugo a travaillé avec lui aux Etats-Unis, l'éclaira Vanessa. Comme il se trouve à Londres en ce moment, Charles a tenu à l'inviter.

— Il faut être américain pour cautionner l'union d'un noble avec une roturière, persifla Lavinia. Je parie qu'aucun ami de Charles ne sera présent demain : il n'aura pas osé les convier.

Vanessa répondit lentement, en pesant ses mots :

— L'aristocratie et la roture, tu n'as que ces mots à la bouche. Ne sais-tu pas que ces catégories sont en déliquescence ? L'aristocratie se meurt depuis la fin de la guerre, ne l'as-tu pas remarqué ? Les impôts n'ont jamais été si élevés. Les amis de Charles sont bien trop occupés à tenter de sauver leur patrimoine pour s'intéresser à l'origine sociale de sa fiancée. Crois-moi, c'est le cadet de leurs soucis ! Alors fais-nous le plaisir de garder pour toi tes remarques déplacées et tes valeurs d'un autre temps.

Une fois n'est pas coutume, Lavinia resta sans voix et sans réaction devant la harangue de sa sœur. Vanessa en profita :

— La « der des ders », comme on l'appelle, a surtout signé les dernières heures de l'Empire britannique. L'Angleterre fait banqueroute ! Les propriétaires terriens périclitent, les travailleurs réclament des droits... Tu n'as pas suivi la grève générale ? La grève des mineurs ? Le pays est en pleine effervescence, le spectre de la dépression rôde, et toi, tu nous parles de conflits de classe ! Il est temps de grandir un peu, Lavinia, et d'ouvrir les yeux sur le monde qui nous entoure.

— Bien dit, l'appuya lady Gwendolyn.

Reportant son attention sur Lavinia, elle se radoucit quelque peu :

— Personne n'aime le changement. Dieu sait qu'il ne me plaît pas, à moi ! Mais les temps changent, c'est un fait. Et nous devons nous y adapter. Même toi, Lavinia.

Plus pâle que jamais, Lavinia répondit du bout des lèvres :

— Pourquoi m'accablez-vous ainsi ? Je n'ai dit que la vérité.

Un ange passa. La gouvernante entra, servit le dessert, se retira.

Lady Gwendolyn se redressa. Sans oser toucher à leur plat, ses nièces attendirent en silence qu'elle prononce sa sentence. Enfin, d'une voix douce comme de la soie mais dure comme l'acier, elle déclara :

— En tant que doyenne de la famille, je suis en position de faire la loi, et de la modifier à mon gré. (Elle porta son verre à ses lèvres, se désaltéra.) Je décrète donc une nouvelle loi, effective immédiatement. A compter de cet instant, nul n'émettra plus la moindre critique ni réserve à l'endroit de Charlotte Swann, future comtesse de Mowbray. J'entends qu'elle soit traitée avec le respect qui lui est dû. Elle a dédié sa vie à notre famille. Sans elle, votre frère serait dans sa tombe à l'heure qu'il est. Rendons grâce à Charlotte : elle a été pour nous tous une bénédiction.

Lady Gwendolyn savait qu'elle s'était fait comprendre. Elle saisit sa cuiller et entama son dessert.

— Si je vous ai offensée, je m'en excuse, ma tante, murmura Lavinia. Cela n'arrivera plus. Je ne veux que le bonheur de Charles. (Elle prit une profonde inspiration.) Je sais que Charlotte lui est dévouée, et que nous lui devons beaucoup.

Lady Gwendolyn se dérida.

— Je suis ravie de te l'entendre dire.

Vanessa plissa les yeux. Elle ne reconnaissait pas sa sœur. Enfant, déjà, envieuse de sa complicité avec son cher frère, elle jalousait Charlotte Swann. Ils se surnommaient mutuellement « Charlie » et Lavinia, se sentant exclue, s'enfermait dans de longues bouderies... Aurait-elle donc changé ?

16

Elles s'étaient donné rendez-vous sous le kiosque, à mi-chemin du manoir de Little Skell et de la maison de Charlotte, en bordure du village. Ayant pris congé de ses nièces, lady Gwendolyn se mit en chemin.

Elle allait d'un pas lent le long du sentier, ses yeux se repaissant de la beauté de Cavendon. Pour elle, aucun autre endroit n'égalait cette splendeur, et elle y éprouvait un bonheur suprême. C'était là qu'elle était née, qu'elle avait grandi. Là qu'à vingt ans, elle avait épousé Paul Baildon dans la chapelle du domaine. Là qu'elle avait vécu à ses côtés dix merveilleuses années, jusqu'à sa mort prématurée, des suites d'une opération qui avait mal tourné. Dévastée par le chagrin, elle ne s'était pas remariée.

Cinquante-six ans s'étaient écoulés, mais cela aurait pu être la veille. Sans enfants, Gwendolyn n'avait gardé de Paul que ses souvenirs. Des souvenirs qu'elle chérissait, et qu'elle revisitait souvent, les convoquant à loisir. Ils lui semblaient si récents...

Le parc resplendissait en cette saison. Un soleil éclatant ravivait le vert des arbres et des pelouses. De grands chênes bordaient le sentier, telles des sentinelles ; le couvert de leurs branches entrelacées prodiguait au passant une fraîcheur bienvenue. Au bout de l'allée se dressait le kiosque.

Charlotte s'y trouvait déjà. Quelle femme remarquable, songea lady Gwendolyn pour la centième fois, au moins. Elle la connaissait depuis sa naissance et il s'était tissé entre elles une affection sincère. Charlotte, cependant, n'avait jamais eu le mauvais goût de lui manifester de familiarité ; elle connaissait sa place et l'aristocrate, bien que dénuée de tout snobisme, lui en savait gré.

— Bonjour, madame, la salua Charlotte.

— Bonjour, chère Charlotte.

Lady Gwendolyn gravit les marches, s'assit dans un fauteuil en osier, et prit la parole.

— Merci d'avoir accepté de me voir.

— Je vous en prie. Entre la noce de demain et notre départ imminent pour la Suisse, la maison est sens dessus dessous…

— Je me doutais que vous seriez très sollicitée. Ici, nous ne serons pas dérangées. J'ai à vous parler.

— Je vous écoute.

— Je tenais à vous féliciter et à vous souhaiter en personne la bienvenue au sein du clan Ingham. Tenez…

Elle tira de son réticule un petit paquet et le tendit à la fiancée. Charlotte dénoua le ruban, ôta le carré de soie bleue qui enveloppait l'écrin. Quelques instants plus tard, elle tenait entre ses doigts une superbe broche. C'était un cygne d'or, aux yeux de saphirs et au bec de nacre. De petits diamants émaillaient son long cou.

— Elle est magnifique… bredouilla Charlotte. Merci. Je suis très touchée.

— Il s'agit d'une pièce ancienne, souligna lady Gwendolyn. Ni l'écrin, ni le poinçon ne portent de nom d'orfèvre, mais on reconnaît le travail d'un artisan de grand talent.

Charlotte acquiesça sans mot dire, émue. Elle s'éclaircit la voix.

— Je la chérirai toute ma vie. Puis-je vous demander de qui vous la tenez ?

— De ma mère, répondit rapidement lady Gwendolyn. Nous nous la transmettons de mère en fille depuis des générations. Vous vous apprêtez à devenir une Ingham, et le cygne est l'emblème des Swann : ce gage de mon affection me semblait bien trouvé.

Une vague de gratitude étreignit Charlotte.

— Vous avez toujours été bonne envers moi, madame, dit-elle. Jamais vous ne m'avez jugée.

— Pourquoi l'aurais-je fait ? Parce que vous aimiez mon frère, David, de son vivant ? Est-ce à cela que vous faites allusion ?

— Oui.

— Vous l'avez rendu heureux. Vous lui avez redonné goût à la vie. Et il vous aimait tendrement, Charlotte.

— C'est lui qui a fait de moi la femme que je suis aujourd'hui. Il m'a tant appris... Et il a fait de ma vie un rêve. En secret, bien sûr, précisa-t-elle avec un sourire empreint de nostalgie.

— Moi, j'étais au courant, affirma lady Gwendolyn. Mais je n'ai jamais soufflé mot de votre histoire à âme qui vive.

— Je vous en remercie.

— Cessez de me remercier, voyons ! C'est moi qui vous suis redevable, pour tous vos bienfaits envers les miens. Je suis enchantée de vous accueillir au sein de ma famille, Charlotte.

Lady Gwendolyn regagna son manoir les sourcils froncés, mécontente d'elle-même. A la dernière minute, elle s'était défilée. Charlotte méritait pourtant de connaître la véritable origine de cette broche. L'aristocrate résolut de la lui confier dès son retour de Suisse.

Pourvu qu'elle vive jusque-là.

La matriarche se rabroua : trêve d'idées noires ! Elle n'avait aucune intention de mourir prochainement. Il lui restait encore bien trop à accomplir. Comme aider Diedre à démasquer son mystérieux ennemi... entre autres missions secrètes.

17

Dans un coin du jardin d'hiver, pièce qu'elle avait faite sienne au fil des années, Daphné parcourait une dernière fois le plan de table du dîner. Le placement de chacun était optimal. Enfin, elle soupira et s'autorisa à se détendre. La journée avait été longue et chargée.

Des pas retentirent sur les dalles de terre cuite. Peggy Lane, née Swift, s'avançait, un plateau à la main. Elle avait épousé Gordon après la guerre et avait donné naissance à une petite Daphné, ainsi baptisée en hommage à leur maîtresse.

— J'ai pensé qu'une tasse de thé vous ferait du bien, Madame, dit la jeune femme. M'sieur Hanson dit que vous n'arrêtez pas depuis ce matin.

— Il y a fort à faire, Peggy. Une chance que vous ayez pu venir en renfort ! Comment se porte Mme Thwaites ?

— Elle se repose, Madame. M'sieur Hanson dit que ce n'est pas la première fois qu'elle s'évanouit comme ça. Il dit qu'elle se surmène, que c'est plus de son âge... Il lui a ordonné d'aller chez le médecin lundi.

— J'en suis contente.

— J'ai cherché à joindre Olive Wilson chez votre mam... je veux dire, chez Mme Pierce, comme vous me l'avez demandé, mais on ne m'a pas répondu. J'ai essayé deux fois : ça ne décroche pas.

— Tiens ? La maison est peut-être vide. Mme Pierce doit passer l'été à Monte-Carlo.

— Ils n'auraient pas laissé la maison vide, si ? Une belle demeure comme ça, on ne la laisse pas sans surveillance.

— Je m'en étonne également. La gouvernante doit s'y trouver…

— Je réessaierai plus tard. Je vous sers, Madame ?

— Avec plaisir, Peggy.

Sous son regard attendri, la jeune domestique retourna ensuite vaquer à ses occupations. Après la guerre, Gordon Lane, premier valet de pied à Cavendon, avait gravi les échelons jusqu'à devenir le bras droit de Hanson. Les Ingham leur avaient offert pour leur mariage la plus grande maisonnette du village et, par dérogation spéciale, ils autorisaient Gordon à coucher sous son propre toit et non dans le quartier des domestiques, un arrangement dont chacun s'estimait satisfait. Les temps changeaient, certes, mais on ne perdait pas forcément au change !

Les pensées de Daphné se tournèrent vers les bijoux volés. Elle les récupérerait, coûte que coûte ! Son père se rongeait les sangs mais, comme elle le lui avait fait remarquer, Felicity ne pouvait prendre le risque de les vendre. La collection des Ingham était connue de tous les bijoutiers de Londres…

On toussota et Daphné leva les yeux : sa fille Alicia se tenait dans l'embrasure de la porte, l'air renfrogné.

— Qu'est-ce qui te chagrine, ma chérie ? Entre, ne reste pas dans le courant d'air.

Daphné admira son enfant, qui irradiait de beauté en dépit de sa moue boudeuse. Elle était grande pour ses douze ans, blonde et bouclée… Dans quelques années, elle chavirerait bien des cœurs.

— Charlie dit que je ne serai pas demoiselle d'honneur, se lamenta-t-elle en courant auprès de sa mère.

— Mais voyons, ma chérie, bien sûr que si ! Nous avons même choisi ta robe ensemble, tu ne t'en souviens pas ?

— Il dit que les demoiselles d'honneur seront mes tantes et que même toi, tu n'en seras pas !

— C'est vrai : je serai dame d'honneur, parce que je suis une femme mariée. Mais toi, tu feras partie du cortège, promis. Tu seras la plus belle de toutes les demoiselles d'honneur.

Elle serra sa fille dans ses bras. Alicia, qui l'adorait, resta un moment pendue à son cou, puis se dégagea et lui rétorqua :

— Non. La plus belle, ce sera toi ! Tout le monde le dit : tu es la fine fleur de la famille.

Sa bonne humeur retrouvée, elle conclut :

— Alors, je peux dire à Nanny de repasser ma robe ? Vrai ?

— Va. J'arrive bientôt. J'ai encore un peu de travail.

Ravie, la petite s'en fut en trottinant gaiement et Daphné reprit sa liste. Mais impossible de se concentrer : malgré elle, elle pensait à sa mère. Olive, la femme de chambre que Daphné projetait de débaucher, lui assurait que Felicity n'était pas heureuse. Daphné l'avait pressée de questions, mais elle s'était refusée à lui en révéler davantage. Cela aurait-il un rapport avec...

— Nous ne te dérangeons pas, j'espère ? résonna la voix de Miles sur le pas de la porte.

Derrière lui se tenait Cecily.

— Un peu, reconnut Daphné. Mais entrez. Cecily, quelle robe élégante ! C'est l'une de tes créations ? J'ai moi-même prévu de porter au dîner celle en mousseline turquoise que tu as confectionnée pour moi en mai dernier.

— Excellent choix : elle te va à ravir.

— Mon mari est de ton avis.

— Je souhaiterais consulter la liste des invités, déclara Miles, allant au vif du sujet selon son habitude.

Daphné la lui tendit et poursuivit :

— Quel branle-bas de combat à Cavendon ! J'admire ton calme, Cecily.

— Il suffit de faire abstraction du chaos. Je me concentre sur mes tâches.

— Ah ! fit Miles. Je reconnais bien là notre Ceci. La concentration, l'application, la détermination : elle a toujours honoré ces valeurs, même enfant. D'où son succès...

L'admiration affleurait dans sa voix. Décontenancée par cette salve de compliments, la jeune femme se troubla. Observant Miles du coin de l'œil, elle fut une fois de plus frappée par sa mauvaise mine, et ne put s'empêcher de s'apitoyer. Elle commençait à mesurer la peine qu'il avait dû subir au cours des dernières années.

Miles fixait la liste.

— Richard Bowers ? Qui est-ce ? Son nom ne m'est pas inconnu...

— Il s'agit du bon ami de tante Vanessa, lui apprit sa sœur, mutine. Elle a insisté pour que papa le rencontre avant son départ pour Zurich. Ce qui me fait dire que leur relation est sérieuse.

— Un deuxième mariage se préparerait-il ? demanda Miles.

— J'en mettrais ma main à couper. Mais garde-le pour toi.

— Et que fait-il dans la vie, ce M. Bowers ?

— Je n'en suis pas certaine. Dulcie n'a pas été à même de me renseigner.

Miles se replongea dans sa liste.

— Mark Stanton... Paul Drummond... Formidable ! Nous devrions avoir suffisamment de cavaliers.

— De cavaliers ? répéta Daphné, une note d'inquiétude dans la voix.

— Pour danser. J'ai loué les services d'un quatuor. Les musiciens arriveront après le dîner.

— Miles ! C'est hors de prix.

— Ne t'en fais pas, Daphné : ce sera à mes frais. Il s'agit de mon cadeau de mariage à papa et à Charlotte. Cecily leur offre bien le feu d'artifice...

— Un feu d'artifice ?! Dis-moi que tu plaisantes. Papa et Charlotte voulaient une fête discrète, modeste...

— Je sais, mais après la sortie de tante Lavinia, Cecily et moi avons eu envie de donner à cette noce un coup d'éclat.

— Tante Lavinia va en faire une jaunisse. Elle trouve les feux d'artifice vulgaires...

— Tu crois qu'elle préférerait mourir étouffée par un scone ? ironisa Dulcie en pénétrant dans la pièce.

Daphné pouffa.

— Elle va s'en étrangler d'indignation ! prédit Miles, une étincelle de malice dans ses yeux bleus.

Quand Daphné apprit la nouvelle à son mari, cet après-midi-là, Hugo s'esclaffa. Désarçonnée, elle attendit que son hilarité retombe.

— Il n'y a pas de quoi rire, remarqua-t-elle. Cela ne plaira pas aux mariés. Ils trouveront cela pompeux. Eux qui avaient insisté pour que tout se déroule dans la simplicité...

— Je sais, ma chérie. Mais ne t'inquiète pas : je soupçonne ton père de connaître les plans de Miles.

— Tu crois ?

Hugo hocha la tête.

— L'autre jour, il a laissé tomber une remarque énigmatique : il craignait d'être un peu « rouillé ». Je n'ai pas eu le temps de l'interroger, mais il était visiblement question de danse. Seulement, nous avons été interrompus par un appel important de New York, et j'ai oublié ses remarques. Tu sais comment je suis quand le travail m'appelle !

— Je m'étonne que papa ne m'en ait pas parlé. D'habitude, il me consulte avant de prendre ce genre de décision.

— Il aura voulu alléger ton fardeau. Une attention louable. Allons, rassure-toi ! Miles a forcément agi en concertation avec lui. Il respecte toujours scrupuleusement les règles. Son mariage en est la preuve, hélas !

Daphné ne releva pas sa remarque. Il poursuivit.

— Je le trouve rajeuni depuis l'arrivée de Cecily. Sa présence lui réussit.

— Tu as raison, dit-elle avec un soupir. Laissons-le s'amuser un peu. Du reste, j'ai bien l'intention de m'amuser aussi, ce soir...

— Et moi donc ! M'accorderas-tu la première danse ?

— Hugo, mon amour, je te les accorderai toutes, jusqu'à la dernière.

18

De toute sa carrière, Hanson n'avait jamais entendu un tel raffut. Dans le réfectoire des domestiques, ce n'était que rires, éclats de voix et tapage assourdissant.

Il enfila vivement le couloir, sur la pointe des pieds, et fit halte derrière la porte entrebâillée. Exceptionnellement, la curiosité l'emportait sur ses principes : il fallait qu'il découvre la cause de ce vacarme.

Les rires s'éteignirent et une voix de femme retentit.

— Si vous aviez vu lady Vanessa ! Elle est sortie de ses gonds ! Elle a mouché sa sœur, comme quoi il ne fallait pas qu'elle parle de classe comme ça. Elle ne lui a pas envoyé dire ! C'est que ce mariage ne lui revient pas, à lady Lavinia. Mais alors, pas du tout. Pas comme Lady Gwendolyn. Elle a l'air très content. C'est fou, non ? Charlotte est une moins que rien, tandis que...

C'en était trop ! Hanson ouvrit la porte à la volée et déboula dans le réfectoire. Toute la tablée, réunie pour le thé, se figea sous le coup de la stupeur, les yeux braqués sur le majordome, dans un silence de plomb.

La fureur de Hanson sautait aux yeux. Il toisa l'assemblée. Autour de la longue table de chêne, Ian Melrose, second valet de pied, Tim Hartley, chauffeur du comte, Jessie Phelps, première femme de chambre, Pam Willis et Connie Layton, femmes de chambre, attendaient ses remontrances. Celle qui avait parlé n'était autre qu'Adélaïde Pine, la gouvernante de lady Gwendolyn, appelée en renfort par Mme Thwaites.

— Je vois que vous prenez vos aises, madame Pine, la tança Hanson, cinglant. Non seulement vous présidez à notre table, mais vous vous permettez d'y tenir des propos outranciers.

L'autre se troubla, mais ne pipa mot : mieux valait ne pas aggraver son cas.

Hanson parcourut des yeux l'assistance et poursuivit :

— Depuis trente-huit ans que je travaille ici, jamais je n'avais entendu un tel charivari dans nos quartiers. Quant à votre comportement, il est proprement inqualifiable. Je ne laisserai personne médire de mes maîtres aussi longtemps que je les servirai. Les dénigrer derrière leur dos, sous leur propre toit ! Une des plus grandes et respectables demeures d'Angleterre ! Je ne le tolérerai pas. Vous m'entendez, madame Pine ? Et cela vaut pour les autres aussi. Que je vous reprenne seulement à émettre la moindre critique à l'encontre de vos employeurs, et je vous ferai renvoyer sur-le-champ, sans lettre de recommandation. Maintenant, finissez votre thé et préparez-vous pour la soirée, nous avons du pain sur la planche.

Penauds, maudissant sous cape leur irrespectueuse invitée, les domestiques se tenaient cois. Mme Pine affichait une pâleur inhabituelle.

— Veuillez me suivre dans mon bureau, lui intima Hanson, féroce. J'ai deux mots à vous dire en privé.

Là-dessus, il tourna les talons et quitta la pièce. Tremblante, Mme Pine se leva et le suivit dans le couloir.

Parvenu devant son bureau, Hanson ouvrit sa porte et s'écarta.

— Entrez, je vous prie.

L'autre s'exécuta. Hanson referma la porte derrière lui et s'adossa un instant au battant afin de mieux contempler la coupable. Un tic nerveux agitait le coin de sa bouche : elle se savait dans le pétrin.

— Vous avez dépassé les bornes, déclara Hanson. Je vous invite à rassembler vos affaires et à vider les lieux immédiatement. Nous nous passerons de votre assistance ce soir.

Bouillant de rage contenue, il alla s'asseoir à son bureau tandis que l'autre, la tête basse, se dirigeait vers la sortie.

— Vous ne direz rien à lady Gwendolyn, monsieur Hanson ? geignit-elle.

— Une fois les festivités terminées, je lui rapporterai les faits. Il est de mon devoir de l'en informer. Vous travaillez pour elle et résidez sous son toit. Elle décidera des mesures à appliquer.

— Mais... je ne pensais pas à mal...

Hanson la coupa.

— Les racontars peuvent être ravageurs. Ils peuvent briser des vies. Ceux qui les propagent sont, à mon sens, de dangereux malfaiteurs. Ils causent du tort à autrui par leurs bavardages oiseux. Mais pas de ça ici, pas à Cavendon ! J'y veille ! Cette demeure est sacrée. Si j'étais vous, je présenterais ma démission.

Mutique, Adelaïde Pine sortit en claquant la porte.

Hanson secoua la tête, puis regagna le réfectoire afin d'y rétablir l'ordre.

La pièce était toujours plongée dans le silence. Le chauffeur avait décampé sans demander son reste, de même que le second valet de pied. Les trois femmes de chambre débarrassaient la table.

Hanson s'adressa à Jessie Phelps.

— Jessie, viens, asseyons-nous un moment.

— Bien, m'sieur Hanson.

— Comment as-tu pu laisser faire une chose pareille, Jessie ?

— Je... Je ne comprends pas.

— Pourquoi n'avoir pas fait taire cette vipère ? Médire de notre maître, vilipender son mariage avec Charlotte... Tu trouves cela honorable, Jessie ? Ce qu'elle disait était irrespectueux...

— Oh, M'sieur Hanson, vous n'avez rien entendu ! Elle a dit des choses plus affreuses encore... Je vous jure que j'ai essayé de l'arrêter ! Mais elle était intarissable.

— Alors pourquoi rire ? Je vous entendais vous désopiler depuis le couloir !

— Ce n'était pas elle qui nous amusait, mais Tim ! Il nous racontait le mariage de son frère, il y a quelques semaines : tout est allé de travers. Il le racontait très bien, comme un vrai comédien. Ce qu'on a ri ! Mais cela n'avait rien à voir avec Mme Pine. C'est après qu'elle s'est remise à déblatérer. On s'est contentés de l'écouter. On n'en revenait pas...

— En ta qualité de première femme de chambre, tu as éla responsabilité de Pam et Connie. En cas de nouveau désagrément de ce genre, j'attends de toi que tu rétablisses la discipline. Sois intraitable. La bienséance est capitale !

— Oui, monsieur.

— Bien. Je monte superviser le dressage des tables. Monte te changer pour l'office du soir, Jessie. Le temps file.

Hanson n'eut pas plus tôt fait un pas dans le salon vert d'eau que sa colère se dissipa comme par enchantement. Lady Daphné, radieuse, surveillait le travail de Gordon Lane et de Peggy, qui se trouvaient dans d'excellentes dispositions. Envolée, Mme Pine et ses insolences !

— Hanson, venez admirer le travail de Gordon et Peggy, lui lança sa jeune maîtresse. Ils ont apporté des fauteuils, de sorte qu'il y aura de la place pour tout le monde. N'est-ce pas que ce sera l'endroit idéal pour nous réunir ce soir ? Le jardin de Harry est si réussi... (Elle engloba d'un geste les haies et les parterres qui conféraient à la pièce des allures de jardin.) C'est féerique, n'êtes-vous pas de mon avis ?

— C'est le mot juste, Madame. Harry s'est surpassé. Ce jardin est un chef-d'œuvre.

— Passons à côté, voulez-vous ? Gordon, Peggy, ouvrez la marche, je vous prie.

La petite troupe se mit en branle. Dans la salle à manger, le couple de domestiques avait dressé deux tables rondes. L'argenterie et les verres en cristal scintillaient sous le lustre ; des fleurs coupées aux teintes éclatantes achevaient d'égayer l'ensemble. Après une minutieuse inspection, Hanson les félicita.

— Beau travail. Je n'ai rien à redire.

Soudain, Dulcie fit irruption dans la pièce.

— Coucou, Daphné ! Vanessa me charge de t'informer que Richard Bowers sera des nôtres ce soir. Il est dans le train, il arrivera juste à temps pour le dîner. Et je viens de croiser Mark Stanton ; Hugo lui montre sa chambre.

— Formidable ! Merci, Hanson. C'est un bonheur que de pouvoir se reposer sur vous. Vous aussi, Gordon, Peggy. Vous pouvez disposer.

— Bien, Madame.

Daphné prit sa sœur par le bras.

— Viens, Dulcie, allons causer un peu dans le jardin d'hiver.

— Alors, dis-moi tout : comment est-il, ce M. Bowers ? demanda Daphné tandis qu'elles quittaient l'aile sud.

— Charmant ! Et bel homme. Enfin, dans le genre discret. Pas tapageur pour deux sous. Un peu comme papa, en somme !

— Voilà qui est prometteur. Et pas étonnant : Vanessa a du flair en ce qui concerne les gens.

— C'est sérieux, entre eux, alors ?

Daphné plissa des yeux coquins.

— Réfléchis, Dulcie : elle le présente à papa ! A ton avis ?

19

Les pires craintes de lady Lavinia s'étaient avérées. Le clan s'était ligué contre elle, l'excluant de ses rangs. Oh ! On lui témoignait toujours de la politesse, comme lorsqu'elle était entrée dans le salon un peu plus tôt et que tous l'avaient saluée. Mais c'était sans chaleur. Lady Lavinia avait bel et bien perdu sa place parmi les siens.

Elle les observa discrètement. Avec leurs yeux bleu glacier, les Ingham formaient une tribu à part, une clique unique en son genre.

Lavinia savait pertinemment qu'elle avait commis un impair en s'attaquant à la fiancée de son frère. Charles était le patriarche, sixième comte de Mowbray et l'un des nobles les plus en vue d'Angleterre ! Et voilà qu'elle le critiquait et remettait ses choix en question. Pire : elle avait dénigré la femme qu'il aimait, une femme au grand cœur qui avait dédié sa vie à la famille... Quand elle y repensait, Lavinia se faisait horreur.

Elle s'était isolée dans un coin de la pièce. La sentence était irrévocable : jamais plus on ne l'accueillerait à bras ouverts au sein du cercle. Elle regrettait sa sottise, mais c'était sans issue : elle devrait désormais vivre en exilée.

Pour recouvrer un semblant de calme, elle s'absorba dans la contemplation du jardinet d'intérieur. Bientôt, elle perçut une présence dans son dos. Pivotant, elle tomba nez à nez avec Mark Stanton, qui ressemblait à Hugo comme une goutte d'eau. Il fixait sur elle un regard béat.

— Bonsoir, madame. Quelle œuvre d'art que ce jardin ! Son auteur a beaucoup de talent, assurément. Une telle harmonie ne peut qu'émaner de la main d'un maître...

Pleine de reconnaissance pour sa bienveillance, Lavinia lui rendit son sourire.

— Bonsoir, Mark. C'est Harry Swann qui l'a composé. Il a toujours été un jardinier hors pair. Ces derniers temps, cependant, il s'intéresse à la gestion du domaine. Il regorge de bonnes idées et de plans de modernisation.

— Hugo m'en a parlé...

Mark et Lavinia s'interrompirent : on s'affairait à l'entrée de la pièce.

Vanessa, grande, élégante, arrivait au bras d'un homme de belle allure. Tous attendirent de bonne grâce qu'elle fît les présentations. Miles, Cecily et Dulcie se tenaient un peu en retrait.

— Vous ne devinerez jamais ce qu'il fait dans la vie, chuchota Dulcie avec une mine de conspiratrice.

— Alors dis-le-nous, ne nous fais pas languir ! rétorqua Miles.

— Il est de la police ! Vous vous rendez compte ?

— Qui est de la police ? interrogea Diedre avec intérêt en se joignant au petit groupe.

— Richard Bowers, l'ami de tante Vanessa. Papa dit qu'il travaille à Scotland Yard.

Diedre se décomposa. Toute mention de Scotland Yard lui rappelait immanquablement la mort tragique de son amie Maxine. En proie à un profond malaise, elle s'efforça de refouler l'afflux de souvenirs.

Miles, à qui rien n'échappait, nota sa curieuse réaction et, devinant que le sujet la perturbait, intervint :

— Ne restons pas là à le regarder avec nos yeux de merlans frits, dit-il. Allons lui souhaiter la bienvenue ! Nous nous comportons comme des rustres.

Daphné et Hugo, qui avaient déjà salué les nouveaux venus, s'assirent sur le canapé. Daphné fit un rapide tour d'horizon.

— Il manque encore quelques personnes… DeLacy est en retard, comme à son habitude, et Paul Drummond n'est pas arrivé. Papa et Charlotte non plus, mais c'est normal : ils ménagent leurs effets.

— Ah ! Voici justement Paul. Je vais le présenter aux autres.

Il se leva et s'éloigna, non sans avoir gratifié au passage sa femme d'un geste tendre.

Celle-ci s'inclina contre les coussins et chercha son frère des yeux : elle n'était pas tranquille. Miles, quand elle capta son attention, la rassura d'un hochement de tête : il n'y aurait pas d'esclandre. Il veillait au grain.

Avisant Alice Swann, Daphné bondit sur ses pieds. Alice avait protégé son honneur, mieux : elle lui avait sauvé la vie, et l'avait soutenue durant une période éprouvante. Elle occupait dans le cœur de Daphné une place à part ; la jeune femme aurait fait n'importe quoi pour elle. L'ayant embrassée, Daphné se tourna vers Dorothy Swann, la cousine de Charlotte. Dorothy avait épousé un enquêteur de Scotland Yard du nom de Howard Pinkerton, lequel était aussi présent.

Pendant ce temps, Miles prit congé de Richard Bowers et mena Cecily à l'écart de la petite foule.

— Diedre s'est crispée en apprenant la profession de Richard Bowers, lui apprit-il à mi-voix. Sans doute à cause des interrogatoires qu'elle a subis après cette tragédie.

— Tu parles de la mort de son amie Maxine ? Oui, j'ai remarqué son trouble. Ainsi, M. Bowers travaille à Scotland Yard. Peut-être connaît-il Howard, le mari de Dorothy.

— J'en doute. Bowers doit se trouver quelques crans au-dessus de lui dans la hiérarchie. Je ne le vois pas effectuer des rondes de quartier...

Il fut interrompu par l'irruption, au bout du couloir, de DeLacy. Apercevant Cecily, elle hésita et ralentit l'allure.

Cecily avait remarqué son malaise, ainsi que sa pâleur et son regard éteint... Soucieuse du bon déroulement des événements, elle s'avança vers son ancienne amie, la main tendue.

— Quelle joie de te revoir, DeLacy, lui dit-elle avec tendresse. Faisons la paix, veux-tu ?

DeLacy, les larmes aux yeux, se jeta à son cou sans plus de façons.

— Tu m'as tellement manqué, Ceci.

Cecily se dégagea doucement, émue, et considéra DeLacy avec une affection sincère : à son propre étonnement, elle ne ressentait plus envers elle la moindre rancune.

— Tu devrais passer à ma boutique la semaine prochaine, lui suggéra-t-elle. Tu mérites une toilette neuve.

— Notre Cecily va te remettre à la page, plaisanta Miles.

DeLacy souriait de toutes ses dents.

— Si je porte cette vieille robe de Daphné, c'est que je ne voulais pas être la seule femme de la soirée à ne pas honorer tes créations, expliqua-t-elle.

Bras dessus, bras dessous, les deux amies regagnèrent le salon.

Miles exultait de les voir enfin réconciliées. La force de Cecily restaurerait peut-être celles de DeLacy. Elle n'était que l'ombre d'elle-même depuis quelque temps ; il craignait qu'elle ne souffrît de dépression nerveuse. Avant qu'elles ne passent la porte, il les rattrapa et, à l'oreille de Cecily, susurra :

— Permets que je te parle en privé, tantôt.

— Me parler ? De quoi ?

— Je t'en... Oh, voici papa et Charlotte.

Les futurs mariés venaient d'apparaître au pied du grand escalier, et les trois jeunes gens s'engouffrèrent dans le salon.

Un instant plus tard, le comte et sa fiancée faisaient leur entrée, distribuant sur leur passage sourires et signes de tête. Le silence s'était fait. Miles n'avait jamais vu son père si resplendissant de santé, et Charlotte semblait l'incarnation de la majesté.

— Sa robe est sensationnelle, murmura-t-il.

Cecily savait que ce compliment lui était adressé. La robe, une création en crêpe de Chine mauve, longue et fluide, était simple mais flattait la silhouette. Avec son élégant décolleté rond et ses manches évasées, sa jupe flottante dévoilant de petits souliers de satin assortis, elle respirait l'élégance et la grâce. Charlotte portait en outre un éblouissant sautoir en perles des mers du Sud d'un blanc étincelant, ainsi que des pendants d'oreilles en perles et diamants.

Epiant à la dérobée la réaction des invités, Cecily se rengorgea : tous contemplaient Charlotte avec une admiration mêlée de respect, comme s'ils la voyaient pour la première fois. Il est vrai qu'on ne l'avait jamais vue sous ce jour, avec ses cheveux au lustre chatoyant coupés à la mode actuelle, son teint lumineux, la clarté de ses yeux pervenche accentuée par le coloris de sa parure...

Belle, confiante et distinguée, la future comtesse de Mowbray ferait honneur au titre, songea Cecily. Et, dans la pièce, tout le monde partageait son avis.

20

Daphné se sentait nerveuse.

Tout se passait à merveille et pourtant, elle restait sur le qui-vive.

Parcourant du regard la salle à manger, elle trouva le tableau parfait. La pièce, éclairée aux chandelles, semblait scintiller et dégageait une atmosphère intime et chaleureuse. Les bouquets au centre des deux tables rivalisaient de splendeur. Hanson et ses valets avaient servi des vins exquis et des mets somptueux. Charles rayonnait. Charlotte paraissait sereine et épanouie. Et les invités ? Passaient-ils un moment agréable ? Le plan de table avait-il été judicieusement conçu ? Oui, chacun semblait bien s'entendre avec ses voisins.

Un peu trop, même, dans certains cas.

Paul Drummond se délectait ouvertement de la compagnie de Diedre et, à l'autre table, Mark Stanton mangeait des yeux lady Lavinia. Qui lui rendait son regard. Quelle impudeur ! Elle, une veuve d'un certain âge, aux charmes fanés ! Que pouvait bien lui trouver M. Stanton ? Pourtant, c'était indéniable : ils se plaisaient. Qui eût cru Lavinia capable de séduire un beau jeune homme comme lui ?

Daphné reporta son attention sur lady Vanessa, sa tante préférée. Toute vêtue de mousseline rose, elle était ravissante. Une flamme singulière illuminait ses grands yeux clairs : elle était amoureuse. Daphné ne s'en étonnait guère : Richard Bowers possédait un physique avantageux et des manières de gentleman, et semblait aussi ouvert d'esprit que Vanessa elle-même. En effet, dès qu'il avait avisé Howard Pinkerton, faisant fi de toute notion de classe ou de hiérarchie, il était aussitôt allé lui serrer la main et discuter avec lui, pour le plus grand plaisir de Howard.

Ancien élève de la prestigieuse école d'Eton, puis étudiant à Cambridge, M. Bowers occupait désormais un haut poste à Scotland Yard. Bien qu'il eût également réussi l'examen du barreau, il n'exerçait pas comme avocat, ayant préféré suivre sa propre voie. Non, ce n'était pas un simple agent de ronde, songea Daphné en repensant, amusée, à la remarque de son frère.

Assis entre Diedre et lady Vanessa, ce dernier posait sur Cecily un regard éperdu d'amour. Ces deux-là étaient faits l'un pour l'autre. Maintenant que le comte lui-même épousait Charlotte, au mépris de la tradition et du qu'en-dira-t-on, ils avaient de nouvelles raisons d'espérer.

Restait un obstacle et de taille : Clarissa. Miles était décidé à obtenir le divorce, mais elle ne lui faciliterait pas la tâche. Daphné craignait fort qu'il n'aille au-devant de réelles déconvenues. Ce divorce qu'il appelait de ses vœux ne serait peut-être pas prononcé avant des années… peut-être ne le serait-il jamais.

— J'ignorais que M. Bowers serait des nôtres, lui confia Howard Pinkerton, son voisin de table. Nous avons beaucoup de respect pour lui, à Scotland Yard. C'est un excellent dirigeant, et on le dit très intègre.

— Voilà qui est bon à savoir.

Au bout de quelque temps, Hanson apparut sur le pas de la porte, flanqué de ses seconds.

— Si vous voulez bien me suivre sur la terrasse, dit Miles en se levant, je vous propose un petit divertissement.

114

Personne ne s'attendait à un feu d'artifice et, quand les fusées et feux de Bengale multicolores embrasèrent le ciel nocturne, on s'extasia abondamment. C'était magique. Tous les villageois avaient été conviés au parc pour profiter du spectacle et leurs vivats résonnaient depuis le sentier, en contrebas. Dans l'air, les cascades et les arabesques colorées se succédaient.

Seule Daphné remarqua les deux couples qui s'éclipsaient discrètement. Diedre et Paul Drummond d'abord, suivis peu après de Lavinia et Mark Stanton.

— On dirait que des idylles sont en train d'éclore, murmura-t-elle à son mari.

Comme Hugo haussait les sourcils, elle précisa :

— Paul semble s'être entiché de Diedre, et tante Lavinia a jeté son dévolu sur ton cousin.

— Mark et Lavinia ?! C'est une plaisanterie ?

— Mais non ! Au fait, Howard Pinkerton pense le plus grand bien de Richard Bowers. Il paraît que tout Scotland Yard l'adore.

— Voilà qui ne m'étonne pas. J'ai tout de suite senti que nous avions affaire à quelqu'un de bien. Je pense qu'il s'agit du genre d'homme sur qui on peut compter en cas de crise.

— C'est confirmé, déclara Miles en regardant Cecily droit dans les yeux. Je pars pour Londres jeudi. Je vais voir Clarissa. J'entends obtenir ce divorce dans les plus brefs délais.

— J'espère qu'elle y consentira, répondit Cecily sans ciller. Elle ne sera sûrement pas pressée de te rendre ta liberté...

— Pourtant, il le faudra bien ! Chère Ceci, dîneras-tu en ma compagnie à Londres ?

— Entendu, lâcha Cecily après un temps d'hésitation.

La joie de Miles fut telle qu'il la prit dans ses bras. Contre sa joue, il s'exclama :

— Ce sera comme au bon vieux temps...

Cecily se taisait. Que répondre à cela ?

Elle jouait avec le feu. Miles était impuissant face aux caprices de Clarissa. Quant au puissant lord Mildrew, on ne pouvait non plus prévoir ses réactions. Le statu quo était inchangé. Restait à exercer un contrôle étroit sur son propre destin. Cecily dresserait autour de son cœur un rempart imprenable. Elle ne revivrait pas deux fois la même peine.

21

La doyenne du clan arriva la première. Charles lui avait envoyé son chauffeur et Hartley gara la voiture devant la chapelle. Sur les marches, une rose blanche à la boutonnière, se tenaient Harry Swann, Mark Stanton, Paul Drummond, et Hugo.

Ce dernier se précipita pour ouvrir la portière et aider lady Gwendolyn à descendre du véhicule. Sur le perron, elle embrassa Miles, le témoin, et les autres. Chacun eut pour elle un mot gentil, surtout ce cher Harry. Puis elle pénétra dans la nef.

Seigneur ! Que de bleu... Les demoiselles d'honneur formaient un joli tableau avec leurs bouquets rose et blanc, mais fallait-il qu'elles optent systématiquement pour ce coloris ? Certes les « Quatre D » et la jeune Alicia portaient des robes différentes, mais toutes de la même teinte myosotis que les Ingham affectionnaient.

Gwendolyn se dérida. Après tout, quelle importance ? Rien ne pouvait gâcher cette merveilleuse journée. Enfin, un Ingham épousait une Swann ! En s'engageant dans l'allée au bras de Hugo, elle souriait.

A cet instant, Charlotte Swann nourrissait à peu près les mêmes pensées.

Dans le boudoir décoré de frais qu'elle utilisait pour

la première fois, au manoir, elle attendait que Cecily ait fermé les vingt-deux boutons du dos de sa robe de mariée. Dans quelques instants, elle épouserait Charles. Après des générations et des générations de relations étroites, d'intimité partagée, un Ingham convolait pour la première fois en justes noces avec une Swann. D'autres couples avaient précédé le sien, mais un mariage ! Ça, c'était une première.

Depuis cinq ans, Charles renouvelait sa demande. Il l'aimait. N'était-il pas temps d'officialiser leur union ? Ainsi, s'il venait à mourir avant elle, il la saurait à l'abri du besoin… Mais Charlotte ne voulait rien entendre. Leur mariage irait à l'encontre de siècles de tradition, et serait vu d'un mauvais œil. Il avait fallu l'attaque de Charles pour qu'elle cédât enfin. Célibataire, en cas de perte de ses facultés physiques ou mentales, le comte aurait vu ses décisions laissées au jugement de ses enfants. Or c'était à Charlotte qu'il souhaitait les déléguer le cas échéant. Elle avait grandi avec lui, le comprenait, le connaissait, partageait sa vision de l'existence. Cet argument avait balayé ses dernières réticences

D'ici une demi-heure, leur union serait officielle et Charlotte commencerait une nouvelle vie à ses côtés. Tous deux avaient dépassé la cinquantaine, nul ne savait de quoi l'avenir serait fait. Mais cela n'importait guère : ensemble, ils profiteraient de chaque journée. Charlotte veillerait sur son mari, l'obligerait à se ménager. La gestion du domaine, ses difficultés financières pesaient lourdement sur ses épaules. Heureusement, il avait accepté de séjourner en Suisse trois mois entiers, loin de ses soucis financiers, des malheurs de ses enfants, de l'absence d'héritier mâle, ce petit-fils qui seul aurait perpétué la lignée des Ingham. Sans compter l'affaire des bijoux. Pourvu que Daphné sorte victorieuse de l'affrontement avec Felicity ! Sous ses dehors de poupée de porcelaine, elle avait une poigne de fer, mais l'ancienne comtesse était têtue…

— Nous y sommes presque... déclara Cecily, l'arrachant à ses pensées.

— Puis-je m'admirer ?

— Pas encore.

La porte s'ouvrit sur Alice, la mère de Cecily.

— Mon Dieu ! s'exclama-t-elle. Que tu es...

— Chut, maman ! Je veux que tante Charlotte soit aussi surprise que toi quand elle se découvrira dans la glace.

La robe de crêpe de Chine ivoire tirant sur le gris perle la mettait prodigieusement en valeur. Son décolleté en V et ses manches ajustées soulignaient sa sveltesse ; une traîne masquerait son unique couture, dans le dos. Cecily avait cousu dans le revers de petites billes de plomb afin que le tissu tombe bien ; camouflés derrière la doublure de soie, ils restaient parfaitement invisibles tout en donnant son allure à l'ensemble. Examinant le système imaginé par Cecily, Alice ne put retenir une bouffée de fierté maternelle.

On fixa la traîne. Très étroite, elle évoquait une fine cascade dans le dos de la mariée.

— J'ai posé des œillets sur l'envers pour qu'elle ne glisse pas, expliqua Cecily.

Un instant plus tard, la mariée était fin prête.

— Et voilà, tante Charlotte, tu n'as plus qu'à dire « Je le veux » ! lui annonça Cecily. Mais d'abord, va te regarder dans le miroir.

Charlotte s'exécuta.

Elle n'en crut pas ses yeux. Etait-ce bien son reflet ? Bien qu'elle eût déjà passé la robe lors des essayages, à Londres, rien ne l'avait préparée à l'effet produit une fois l'ensemble retouché et ajusté. La robe l'amincissait, la grandissait, et lui seyait au teint. Vraiment, Cecily avait du génie. Elle avait bien fait d'insister pour la maquiller. Avec son teint de nacre, Charlotte ne paraissait pas son âge, mais le soupçon de khôl et de rouge à lèvres dont sa nièce l'avait convaincue de se parer l'embellissait. Pour tout bijou, elle portait des clous d'oreilles en diamants et la bague de fiançailles en saphir que Charles lui avait offerte la veille, juste avant le dîner. En un mot comme en mille, elle était renversante.

— Tu ne dis rien, s'inquiéta enfin Alice. Tu n'es pas contente ?

— Oh ! si, répondit Charlotte avec un petit rire. Seulement, je suis estomaquée !

Cecily éclata de rire.

— Remets-toi vite, tante Charlotte : on t'attend à l'église.

La mâchoire de Walter Swann faillit se décrocher lorsqu'il découvrit sa tante, qui semblait rajeunie de vingt ans. On allait se dévisser la nuque sur son passage, tout à l'heure, lorsqu'elle remonterait l'allée !

Alice devina les pensées de son époux.

— Ça laisse sans voix, pas vrai ? C'est un grand jour pour nous autres Swann…

— En effet. (Il alla embrasser sa fille.) Bravo, ma Ceci, tu as fait du bon travail ! Quant à toi, Charlotte, tu es sans conteste la plus belle des comtesses de Mowbray qu'il m'ait été donné de rencontrer.

— Je ne suis pas encore comtesse.

— Mais tu le seras sous peu. Tu vas leur en boucher un coin !

— En route, déclara Cecily.

Walter offrit son bras à la future mariée.

— Quand je pense que c'est à moi que revient l'honneur de te mener à l'autel ! Je comprends mieux l'utilité de cette bâche qu'on a fait tendre jusqu'à la chapelle ; ce serait trop bête d'endommager ces jolis souliers.

— Je vois que tu as tout compris, papa, acquiesça Cecily. C'était une idée de Miles. Il avait d'abord suggéré qu'on conduise la mariée à l'église en automobile, mais je craignais que cela ne froisse sa robe. Pressons-nous, à présent, il est temps.

La chapelle se nichait sur une butte, derrière les écuries. Elle avait été taillée dans la même pierre que le manoir, à la même époque. Des générations d'Ingham et de Swann y avaient prié le Seigneur, baptisé leurs enfants, épousé leurs fiancés, pleuré leurs morts...

Depuis le seuil, au bras de Walter, Charlotte contemplait des années d'histoire. Le passé se fondait dans l'instant présent et la réconfortait, comme en une étreinte bienveillante. Celles et ceux qui l'avaient précédée continuaient de vivre à travers leurs descendants. Ils les avaient forgés, et tous étaient connectés par leurs liens d'amour ou de parenté, formant une grande famille, robuste et solidaire.

Charlotte leva les yeux, se remplissant du spectacle de la voûte, des poutres, des vitraux aux couleurs de pierres précieuses, du rieur soleil de juillet qu'ils filtraient. Chaque panneau représentait un ancêtre des Ingham, en armure, bouclier au poing. Fier et valeureux.

La chapelle était comme intemporelle. Sans doute résisterait-elle aux années, défiant leur passage pour offrir un sanctuaire, un havre de paix aux fidèles des générations à venir, bien après que Charlotte aurait quitté ce monde.

Soudain, la fraîcheur la fit frissonner. L'air était chargé d'humidité et de poussière, mais aussi du parfum des fleurs. Le long des murs s'alignaient des nuées de fleurs des champs, tandis que l'autel disparaissait sous les vases de roses. Miles et Cecily avaient dû confier les compositions florales à Harry. Ils tenaient tant à ce que la journée soit mémorable !

Une angoisse subite étreignit Charlotte. Dans le miroir, quelques instants plus tôt, il lui avait semblé voir une autre femme. De fait, elle s'apprêtait à vivre une métamorphose.

Dans quelques minutes, sa vie allait changer. Elle allait devenir la femme du comte de Mowbray, sixième du nom, un titre qui s'assortissait de lourdes responsabilités. Il lui incomberait de défendre l'honneur des Ingham, de protéger le domaine ainsi que les villages attenants, et de faire son possible pour perpétuer la lignée...

Walter lui serra la main. Les voix alentour s'étaient tues. On n'entendait plus que quelques murmures et le froufrou des robes des demoiselles d'honneur, qui patientaient derrière elle. Alors, Mme Parkington plaqua sur le clavier de l'orgue les premiers accords de la marche nuptiale.

— C'est l'heure, chuchota Walter.

Lentement, ils entreprirent de remonter l'allée centrale.

Charlotte ne regarda pas les invités qui lui souriaient depuis les bancs : elle n'avait d'yeux que pour son fiancé. Debout près de l'autel, il était manifestement au comble de la joie. Toute sa vie, Charlotte avait connu et aimé ce visage, qui lui était plus familier encore que le sien. Plus elle approchait, plus son sourire s'élargissait. Walter joignit les mains des fiancés et se retira.

Le couple resta seul devant le pasteur qui ouvrit la cérémonie. Pour Charlotte, elle fila comme dans un rêve. Le moment venu, elle prononça machinalement les mots qu'elle connaissait par cœur. Et voilà qu'ils portaient tous deux leur alliance. On les déclarait mari et femme. Charles l'enlaçait, l'assurait de son amour impérissable... Charlotte en avait le tournis. Déjà, ils regagnaient la sortie, pratiquement suspendus l'un à l'autre.

Lorsqu'ils émergèrent à la lumière du jour, ils furent accueillis par une mer de visage réjouis. Les villageois avaient envahi les pelouses de part et d'autre de l'allée pavée. On aurait dit que toute la région était venue les féliciter.

On lança des confettis, des pétales de roses, des vivats. Une voix entonna un chant festif en hommage à la mariée.

Les exclamations, les applaudissements redoublèrent. Tout cela confirmait ce que chacun savait déjà : les habitants de Little Skell et des communes voisines adoraient leur comte et sa comtesse.

Riant sous la pluie de pétales, les mariés s'engagèrent le long du sentier, débouchèrent sur la terrasse du manoir, pénétrèrent dans l'aile sud et, tout à coup, se retrouvèrent seuls dans le petit salon vert d'eau.

Charles embrassa sa femme, qui lui rendit son baiser. S'écartant, ils se contemplèrent avec contentement, un peu sonnés.

— C'est fait, murmura le comte, émerveillé. Charlotte, tu es enfin mienne. Merci, ma chère. Tu as fait de mon rêve une réalité.

— Merci à toi, Charles, de réaliser les miens.

Cecily et Miles accoururent peu après. Ayant félicité le couple, Miles, qui ne perdait pas de vue sa mission, déclara sans ambages :

— Veuillez à présent nous suivre au salon jaune. Le photographe vous y attend.

— Nous vous suivons, répondit Charles en prenant la main de sa femme.

Charlotte nota avec bonheur que sa nièce paraissait un peu plus détendue en compagnie de Miles. Qui, pour sa part, semblait revivre auprès de Cecily. Oui, tout irait bien. Les Ingham triompheraient de l'adversité, ainsi qu'elle l'espérait.

Hélas ! Charlotte se trompait. Des nuages noirs s'amassaient au-dessus de Cavendon, et l'orage menaçait. Les Ingham allaient au-devant de sombres lendemains.

DEUXIÈME PARTIE

Des traîtres démasqués
Septembre 1926

> *On ne mène qu'une vie sur cette terre ;*
> *aussi, quand survient l'occasion de marquer*
> *à son prochain gentillesse ou bonté, saisissons-*
> *la, ne la négligeons pas ni ne la remettons à*
> *plus tard, car nous ne reviendrons pas ici-bas.*

(Dicton)

> *L'amour réjouit comme le rayon de soleil*
> *après la pluie.*

William Shakespeare

22

James Brentwood lança un billet au chauffeur et bondit hors du véhicule sans même attendre sa monnaie. Il gravit au pas de course les marches du perron de l'Hôtel Brown. Il était en retard. Or James Brentwood n'arrivait jamais en retard, il y mettait un point d'honneur. Ignorant quelques passants qui tentaient d'attirer son attention, pour le féliciter sans doute, il fila droit vers le lieu de son rendez-vous. Si appréciées fussent-elles, les louanges devraient attendre pour cette fois !

Il ne ralentit le pas qu'une fois arrivé dans le hall de l'hôtel, adoptant une cadence plus digne, et accueillit, affable, les sourires et les éloges murmurés des membres du personnel.

James – Jamie pour les intimes – comptait parmi les tragédiens les plus en vue du pays. A trente-trois ans seulement, il faisait déjà figure de légende vivante. Le public et les critiques l'adulaient. Et depuis que le Critics Circle avait annoncé, une semaine plus tôt, que son prix le plus prestigieux allait lui revenir, les félicitations pleuvaient et la presse le harcelait.

James gagna la salle de réception qui, par chance, n'était pas trop pleine. Il fit une brève halte avant d'entrer, cherchant des yeux son agent.

Felix Lambert, qui lisait dans un coin de la pièce, sut

sans lever les yeux que James était arrivé ; le silence s'était fait tout autour de lui, et l'excitation était palpable. Baissant son journal, il constata que son flair ne l'avait pas trompé : Jamie s'avançait vers lui. Les hommes lui lançaient des regards curieux, les femmes se troublaient. Felix réprima un sourire. Pas mal, pour un fils de débardeur de l'East End ! Il revit le jeune homme à quinze ans, quand il l'avait repéré au cours de théâtre pour orphelins de Madame Adelia. Malgré son jeune âge, James débordait de charisme, de magnétisme et de talent.

Toujours à l'affût d'acteurs en herbe, Felix et sa femme Constance ne manquaient jamais le spectacle de fin d'année de cette école. James les avait éblouis par son assurance, sa justesse, son sens de la nuance. Seul sur la scène nue, en collant et plastron de métal, il s'était lancé sans ciller dans l'un des plus célèbres monologues de Shakespeare, dans *Henry IV*, un texte qui en aurait fait trembler de plus aguerris que lui. Le jeune comédien avait captivé son public tout entier, si l'on en jugeait par la longue ovation qui suivit sa performance.

Ni une, ni deux, Felix avait suggéré à James de passer le concours d'entrée de la Royal Academy of Dramatic Art ; il était certain de son admission. Le jeune homme ne s'était pas fait prier, posant pour seule condition l'approbation de ses sœurs, qui dirigeaient sa carrière et, pour ainsi dire, sa vie.

Une rencontre fut organisée et les trois sœurs, conscientes de la chance que représentait cette occasion pour leur frère, acceptèrent sur-le-champ. Elles chérissaient Jamie comme la prunelle de leurs yeux et ne doutaient pas un seul instant qu'il connaîtrait bientôt un succès foudroyant. Felix avait compris tout de suite qu'à leurs yeux, Jamie était un sauveur, un héros, rien moins qu'un messie.

— Tu en fais, une tête ! remarqua James qui venait de s'attabler en face de lui.

— Je songeais au chemin que tu as parcouru, à ce gamin que j'ai trouvé sur les docks... Et maintenant, regarde-toi : une vedette !

— J'ai eu de la chance de vous rencontrer, Constance et toi. Vous avez changé le cours de ma vie.

— Tu aurais réussi sans nous, va ! Ton génie aurait suffi. Ta présence, ta façon d'occuper l'espace quand tu t'élances sur la scène... Bref ! J'ai commandé de quoi manger. Je n'ai pas eu le temps de déjeuner ce midi et je sais que tu ne joues jamais l'estomac vide...

— Merci, je suis affamé. Alors, dis-moi, qu'est-ce que c'est que cette histoire de comédie musicale dont tu me parlais au téléphone ?

— C'est une idée que m'a donnée Mortimer Jackson, l'autre jour, au déjeuner. Il rentre juste de New York, où il a beaucoup fréquenté Jerome Kern. Kern est en train d'acheter les droits d'un roman d'Edna Ferber, *Show Boat* : d'après lui, cela ferait une comédie musicale du tonnerre. Il composera la musique et Oscar Hammerstein a accepté de se charger des paroles. La première à Broadway est prévue pour l'année 1927, soit dans un an. Une tournée dans le West End suivra. J'ai tout de suite pensé à toi pour le rôle phare.

— Mais Felix, c'est dans des lustres ! En attendant, je fais quoi ? Tu sais que je n'aime pas rester les bras croisés.

— Je sais, et je sais aussi qu'il ne reste plus que quelques mois avant la dernière de *Hamlet* à l'Old Vic. Tu as fait une saison formidable ! Ta ténacité force le respect. N'en as-tu pas assez de jouer Hamlet ?

— Parfois, si. Mais il y a des moments de grâce. Des jours où j'ai à peine foulé les planches que le miracle se produit : je ne fais plus qu'un avec mon personnage...

Un serveur déposa devant eux théières, plateaux d'amuse-bouche, scones, crème et confiture, puis se retira.

— Le rôle m'intéresse, annonça James. Dis à Mortimer

que j'irai voir la pièce à Broadway et que je lui donnerai ma réponse à ce moment-là.

— Entendu.

James balaya la pièce du regard. Dans un coin, il avisa deux femmes. Tiens ! Il connaissait l'une d'elles. C'était la femme de chambre de Mme Pierce. L'autre aussi lui était familière.

— La belle blonde t'a tapé dans l'œil ? plaisanta Felix comme il la dévisageait.

— Elle est belle, reconnut James en prélevant un canapé sur le plateau, mais non. Je connais la femme avec qui elle discute. Elle est employée de maison chez Felicity Pierce.

Felix scruta le visage de son protégé.

— Tu fréquentes Lawrence Pierce ? Il a mauvaise réputation. On dit qu'il prête sa garçonnière à ses amis pour leurs rendez-vous illicites, puis demande à assister au spectacle... voire à y participer.

— Il a une garçonnière ? s'enquit James, scandalisé.

— Et comment ! Il y emmène ses conquêtes, célibataires ou mariées, jeunes ou moins jeunes, parfois mineures. On dit même qu'il organise des parties fines. A ta place, j'éviterais sa compagnie.

— Ciel ! J'en prends bonne note. Pauvre Mme Pierce ! C'est à se demander pourquoi elle ne le quitte pas.

— En effet, d'autant que c'est une femme de bien, à ce qu'on dit. Mais elle est sous son emprise. On murmure que celles qui ont connu son mari ne l'oublient jamais. Il détiendrait la clé de leur... bonheur.

James se fendit d'une moue dégoûtée.

— Fais-moi une faveur : si j'ai un jour besoin d'être opéré, rappelle-moi d'éviter son service. Il m'a tout l'air de brûler la chandelle par les deux bouts. Or un bon chirurgien est un chirurgien reposé ! Songe seulement, si la fatigue venait à faire trembler sa main...

A quelques pas de là, Olive Wilson s'adressa à son interlocutrice :

— Merci de m'avoir téléphoné, Madame. J'attendais de vos nouvelles.

La belle blonde, qui n'était autre que lady Daphné, répondit :

— Je t'en prie. Alors, Olive, quelles sont les nouvelles ?

Un pli soucieux barrait le front de la femme de chambre.

— Je vous avais promis d'entrer à votre service à la fin du mois de septembre, mais je crains que ce ne soit impossible.

— Ma mère a donc refusé ta démission ?

— Il ne s'agit pas de cela. Madame n'est pas bien. Je ne peux pas la quitter avant son rétablissement.

— Ciel ! Qu'a-t-elle ?

— Un mauvais rhume, Madame, qui a dégénéré en bronchite. Le médecin dit qu'elle est en voie de guérison, mais il lui faut garder le lit quelques jours encore. Je suis navrée de ce contretemps, Madame.

— Ce n'est rien, Olive. J'ai demandé à te voir car j'ai à t'entretenir d'une affaire capitale et confidentielle. (Elle baissa la voix.) Dans le cadre de tes fonctions, tu es amenée à manipuler les bijoux de ma mère, n'est-ce pas ? Aurais-tu remarqué un diadème serti de rubis et de diamants, ainsi que le bracelet assorti ? Ou encore des boucles d'oreilles en diamant de chez Cartier, et une broche en forme de nœud ?

— Mais oui, Madame. Mme Pierce n'a pas porté le diadème depuis quelque temps, mais la broche et les boucles d'oreilles, elle les porte fréquemment...

Voyant Daphné se décomposer, la femme de chambre porta la main à son cœur.

— C'est donc grave, Madame ?

— Très grave, j'en ai peur. Ces bijoux ne lui appartiennent pas. Ils sont la propriété de la famille Ingham. La comtesse de Mowbray n'en a que l'usufruit. Elle n'avait aucun droit de les emporter en quittant Cavendon.

— Le savait-elle ?

— Quand on acquiert un titre, on est informée des règles dont il s'assortit, Olive. Il faut que je récupère les bijoux, et ce dans les plus brefs délais. Ma mère rechignera à s'en séparer, mais il lui faudra s'y résoudre.

— Lady Felicity n'est pas déraisonnable. S'il lui arrive de se montrer capricieuse, c'est parce que Monsieur lui fait des misères...

— Il ne lève pas la main sur elle, tout de même ?

— Non, Madame, mais il existe d'autres manières de se montrer cruel. Il la manipule. Il lui parle de ses conquêtes. Si vous voulez mon avis, c'est de la torture.

— Seigneur ! Pourquoi ne le flanque-t-elle pas à la porte ?

— Elle lui mange dans la main...

Daphné réfléchit, puis :

— Quand elle sera guérie, je passerai prendre le thé et lui demanderai poliment de nous rendre ce qui nous appartient.

— Et si elle refuse ?

— Il me restera deux possibilités. Je pourrais charger l'avocat de mon père de lui intenter un procès...

— Oh ! Voilà qui ne lui plaira guère. Elle niera avoir les bijoux en sa possession.

— Seconde option : je les lui reprendrai de force.

— Lady Daphné ! Vous n'oseriez pas !

— Oh ! que si. Et tu m'y aideras.

— Madame... je ne pourrai pas, murmura Olive en blêmissant.

— Je comprends tes réticences. Mais tu n'auras qu'à me montrer l'endroit où ma mère les range, et m'en procurer les clés.

— J'ignore où elle les cache. Je vous le jure !

— Rassure-toi, Olive. Je te crois. Tant pis ! Nous nous en dispenserons.

— Mais comment... ?

S'inclinant de plus belle, Daphné chuchota :

— Eric Swann connaît toutes sortes de gens, certains très fréquentables, d'autres... un peu moins. Je le chargerai de me dénicher un voleur professionnel. Il crochètera la serrure et je récupérerai mon bien.

Olive restait sans voix et Daphné s'esclaffa.

— Allons, Olive, tu peux refermer la bouche, nous n'aurons pas à recourir à cette extrémité. Mais... n'est-ce pas James Brentwood, l'acteur ? Il te regarde, Olive. Je crois même qu'il te sourit ! Tu le connais donc ?

— C'est une accointance de Madame, nous nous sommes croisés. Oh ! lady Daphné, j'espère qu'il ne lui répétera pas nous avoir vues ensemble ? Lady Felicity ne comprendrait pas...

— C'est Mme Pierce désormais, Olive. Elle a perdu le bénéfice de son titre. Combien de fois faudra-t-il que je te le rappelle ?

— Pardon, Madame. L'habitude...

— Je vais aller me présenter à ce M. Brentwood et lui demander de garder notre secret, annonça Daphné en se levant.

— Vous ne pouvez pas l'aborder comme ça ! Ce n'est pas digne d'une dame de votre rang ! s'exclama l'autre épouvantée.

Daphné lui adressa un sourire éclatant.

— Je suis une femme mariée, Olive : je peux faire ce que bon me semble.

Felix Lambert beurrait un scone quand il vit se lever la belle blonde.

— James, mon garçon, la dame que nous admirions à

l'instant s'avance droit vers nous. Nous ferions bien de nous lever.

Il joignit le geste à la parole et James eut à peine le temps de l'imiter que la dame les accostait.

— Pardon de vous interrompre, messieurs. Je souhaiterais dire un mot à M. Brentwood. (Elle lui tendit la main.) Je suis Daphné Ingham Stanton. Vous connaissez ma mère, Mme Pierce, n'est-ce pas ?

— Enchanté, madame. En effet, je la connais. Permettez que je vous présente mon ami Felix Lambert.

— Enchantée, dit Daphné en lui serrant la main à son tour.

— Je suis honoré de faire votre connaissance, lui répondit ce dernier en la mangeant des yeux.

— Prenez un siège, je vous prie, intervint James en approchant un fauteuil. En quoi puis-je vous être utile ?

— Vous avez reconnu à l'instant Olive Wilson, la femme de chambre de ma mère. Etant en froid avec cette dernière, j'ai prié Olive de me tenir informée de son état de santé, mais elle craint que sa maîtresse ne voie cette entrevue d'un fort mauvais œil... Je suis donc venue en appeler à votre discrétion. Puis-je compter sur vous, monsieur ?

— Cela va sans dire, madame. Il est peu probable que je revoie madame votre mère prochainement ; mon travail m'occupe à temps plein. Quand bien même mon chemin croiserait le sien, jamais il ne me viendrait à l'idée de lui raconter quoi que ce soit vous concernant.

— Je m'en doutais, répondit gracieusement Daphné. Cependant, je tenais à rassurer Olive. Je profite de l'occasion pour vous présenter mes félicitations. Justement, je dois assister à la représentation de *Hamlet* la semaine prochaine. Mon mari et moi-même nous en réjouissons beaucoup.

— J'espère que vous me ferez l'honneur de venir me

saluer dans ma loge après la représentation, renchérit James. Quel soir viendrez-vous ?

— Mardi. Merci pour votre invitation.

Elle se leva, aussitôt imitée par les deux hommes, leur serra la main et regagna sa table, sous leurs regards admiratifs.

— Quelle femme charmante..., lâcha James quand ils se furent rassis.

— Et mariée, observa son aîné.

— Les plus belles le sont toujours. Hélas !

A l'autre bout de la pièce, Daphné se mit en devoir de rassurer la domestique.

— Il ne dira rien. Je me doutais qu'il s'agissait d'un homme discret, mais mieux valait s'en assurer.

— Merci, Madame. Pardon de vous avoir incommodée.

— Je t'en prie. Allons, dis-moi : où ma mère range-t-elle ses bijoux ?

Quand Olive l'eut renseignée, elle se permit une remarque.

— Madame, j'espère que vous plaisantiez en parlant de commanditer les services d'un cambrioleur...

— Bien sûr que je plaisantais ! Je te taquinais, Wilson, comme quand j'étais petite fille.

Olive se détendit. Elle était sincèrement soucieuse du sort de lady Daphné.

Si elle avait pu lire dans ses pensées ! La jeune femme résolvait en son for intérieur de sonder Eric Swann : il connaissait forcément quelque malfrat à même de crocheter une serrure.

23

A l'approche de la maison, Miles se sentit gagné par le malaise. Les mois qu'il y avait vécus avec Clarissa n'avaient pas été heureux, tant s'en fallait. Quant à la demeure à proprement parler, ni son architecture, ni sa décoration ne correspondaient à ses goûts. C'était Clarissa qui l'avait choisie et Charles la leur avait offerte en guise de cadeau de mariage. Les actes, cependant, avaient été rédigés au nom de Miles.

La gouvernante, une femme revêche du nom de Mme Kennet, ne plaisait pas davantage au jeune homme. Là encore, il s'agissait d'un choix de Clarissa ; Miles, pour sa part, l'avait prise en grippe dès leur première rencontre.

— Bonjour, madame Kennet, lui dit-il en pénétrant dans l'entrée.

— Monsieur, répondit sèchement l'autre.

Elle voulut le conduire au salon, mais il la contourna sans autre forme de procès.

— Je me rends à la bibliothèque, déclara-t-il. Pas la peine de m'accompagner. Au cas où vous l'auriez oublié, je suis ici chez moi.

La gouvernante lui décocha une œillade assassine, puis tourna les talons. Elle disparut dans la cuisine sans prononcer un mot de plus.

Quel accueil !

La bibliothèque constituait son sanctuaire sous ce toit. Aménagée avec l'aide de Daphné, c'était la seule pièce qu'il appréciât. Avec son canapé Chesterfield de cuir vert bouteille, ses fauteuils tendus de velours, ses lourds rideaux, son tapis persan aux couleurs chatoyantes et, surtout, ses étagères chargées de trésors, il s'y sentait bien. Il se dirigea vers la baie vitrée et consulta sa collection de livres d'histoire. Il avait toujours aimé cette discipline, même du temps où il fréquentait encore les bancs de l'école, et s'était bâti depuis en la matière une solide érudition. Son regard tomba sur une biographie de Jules César qu'il affectionnait tout particulièrement. Il sortit un volume et le tint dans ses mains, comme pour y puiser du courage, avant de le replacer sur son rayon.

La semaine précédente, il avait pris une importante décision. Eric Swann, majordome en la demeure londonienne de son père, à Grovesnor Square, allait venir prendre ses affaires. Au service des Ingham depuis ses seize ans, sa loyauté n'avait d'égale que son efficacité. Formé à Cavendon par l'excellent Hanson, il semblait une version plus jeune de son maître. Miles lui faisait une confiance aveugle.

Des pas retentirent dans le couloir. Miles sortit de la bibliothèque : Clarissa piquait droit vers lui.

Il la trouva méconnaissable. Bouffie, négligée, l'ancienne beauté n'inspirait plus que de la répugnance. Son seul attrait résidait dorénavant dans la fortune de son père, songea Miles avec cynisme.

— Mme Kennet servira le thé dans le petit salon. Allons-y, débita Clarissa sans même le saluer.

— Bonjour, Clarissa. Comment te portes-tu ? lui retourna Miles, qui n'était pas homme à se départir de ses bonnes manières.

— Très bien, merci, répondit-elle en lui tournant le dos.

Miles lui emboîta le pas. Le postérieur de sa femme lui évoquait irrésistiblement un autobus à impériale. Hélas !

Lui qui espérait qu'elle rencontre un beau parti et le quitte... En l'état actuel des choses, cela ne risquait guère d'arriver. Cette pauvre Clarissa se laissait complètement aller...

Installée sur le canapé de chintz, celle-ci lissa sa robe à fleurs, le menton en avant. Pourquoi diable avait-elle choisi cette robe dont les motifs se fondaient dans ceux du canapé ? Miles ravala son envie de questionner sa femme au sujet de son apparence : bien que sotte à de nombreux égards, elle était retorse et capable de ruse. Mieux valait rester sur ses gardes et ne pas la piquer inutilement.

— Que fais-tu à Londres ? demanda Clarissa. Je connais la passion que tu voues à Cavendon et l'aversion que t'inspire la capitale.

— Tu exagères, Clarissa. La gestion du domaine m'occupe beaucoup, effectivement, surtout depuis le départ de papa pour l'étranger, mais...

— Ah, sa lune de miel, oui. La noce a dû être modeste au vu des circonstances. Je fais allusion à cette roturière qu'il a épousée.

— Cette précision n'était pas nécessaire, j'avais parfaitement compris le sens de ton propos. Et je t'interdis de parler en mal de la comtesse de Mowbray. J'en profite pour te signaler que papa jouit d'une excellente santé et que je n'hériterai pas de son titre avant de très longues années, sois-en assurée.

— Et toi, sois assuré que je ne consentirai jamais à un divorce !

Depuis qu'il avait franchi le seuil de la maison, Miles s'attendait à cette proclamation. Calmement, il répondit :

— Pourquoi pas ? Nous vivons séparément. Ton attitude ne laisse présager aucune réconciliation entre nous... Jouons franc jeu, Clarissa. J'ai parlé à notre avocat, et il propose un arrangement très généreux, dont les termes exacts pourront être négociés avec toi et votre...

138

— Tu gaspilles ta salive, rétorqua-t-elle. Je ne divorcerai pas.

— C'est incompréhensible. Qu'as-tu à gagner en t'obstinant ? Tu vis seule dans cette grande maison comme en un ermitage. Ta vie sociale se borne aux déjeuners et aux essayages auxquels tu t'adonnes avec tes amies... Quel sens peut revêtir une telle existence ?

La perplexité de Miles n'était pas feinte.

— Je suis heureuse ainsi. Ne t'évertue donc pas à me comprendre, et ne te préoccupe pas de moi, lâcha Clarissa.

— Mon père te céderait les actes de la maison ; quant à moi, je te verserais une pension plus que suffisante à ton entretien jusqu'à ton remariage...

Clarissa éclata d'un rire sardonique.

— Tu te moques de moi, Miles ? Tu n'es pas devenu aveugle, que je sache ? Regarde-moi, enfin !

— Ton... apparence ne m'avait pas échappé, mais tu es jeune, tu peux retrouver ta ligne d'antan, si tu t'y astreins.

Elle allait lui lancer quelque réplique cassante, mais se ravisa : Mme Kennet entrait, suivie de la bonne qui poussait le chariot à thé. Elle tint sa langue le temps que les deux femmes disparaissent. Alors, glaciale, elle reprit :

— Le sujet est clos, Miles. Je refuse de divorcer. Je me contrefiche de cette maison et de ta minable pension. Mon père est riche, rappelle-toi, il veillera à ce que je ne manque de rien, comme il l'a toujours fait.

Miles se renfonça dans son siège, porta sa tasse à ses lèvres, la reposa.

— Je ne suis pas ton ennemi, et je pars du principe que tu n'es pas la mienne, dit-il. Nous pourrions divorcer à l'amiable et reprendre le cours de notre vie, chacun de son côté. Nous sommes encore en âge de repartir de zéro.

Clarissa ne l'écoutait pas : elle dévorait des yeux le gâteau à la crème qu'elle brûlait d'entamer. Voilà quelle devait être sa principale occupation, ces temps-ci, songea son mari. Manger, manger encore, se gaver des diverses douceurs que lui mitonnait son affreuse gouvernante.

Chassant cette vision, il s'éclaircit la voix, attirant l'attention de Clarissa.

— Je te sers ? proposa-t-elle. Il y a aussi des religieuses...

Il déclina. Le ton soudain mielleux de sa femme ne lui disait rien qui vaille. La pique redoutée ne se fit pas attendre.

— Que je suis bête ! Aux religieuses, tu as toujours préféré les catins, laissa tomber Clarissa. Avant notre mariage, déjà, tu te vautrais dans la luxure avec la tienne, et tu n'as jamais cessé !

Estomaqué, il voulut riposter, mais Clarissa le devança.

— Bien avant de te rencontrer, alors que je ne manquais pas de soupirants tous mieux lotis les uns que les autres, mon père m'avait mise en garde contre les hommes de ton espèce. Il m'avait avertie que les aristocrates préféraient les femmes issues de la roture, parce qu'elles n'étaient pas avares de leurs charmes. Et il avait raison ! Tu m'as toujours préféré ton hétaïre !

Miles s'était levé et il quitta la pièce avant qu'elle pût reprendre son souffle et lancer un nouvel assaut. Dans la rue, bouillant de rage et de dégoût, il s'élança au pas de course pour s'éloigner au plus vite de cette maison et de son horrible occupante. Que n'aurait-il donné pour n'avoir plus jamais à la croiser !

Enfin, il ralentit l'allure, s'adossa contre un mur et se calma tant bien que mal. Le pire, c'était que Clarissa l'avait accusé à tort. Ces six dernières années, il avait à peine entraperçu Cecily. Il n'avait connu que la solitude et le tourment. La jalousie, voilà donc ce qui alimentait la soif de revanche de Clarissa ? Etait-ce aussi la cause de son sa dégradation physique ? Six ans plus tôt, avec ses grands yeux clairs, ses traits délicats, ses cheveux châtains,

140

elle avait été jolie et gaie... Comment les choses avaient-elles pu si mal tourner ?

Au même instant, l'inspecteur Howard Pinkerton franchissait Picadilly Circus pour gagner Berkeley Square. Il affectionnait ce parc verdoyant, véritable oasis de paix en plein cœur du quartier de Mayfair.

Il sourit en remarquant un jeune couple enlacé sur un banc. A vingt ans, lui aussi avait rencontré l'amour en la personne de Dorothy Swann. Trois mois plus tard, il lui passait la bague au doigt et, après trente ans, ils s'aimaient encore comme au premier jour.

Le monde avait bien changé ces trente dernières années. Que de progrès ! Howard avait un faible pour les belles cylindrées de M. Henry Ford. Quant à ces férus d'aviation qui s'efforçaient de franchir l'Atlantique, ils lui inspiraient une admiration sans limites. Oui, les années 1920, les « rugissantes », comme on les appelait, constituaient à n'en pas douter une décennie extraordinaire. C'était l'ère du jazz, des dancings, des cafés, de la fête. Les jupes des femmes raccourcissaient à mesure que croissait leur indépendance. Elles fumaient, conduisaient, faisaient même carrière ! Howard, qui se flattait d'être « moderne », applaudissait à ces transformations.

Tirant de sa poche son agenda, il l'ouvrit à la page du 3 septembre 1926 – la date du jour. Elle ne portait qu'une seule inscription : à dix-huit heures, il avait rendez-vous avec lady Gwendolyn. Howard s'assura de son adresse, à Mount Street, puis rempocha l'agenda. Il y serait en trois minutes.

Il avait quitté Scotland Yard avec un peu d'avance afin de savourer cette demi-heure de tranquillité et de se préparer mentalement à son entretien avec la matriarche du clan Ingham.

Il appréciait lady Gwendolyn, la jugeant facile d'accès

pour une femme de son rang, et très intelligente. Il avait donc volontiers accepté d'enquêter pour son compte, discrètement, sur l'affaire qui touchait sa petite-nièce.

Et il n'avait pas été déçu. Les révélations s'étaient succédé et, sans nul doute, elles surprendraient lady Gwendolyn autant que lui. Fallait-il tout lui révéler ? Ne risquait-il pas de la choquer ?

Howard avait encore des témoins à interroger, des dossiers à éplucher, dont certains en rapport avec la mort de Maxine Lowe, feu l'amie de lady Diedre, et qu'on avait pour ainsi dire bâclés. Aboutissant à une impasse, et faute d'indices suffisants, l'affaire avait été classée. Pourtant, le mystère de la mort de Maxine demeurait entier... Bizarre. L'inspecteur ferma les paupières et se concentra.

Lorsqu'il réfléchissait à une affaire, il était, plus que jamais, dans son élément. Howard Pinkerton n'avait pas gravi les échelons de Scotland Yard en se tournant les pouces : depuis l'enfance, il rêvait d'intégrer la prestigieuse institution. Avant son dixième anniversaire, il en connaissait par cœur toute l'histoire, depuis sa fondation. Lionel Pinkerton, son père, ravi des facultés exceptionnelles de son rejeton, l'avait toujours encouragé. Quand on interrogeait le petit sur sa passion, il étalait aussitôt son savoir : Scotland Yard était le Q.G. du département des enquêtes criminelles de la police métropolitaine londonienne. L'institution devait son nom à la ruelle qui en hébergeait les locaux, bâtis, étonnamment, sur le site d'un palais du XIIe siècle. Le petit Howard expliquait à qui voulait l'entendre que le palais avait servi de résidence aux rois d'Ecosse lorsque ceux-ci rendaient visite aux rois d'Angleterre, des siècles plus tôt, qu'en 1829, on l'avait reconverti en commissariat général, puis relocalisé sur les quais de la Tamise en 1890. L'appellation de « nouveau Scotland Yard » n'avait jamais pris.

Lionel travaillait comme employé de bureau pour un

avocat réputé. Apprécié de tous, il professait que l'obligeance et la bonhomie menaient au succès. De fait, quand vint le moment d'obtenir quelques entrées au sein de Scotland Yard pour son fils, Lionel avait pu compter sur le soutien de ses alliés.

Soudain, comme frappé d'une illumination, Howard rouvrit les yeux. La lumière venait de se faire sur le détail qui le tracassait dans l'affaire Maxine Howe. Il se leva et s'élança à grands pas vers Mount Street ; c'était l'heure.

Comment lady Gwendolyn allait-elle réagir à ses révélations ?

24

— Inspecteur, je ne vous comprends pas, répétait lady Gwendolyn en scrutant le visage de Howard Pinkerton. Vous niez l'existence d'une rumeur concernant ma nièce ?

— Non, madame. Il se murmure bel et bien que le poste de lady Diedre pourrait lui être retiré. Cependant, le bruit est... diffus, si l'on veut. Je crois que son ami, M. Fennel, l'a quelque peu exagéré.

— Mais pourquoi ? C'est insensé !

— Ainsi vont les rumeurs, madame. Je n'ai encore enquêté qu'aux niveaux inférieurs de la hiérarchie du ministère. Pour ne rien vous cacher, je préfère éviter d'attirer indûment l'attention sur votre nièce.

— Et je vous en sais gré, inspecteur. Merci pour votre discrétion. Savez-vous qui a lancé ce « bruit diffus », comme vous dites ?

— Je n'ai pas de certitudes, mais je ne crois pas qu'il trouve sa source parmi les collaborateurs de lady Diedre. Les employés du War Office avec lesquels je me suis entretenu ne prêtent aucune foi à ce « racontar ». Ils m'ont chanté les louanges de votre petite-nièce ; il semblerait qu'on pense d'elle le plus grand bien en haut lieu. Je doute qu'elle compte des ennemis au sein de l'organisation.

— Voilà qui est réconfortant. Mais alors... (Lady Gwendolyn fronça les sourcils.) Ce serait un familier de Diedre qui chercherait à lui nuire ? Quelqu'un de ses amis ?

— Il nous faut envisager cette éventualité. Connaissez-vous les proches de votre nièce, madame ?

— Non, à mon grand regret. Je n'avais rencontré que Maxine Lowe, cette pauvre jeune femme décédée dans des circonstances énigmatiques, comme vous le savez certainement.

L'inspecteur hocha la tête. Lady Gwendolyn s'abîma un instant dans ses pensées.

— Que faire ? murmura-t-elle enfin. Faut-il renoncer ?

— Non, madame. Permettez que j'approfondisse mes recherches. Quelqu'un cherche à intimider votre nièce, et je trouverai qui.

Il hésita, puis :

— Avez-vous connu Laura Upton Palmer, madame ?

— Non... Serait-ce une amie de Diedre ?

— Plus maintenant, je le crains. Elle est décédée voilà six ans. Elle était très jeune.

Lady Gwendolyn tressaillit.

— Comment ! Diedre a donc perdu non pas une, mais deux de ses amies ! Seigneur ! Dans quelles circonstances cette jeune femme nous a-t-elle quittés ? Il ne s'agit pas d'une mort violente, j'espère ? Ce serait suspect, vous en conviendrez, inspecteur.

— Mme Palmer a succombé à une leucémie, madame.

— En ce cas, pourquoi l'évoquer ?

— Maxine Lowe, Laura Upton Palmer et lady Diedre étaient très liées. En 1914, juste avant la guerre, elles ont sillonné l'Europe ensemble. Leur périple les a menées jusqu'à Berlin. Elles avaient approximativement le même âge et étaient toutes trois issues d'excellentes familles. C'est Maxine Lowe qui a couvert les frais de leur voyage ; cette riche héritière faisait toujours preuve de largesse envers ceux qu'elle aimait, à ce qu'on m'a rapporté.

Lady Gwendolyn secouait la tête, sous le coup de la surprise.

— Diedre ne m'a jamais parlé d'une Laura Upton Palmer, or je me targue d'être proche d'elle. Je ne comprends pas… J'aurais pu la consoler à sa mort. Diedre a dû s'en trouver bouleversée. La pauvre ! Perdre ainsi ses deux meilleures amies, à quelques années d'écart…

— D'après mes sources, c'est surtout la mort de Mme Palmer qui l'a affligée. Je crois que lady Diedre la pleure encore.

Lady Gwendolyn n'était pas née de la dernière pluie.

— Qu'insinuez-vous, inspecteur ?

Howard remua sur son fauteuil, mal à l'aise. Il réfléchit à la meilleure façon de procéder. Lady Gwendolyn plissa les yeux.

— J'ai un certain âge, inspecteur. J'ai vu et entendu bien des choses au cours de ma longue vie. Rien de ce que vous m'apprendrez ne pourra me choquer.

— Bien, madame. Il semblerait que l'amitié entre lady Diedre et Mme Palmer ait revêtu un caractère… amoureux.

— Ma nièce et cette Laura entretenaient une relation, hum, saphique, c'est bien cela ?

— Oui.

Lady Gwendolyn observa un moment de silence. Enfin, d'une voix posée, elle répondit :

— Voilà donc pourquoi Diedre m'en avait caché l'existence. Mais j'y pense, vous l'appelez Mme Palmer. Elle était donc mariée ?

Face au flegme remarquable de son interlocutrice, l'inspecteur choisit de continuer :

— Oui, madame, à M. Ralph Palmer, mais elle l'a quitté pour lady Diedre qui, de son côté, a rompu ses fiançailles avec Austin Morgan.

Lady Gwendolyn ne broncha pas. Elle se le rappelait.

Le père d'Austin avait été l'un de ses meilleurs amis. Son fils unique était mort pendant la Grande Guerre et Rodney ne s'en était jamais remis. Jusqu'à sa propre mort, il avait pleuré son fils sacrifié.

— Ainsi, deux hommes avaient de bonnes raisons d'en vouloir à ma nièce, reprit lentement la matriarche. Deux hommes répudiés... Austin Morgan est mort à la guerre. Ralph Palmer aurait-il soif de vengeance ?

— Lui aussi est tombé au front, madame.

— La piste ne mène donc nulle part ! Comme j'aimerais tirer l'affaire au clair... Que faire, inspecteur ?

— Je vais poursuivre mes investigations. Mme Palmer avait une sœur, ou une cousine, qui a pris soin d'elle lorsqu'elle est tombée malade. Je vais l'interroger.

— Peut-être avait-elle un frère désireux de laver son honneur ? Un membre de la famille de Ralph souhaite peut-être punir ma nièce pour avoir brisé ce mariage ?

— Je vais y consacrer mon prochain jour de congé, madame. Nous ferons la lumière sur cette affaire.

— Vous avez toute ma confiance.

Une fois l'inspecteur parti, lady Gwendolyn se rendit au salon, s'assit à son secrétaire et téléphona sans attendre à Vanessa. Celle-ci décrocha à la troisième sonnerie.

— Ici tante Gwendolyn. J'appelais pour prendre de tes nouvelles, ma chère. L'annonce de tes fiançailles avec Richard est imminente, si je ne m'abuse ?

— Comme c'est gentil de me téléphoner ! En effet, nous comptons faire paraître une annonce officielle dans le *Times* la semaine prochaine.

— Excellente nouvelle ! Toutes mes félicitations. Je souhaiterais donner en votre honneur une petite réception, à moins bien sûr que vous n'en ayez déjà prévu une...

— C'est très aimable à vous. Richard sera si content !
Merci.

— Alors c'est entendu. Tu me diras à l'occasion quelle
date vous conviendrait, puis nous planifierons les détails
ensemble. Mais dis-moi, comment se porte Lavinia ?

— Mieux, je crois. Il semblerait que son idylle avec
Mark Stanton perdure. Vous vous souvenez de leur rapprochement au mariage de Charles ?

— Comment l'oublier ?

— J'ai déjeuné hier avec Daphné hier ; d'après elle,
Diedre a revu Paul Drummond. On ignore la nature exacte
de leur relation, mais quelle joie ce serait si Diedre ren-
contrait enfin quelqu'un !

Forte des informations qu'elle venait de glaner, lady
Gwendolyn ne pouvait que le souhaiter, en effet.

La conversation se poursuivit quelques instants, puis
Gwendolyn prit congé ; elle savait désormais ce qui se
tramait au sein du clan Ingham. Elle laissa son regard vaga-
bonder par la fenêtre, l'esprit occupé par le sort de Diedre.
Il fallait la marier. C'était le seul moyen de la protéger. Ce
Paul Drummond ferait-il un candidat convenable ? Il ne
manquait ni de charme, ni de finesse, et Hugo l'appréciait,
ce qui était en soi un gage de sa valeur...

Lady Gwendolyn avait toujours aimé Diedre comme sa
propre fille. Elles se ressemblaient bien au-delà de l'apparence physique. Diedre tenait de sa tante sa langue acérée,
son humour caustique et sa tendance à brandir haut et fort
ses opinions tranchées... La vieille dame n'en avait rien
laissé paraître, mais les révélations de l'inspecteur l'avaient
ébranlée. Ce n'était pas tant la nature de cette relation
avec Laura qui la chagrinait – la vie privée d'autrui ne la
regardait pas, mais bien plutôt le fait que Diedre ne se
soit pas confiée à elle. Elle avait pourtant dû souffrir, se
sentir isolée... Gwendolyn aurait pu la soutenir dans cette
épreuve. Quel gâchis !

Lady Gwendolyn reprit le combiné, mais elle n'appela pas lady Diedre, ainsi qu'elle en mourait d'envie. Chaque chose en son temps. D'abord, elle allait préparer la fête de Vanessa.

25

Au Savoy, l'ambiance battait son plein ce vendredi-là. Par la fenêtre, on jouissait d'une vue plongeante sur la Tamise. Dans la salle, chacun était sur son trente et un. Surtout les femmes, parées de robes élégantes et de bijoux scintillants. Mais, aux yeux de Miles, elles faisaient toutes pâle figure en comparaison de Cecily.

La jeune femme était plus belle que jamais, avec son teint de perle et sa chevelure sombre où jouaient mille reflets vermeils. Sa robe de dentelle grise tissée de fils d'argent lui allait à ravir, et les cristaux qu'elle portait aux oreilles illuminaient ses yeux pervenche. Pas une femme dans l'assistance ne lui arrivait à la cheville.

— Miles ? Tout va bien ? s'étonna-t-elle comme il la dévisageait.

— Pardon. Je m'émerveillais de ta beauté. Ne te méprends pas : tu es toujours magnifique ! Je le pensais déjà quand tu n'étais qu'une enfant. Mais ce soir… tu m'éblouis.

Il lui prit la main et la porta à ses lèvres.

— Tu es la plus exquise d'entre toutes les femmes.

Le serveur approcha pour remplir leurs flûtes de champagne. Miles leva son verre et elle l'imita.

— Je bois à toi, à moi, et à nous.

Ils trinquèrent. Elle but, et Miles retint son souffle : l'orbe de la lune flottait dans le ciel au-dessus d'elle.

— Ceci, la lune te fait un diadème ! s'exclama-t-il.

Elle se retourna et, face au ciel nocturne, fut saisie d'un frisson. Un jour, il y avait de cela des années, Genevra lui avait murmuré une prophétie...

« La lune pleine vous baignera

Le verre, les flots, et toi. »

Plusieurs fois, elle avait demandé à la gitane ce qu'elle entendait par là, en vain.

Miles lui reprit la main.

— C'est comme un songe, lui glissa-t-il. La chanson de Carroll Gibbons, la nuit, toi... Je pourrais rester ainsi toute la vie.

Cecily l'étudia attentivement. Il paraissait serein, malgré son affrontement avec Clarissa. Lui qui s'était persuadé qu'il saurait la convaincre ! Cecily, pour sa part, ne s'était pas fait d'illusions. Pauvre Miles... Il vivait un enfer depuis six ans, et tout cela pour quoi ? L'avenir s'étirait devant lui sans promesse d'amélioration.

Au fond, tante Charlotte avait raison. Miles n'avait fait que son devoir en épousant Clarissa. On le destinait à cette union avant même sa naissance. Cecily, qui lui gardait toujours rancune de sa défection passée, sentit d'un seul coup son amertume s'envoler. Elle oublia même sa douleur. Une sensation de légèreté grisante l'envahit, et elle referma les doigts sur ceux de Miles.

— A quoi penses-tu ? Tu es bien silencieuse.

— Je voudrais te faire un cadeau. Je vais t'offrir un livre. J'ai chez moi de fort beaux volumes d'histoire, en cuir, reliés, ils te plairont.

— Cecily, tu n'y penses pas ! Ils doivent valoir une fortune...

— Et après ? Ils m'appartiennent, je suis libre d'en faire ce qui me plaît.

Miles dansait avec Cecily, la tenant fermement, mais pas trop serrée pour ne pas l'offenser. Elle avait renoncé ce soir à sa froideur d'antan, et il lui semblait presque retrouver la femme qui l'avait aimé. Il s'agissait de ne pas tout gâcher.

— Merci pour tes efforts envers moi, lui dit-il dans un souffle. Je passe une merveilleuse soirée en ta compagnie.

— J'en suis contente. Tu en avais besoin. Cela me fait du bien, à moi aussi.

Les musiciens entonnèrent un charleston enjoué. Miles fixait Cecily, fasciné : elle riait et se trémoussait pleine de joie de vivre. Enhardi, il se lança lui aussi, bien qu'il ne connût pas les pas, et dansa auprès de sa bien-aimée comme si sa vie en dépendait.

— Dorothy m'a appris tout à l'heure une excellente nouvelle, lui confia Cecily quand ils se furent rassis. Nous avons réalisé cette année nos meilleures ventes depuis la création de la marque.

— Formidable ! Pourquoi ne pas me l'avoir dit plus tôt ?

Elle haussa les épaules.

— J'avais envie de profiter simplement de ta présence.

— Je suis si fier de ta…

— Merci. Le plus amusant, c'est que le gros de nos bénéfices provient de notre gamme d'accessoires. Je l'ai développée ces dernières années, mais il ne s'agissait pour moi que d'un passe-temps…

Miles l'écoutait avidement. Jamais il n'avait connu femme plus brillante que Cecily Swann, et il n'en rencontrerait sans doute jamais. Heureux pour la première fois depuis de trop longues années, il se plongea dans la contemplation de ses grands yeux pervenche.

26

Assis devant l'âtre de la bibliothèque, Miles caressait la reliure de cuir lie-de-vin. Le feu réchauffait peu à peu la petite pièce. Enfin, il ouvrit le précieux volume et entreprit de le feuilleter.

Cecily le lui avait tendu d'autorité, dans son appartement de Chesterfield Street où il l'avait accompagnée après le dîner. C'était un ouvrage rare, elle avait dû insister pour qu'il l'accepte. La soirée avait été magique, avait-elle argué : elle désirait qu'il en conserve un souvenir. Comme au doux temps de leur enfance, lorsque Ceci et lui s'offraient de menus bibelots pour se rappeler les bons moments passés...

Miles but une gorgée du cognac que Cecily lui avait servi avant d'aller s'affairer en cuisine. Bercé par la chaleur du feu et celle de l'alcool, il laissa affluer les souvenirs.

La journée avait été rude, mais elle se terminait en beauté. Après des années d'absence, la joie refaisait irruption dans sa vie. De nouveau, il palpa le livre au cuir aussi doux que de la soie. Il racontait l'enfance de Jules César. Miles l'avait déjà lu mais se réjouissait d'y revenir. Depuis ses années d'études, l'histoire était son violon d'Ingres, passion qu'il partageait avec Harry, le frère de Cecily, et qui nourrissait nombre de leurs conversations. Harry puisait des trésors de sagesse dans le récit de la vie des grands hommes de jadis, tandis que Miles y trouvait du réconfort...

Des pas retentirent : Cecily revenait. Elle avait passé l'un de ces pantalons amples que les femmes s'arrachaient depuis quelque temps, qui conjuguaient charme et confort. Elle apportait du thé.

— Miel ? Citron ? demanda-t-elle en posant son plateau. Je ne voudrais pas que tu prennes froid...

Il réprima un sourire : elle lui rappelait Mme Jackson, la cuisinière très maternelle qui avait pris soin d'eux enfants.

Cecily le servit, puis vint s'asseoir auprès de lui. Son regard tomba sur le livre.

— Dorénavant, quand tu auras besoin d'un remontant, je t'offrirai l'un des volumes de la série. Il y en a dix en tout.

— Ils sont bien trop précieux, Cecily, il ne faut pas...

— Ces livres ne me sont rien ! Du reste, je les ai eus à bas prix.

— Celui qui te les a vendus devait en ignorer la valeur.

— Qu'importe ! Aujourd'hui, ils sont à moi.

Miles soupira et se concentra sur son thé.

— Et cet appartement, pourquoi l'avoir acheté ? s'enquit-il après un silence.

— Ma foi, je ne sais pas. Il me permet d'héberger Harry et mes parents lorsqu'ils me rendent visite... J'y ai un bureau... Pourquoi ? Il ne te plaît pas ?

— Si, beaucoup. Je m'y sens très bien. Mayfair... Tu rêvais déjà d'y vivre déjà quand tu logeais chez ta tante Dorothy, à Kensington.

— Et mon vœu s'est réalisé.

— Une nuit, il y a de cela des années, je remontais Curzon Street, la mort dans l'âme. Je n'avais qu'une hâte : mettre le plus de distance possible entre Mayfair et moi. Mais voilà que soudain, je me suis trouvé dans South Audley Street, face à ta boutique. Mes pas m'y avaient porté d'eux-mêmes. Je crois que j'avais besoin de me ressourcer auprès de toi. Il était tard et je savais que tu ne serais pas là, mais j'espérais m'imprégner de ton aura, ou quelque chose comme ça. Il y avait un écriteau sur la porte. « Bail à céder ». La surprise a vite cédé le pas à la panique. Que t'était-il arrivé ? Où étais-tu ? Je me rongeais les sangs. J'ai su alors que toute ma vie je m'inquiéterais de ton bien-être. Que je ne cesserais jamais de t'aimer.

Miles se tut, la gorge nouée. Cette nuit funeste lui revenait avec tant de vivacité qu'il n'aurait pu prononcer un mot de plus.

Cecily compatissait en silence. Sa rancœur envolée, elle n'éprouvait plus pour lui qu'amour et pitié.

— Qu'as-tu fait alors ? le relança-t-elle doucement.

— Rien. Je suis resté comme pétrifié devant la porte. Je ne pouvais plus revenir en arrière. C'était sans issue. J'ai pensé à Jules César, à son hésitation avant de franchir le Rubicon et de marcher sur Rome. Lui, un Romain, déclarer la guerre au Sénat, à sa propre cité ! Il savait pertinemment qu'il s'apprêtait à commettre un acte de haute trahison et, l'espace d'un instant, il a failli reculer.

Miles prit une gorgée de cognac. Le verre niché dans le creux de la paume, les yeux tendrement posés sur Cecily, il reprit :

— César s'est retourné. Il a contemplé son armée. Des milliers d'hommes en armes, prêts à combattre sous son commandement. Il n'avait pas le choix. « Le sort en est jeté », a-t-il dit à son général. Et il a lancé l'assaut. Voilà les pensées qui m'habitaient, il y a six ans, tandis que j'affrontais moi aussi une situation sans espoir de retour. Les dés étaient jetés. La décision que j'avais prise était irrévocable.

Secouant la tête, il reposa son verre.

— Je devais suivre la voie qui était la mienne. Mais, là

155

où César a récolté la victoire, moi, je t'ai perdue. Et, ce faisant, j'ai perdu ma raison d'être.

Miles enfouit son visage entre ses mains.

Avec délicatesse, Cecily prit ses mains dans la sienne et, du bout des doigts, sécha les larmes qui perlaient aux coins de ses yeux. D'une voix où vibrait la force de son amour, elle lui susurra :

— Là, là. C'est fini, Miles. Je suis là. Je ne te quitterai plus jamais, aussi longtemps que je vivrai. Je t'en fais le serment.

L'espace d'une seconde, Miles crut que ses oreilles le trompaient. Il cligna des yeux, interdit. Dans ceux de Cecily, il lisait de l'amour. Et du désir. Pour lui.

Il l'attira à lui et la serra contre son cœur.

— Mon Dieu, que je t'aime, Ceci. Je ne peux pas vivre sans toi. La vie ne vaut rien si tu n'es pas auprès de moi.

— Alors, ne la laissons plus nous séparer. Les gens pourront bien dire ce qu'ils voudront, nous sommes faits l'un pour l'autre, toi et moi.

Ils se levèrent et, s'agrippant l'un à l'autre, titubants, ils s'engagèrent dans le couloir qui menait à la chambre de Cecily. Dans la pénombre, ils se déshabillèrent puis, face à face, se contemplèrent, éberlués.

Le désir les emporta, balayant tout le reste : la peine, les années d'exil... C'était comme s'ils ne s'étaient jamais quittés. Dans un instant, ils partageraient un plaisir confinant à l'extase, ils le savaient, et l'attente les mettait au supplice. Ils s'embrassèrent avec ardeur. Déjà, l'excitation faisait vibrer leurs sens et tambouriner leurs cœurs. Cecily, fébrile, s'abandonna à l'étreinte de Miles ; une onde de chaleur se propageait au creux de son ventre, ses tempes bourdonnaient. Elle sentait Miles se presser fermement contre elle et durcir contre son ventre. Elle brûlait de le posséder. N'y tenant plus, elle l'attira vers le lit où ils s'étendirent, côte à côte.

— Toi et moi, ici… C'est un miracle, Ceci.

— Plus un mot, Miles. J'ai envie de toi. Fais-moi l'amour, maintenant, nous avons assez attendu…

— Mais si je te touche, je vais exploser. J'ai envie que nos retrouvailles durent, et non qu'elles se consument en un instant, tel un feu de paille…

Plongeant le regard dans les yeux bleus qu'elle aimait depuis l'enfance, Ceci répondit :

— Si tu veux, Miles, mais pose au moins tes mains sur mon corps. Je t'en supplie, caresse-moi…

Sa voix s'éteignit. L'excitation de Miles redoublait. Il se pencha par-dessus elle et plaqua sur ses lèvres un baiser fougueux. Sa langue s'enfonça dans sa bouche, et celle de Ceci lui répondit. La jeune femme tremblait de désir contenu. Miles s'arracha à leur baiser et descendit vers ses seins. Cecily s'arc-bouta, les tétons dressés, et, pour le plus grand plaisir de Miles, elle gémit. Elle était prête à le recevoir. Elle ne demandait que cela.

Caressante, la main de Miles s'aventura entre ses cuisses et bientôt, il la sentit se raidir, jusqu'à ce que, dans un spasme, elle rejette soudain la tête en arrière, lâchant un petit cri. Il était temps d'unir leurs corps. Incapable de contrôler plus longtemps les élans qui l'animaient, Miles ôta vivement sa main, écarta les jambes de Cecily et, sans attendre, s'introduisit en elle. Voulant partager la jouissance qui l'envahissait, il la pénétra profondément, soulevant ses hanches afin de resserrer encore leur étreinte. Le plaisir de Miles confinait à son apogée.

— Tu es mienne, murmura-t-il d'une voix altérée par la passion.

— A jamais, renchérit-elle en se cambrant pour mieux épouser le corps brûlant de son amant.

Elle laça dans son dos ses longues jambes, tendit les bras, enfouit ses mains dans ses cheveux. Les à-coups se firent plus intenses. Miles s'abîmait en Cecily – sa femme.

Il ne pouvait en exister aucune autre pour lui. De même qu'il était le seul homme pour elle. Lui seul savait la changer en amante voluptueuse, torride. Lui seul savait lui donner du plaisir.

Elle répétait son prénom, encore et encore. La même passion embrasait leur union, signant la fusion de leurs corps et de leurs âmes. Ils s'appartenaient. Le plaisir déferla tel un raz-de-marée. Ils ne faisaient plus qu'un.

Miles se laissa retomber sur Cecily et resta ainsi un moment, incapable du moindre mouvement, ivre de bonheur, d'amour et de fatigue. Puis il se dégagea et vint se lover derrière elle. Embrassant sa nuque, il murmura :

— Je peux rester dormir auprès de toi ?

— J'y compte bien.

— Mme Granger ne revient pas avant lundi, n'est-ce pas ?

— Non, rassure-toi.

— Alors, passons le week-end au lit, si tu veux bien.

— Si je veux ? J'ai cru que tu ne me le proposerais jamais ! Le garde-manger est plein : pas besoin de sortir. Nous pique-niquerons au lit.

— Et nous nous aimerons, ajouta Miles en l'attirant à nouveau à lui. D'ailleurs, je me sens déjà revigoré…

27

Daphné raccrocha et resta un moment la main posée sur le combiné. Son frère venait de lui annoncer qu'il avait passé la nuit chez Cecily. Leur couple s'était reformé et elle s'en réjouissait, mais cela présageait bien des désagréments... Même si Miles finissait par obtenir l'accord de Clarissa pour un divorce, il faudrait encore que Cecily accepte de l'épouser. Et si elle refusait, décidant que son affaire suffisait à son bonheur ? Il en mourrait.

Daphné promena le regard sur la bibliothèque, immense, à l'instar du reste de la maison. Avaient-ils véritablement besoin d'une si vaste demeure londonienne, eux qui fréquentaient rarement la capitale ? Elle pourrait rapporter une coquette somme, mais son père envisagerait-il de la vendre ? Avant son départ pour la Suisse, il avait confié à Daphné son envie de passer davantage de temps à Londres... La jeune femme soupira.

Elle sonna le majordome et l'attendit devant la cheminée ; il faisait froid pour un mois de septembre.

— Madame a besoin de quelque chose ?

— Oui, Eric. Fermez la porte, je vous prie. J'ai à vous parler.

Tandis qu'il approchait, Daphné s'amusa une fois de plus de sa ressemblance avec son cousin, Walter Swann.

— Il va sans dire que je peux compter sur votre discrétion, commença-t-elle.

— J'ai prêté serment, Madame, lui rappela Eric en lui tendant son poing serré. « *Loyauté me lie.* »

Elle plaça son propre poing au-dessus de celui du majordome et répéta la formule consacrée. Puis, baissant la voix, elle demanda :

— Connaîtriez-vous un homme sachant crocheter les serrures ?

Si sa question surprit Eric, il n'en laissa rien voir.

— Tout dépend, Madame. S'il s'agit d'une tâche innocente, je peux m'en acquitter moi-même avec mes outils. Une serrure de la maison serait-elle grippée ?

— Non, le détrompa Daphné, et la tâche n'est pas innocente.

Elle lui exposa la situation. En juillet, quand le larcin avait été découvert, Felicity se trouvait en villégiature en France. Elle était de retour à Londres depuis peu. Il était temps d'agir.

— J'ai cru devenir folle, expliqua Daphné. Il me tardait tant de prendre le problème à bras-le-corps ! Maintenant que ma mère est rentrée, je vais pouvoir lui rendre visite et reprendre ce qui m'appartient. Les bijoux se trouvent dans une console fermée à clé. Olive Wilson, qui est à son service, est de notre côté. Mais comment procéder ?

— Wilson n'a pas accès à la clé, je présume ?

— Hélas, ma mère la cache soigneusement.

— Et vous craignez que Mme Pierce ne vous rende pas les bijoux de son plein gré.

— En effet. Elle niera les avoir en sa possession pour s'épargner une humiliation. Du reste, elle les aime et tient à les garder.

— Et si Monsieur le comte s'en chargeait à son retour de Suisse… ?

— Ma mère lui mentirait comme à moi. Du reste, je

souhaiterais épargner mon père. Vous connaissez sa santé fragile et, s'il subissait une nouvelle attaque, je ne me le pardonnerais jamais. Or ma mère n'est pas tendre envers lui, surtout depuis qu'il a épousé Charlotte : on dit qu'elle le calomnie...

— Je vois.

Eric n'avait jamais aimé Felicity, même au temps de son mariage avec Charles Ingham ; il la considérait comme une opportuniste doublée d'une manipulatrice dont il fallait se méfier.

— Il existe une autre solution. Si Olive Wilson pouvait s'emparer de la clé ne serait-ce que quelques minutes...

— Oui ?

— Je lui procurerais de la cire et elle en prendrait l'empreinte. Il ne resterait plus qu'à faire réaliser une copie, ce dont tout bon serrurier saurait se charger.

— Je crains que ce ne soit trop demander à Olive. Elle a les nerfs fragiles.

— En ce cas, nous crochèterons la serrure. Je connais notre homme. Il lui faudra opérer en l'absence des Pierce, naturellement.

— Bien sûr. En attendant, je charge DeLacy de se rabibocher avec Felicity. Nous devons nous attacher à rentrer dans ses bonnes grâces de façon à rester informés de ses projets. Alors, nous pourrons agir en connaissance de cause.

— Tu parles encore des bijoux ? s'enquit Dulcie en pénétrant dans la pièce. Moi, je suis d'avis qu'on défonce la porte, ou qu'on la fasse sauter à coups de dynamite. Qu'en dites-vous, Eric ?

Un rictus agita le coin de ses lèvres.

— Cela risquerait d'attirer l'attention, remarqua-t-il en s'efforçant de garder son sérieux. Crocheter la serrure me paraît plus discret.

— Bien vu, l'approuva Daphné.

Le majordome se retira.

Restées seules, les deux sœurs s'assirent au coin du feu.

— Quel calme ! observa Dulcie. Où est passé tout le monde ?

— Charlie a pris froid, il garde le lit. Alicia et les jumeaux sont au jardin zoologique avec Pettigrew, et Nanny a emmené Annabel en promenade. Tout le monde sera de retour pour le thé.

— Et Hugo, où se terre-t-il ?

— Il déjeune avec Paul Drummond. Il semble qu'un de leurs investissements new-yorkais ne donne pas satisfaction...

— Crois-tu qu'il soit vraiment épris de Diedre ? interrogea Dulcie sans transition.

— Je l'ignore. Paul a perdu sa femme il y a huit ans. On lui a prêté depuis quelques liaisons, mais rien qui ait duré.

— Et Diedre ? Tu crois qu'elle renoncerait à sa carrière pour ses beaux yeux ?

— Qui sait ? Paul est un excellent parti...

— Il a quinze ans de plus qu'elle.

— Peut-être, mais il ne fait pas son âge, et quand on s'aime, on ne s'arrête pas à ce genre de détail ! De plus, c'est un homme très au fait de l'actualité, ce qui ne peut manquer de plaire à notre sœur. Je l'ai invité à dîner demain soir.

— Parfait : j'en profiterai pour l'étudier. Je te livrerai ensuite mon verdict.

— Ah, Dulcie, quelle comédienne tu fais !

— Raconte-moi ton entrevue avec Wilson, lui ordonna sa cadette. Elle se dégonfle comme une baudruche, je parie.

— Elle a peur, c'est vrai.

— Mais puisque sa nouvelle employeuse, c'est toi ! Elle devrait prendre ses cliques et ses claques et quitter Charles Street une bonne fois pour toutes !

— Et elle le fera, Dulcie. Elle le fera. Mais pas avant que nous ayons récupéré nos bijoux. J'ai besoin de son aide.

— Pourquoi ? Il nous suffit d'envoyer un monte-en-l'air. Il s'introduira de nuit, par la fenêtre, commettra le larcin, et le tour sera joué !

— Quelle imagination ! Tu sais, je crois que papa a raison : tu devrais songer à devenir romancière.

— Tu sais bien que c'est l'art qui me passionne. D'ailleurs, j'ai l'intention d'ouvrir une galerie.

— Toi, tenir boutique ? J'entends d'ici tante Gwendolyn : « Une commerçante dans la famille ! Qu'ai-je fait au bon Dieu ? » Elle nous en fera une jaunisse !

Dulcie haussa les épaules.

— Le monde a changé, Daphné. Nous sommes au XXᵉ siècle !

— J'avais remarqué, merci.

— Au fait, à part Paul Drummond, qui vient dîner demain soir ?

— Seulement la famille. Le mariage de papa m'a rappelé à quel point il est important d'entretenir nos liens. Or, pour rester soudés, rien de tel qu'un petit dîner, une fois de temps à autre.

— Bravo, bien parlé !

Dulcie vint se pelotonner contre son aînée.

— Tu es la meilleure des grandes sœurs, lui dit-elle avec tendresse. Tu es notre roc. Sans toi, nous serions perdus !

28

Diedre achevait de se coiffer quand le téléphone fit entendre sa tonitruante sonnerie. Elle courut décrocher.

— Allô ?

— Diedre, ma chérie, c'est tante Gwendolyn. As-tu un moment à m'accorder ?

— Bien sûr, ma tante. Y a-t-il du nouveau ?

— J'ai vu l'inspecteur Pinkerton vendredi soir. D'après lui, la rumeur est pratiquement inexistante au sein du War Office.

— Oh, quel soulagement ! Pourtant, à en croire Alfie, le bruit était sur toutes les lèvres... Je n'y comprends plus rien, bredouilla Diedre.

— Il a dû se monter la tête, l'assura lady Gwendolyn.

— Savez-vous à qui l'inspecteur a parlé ?

— Il ne m'a révélé aucun nom. Tout ce que je sais, c'est qu'il s'en est tenu aux niveaux inférieurs de l'organisation.

— Vous a-t-il dit pourquoi ? demanda Diedre sans parvenir à masquer sa déception.

— Il a préféré ne pas attirer l'attention sur toi et je pense qu'il a bien fait...

— Ah. Oui, en effet. Merci, ma tante.

— La rumeur prendrait donc sa source dans tes cercles privés. Des idées ?

— Pas la moindre ! Quel genre d'ami me dénigrerait ainsi ?

— Oh ! je doute qu'il s'agisse d'un ami, ma chère.

La main de Diedre se crispa sur le combiné.

— Non, lâcha-t-elle enfin. Je ne vois pas qui pourrait agir de la sorte.

— Réfléchis-y et tiens-moi au courant. Nous nous verrons tout à l'heure au dîner, mais j'ai préféré te parler en privé...

— Vous avez bien fait. A tout à l'heure, ma tante.

Diedre avait à peine raccroché qu'à nouveau, la sonnerie retentit.

— Allô ?

— Diedre ? C'est Paul. A quelle heure puis-je passer te chercher ?

— Mettons dans vingt minutes ?

— Je serai là dans un quart d'heure : j'ai à te parler.

— Tout va bien, Paul ? Tu es un peu... sec.

Il eut un petit rire.

— Avec toi ? Jamais ! Bon, à tout de suite.

Et il raccrocha sans autre forme de procès. C'était Paul tout craché : efficace, décidé, sans états d'âme. Diedre se reconnaissait en lui : elle fonctionnait de la même manière.

Elle regagna sa coiffeuse et acheva de se brosser les cheveux tout en étudiant son reflet. Balayant de côté sa frange, elle y fixa des pinces en écaille, juste au-dessus de l'oreille gauche. Décidément, cette coupe courte, mi-élégante, mi-impertinente, lui plaisait beaucoup. Un trait de crayon au ras de ses cils vint rehausser le bleu de ses yeux. Elle y ajouta une touche de mascara. Les cosmétiques l'amusaient, lui donnaient l'illusion de s'inventer une nouvelle identité.

Depuis qu'ils s'étaient éclipsés ensemble lors des fiançailles de son père, Diedre et Paul se fréquentaient. Ce fameux soir, Paul lui avait glissé à l'oreille son envie de

165

passer un moment en privé avec elle, pour lui parler plus à son aise. Séduite, elle avait opté pour le jardin ; dans le manoir, les domestiques étaient partout, prêts à intervenir en cas de besoin. La prenant par la main, Paul l'avait menée jusqu'au kiosque. La nuit était claire, étoilée ; la lune flottait au-dessus du lac... Ils s'étaient assis dans des fauteuils en osier et, quelques minutes plus tard, il l'embrassait. Une étrange alchimie les avait alors enflammés, et Paul avait fait mine de caresser son sein, mais Diedre, perdant l'équilibre, avait basculé, l'entraînant dans sa chute en se raccrochant à son bras. Dans un méli-mélo de jambes et de bras, sous le coup de la surprise, ils s'étaient fixés un instant avant de partir dans un fou rire. Hilares, ils en avaient oublié leur désir.

Mais pas pour longtemps. La semaine suivante, à Londres, Paul l'avait invitée à dîner. En bon gentleman, il était passé la chercher chez elle. Mais ils n'avaient jamais honoré leur réservation au restaurant. A la place, ils avaient fait l'amour. Leur liaison était née.

Paul s'était révélé un amant fougueux, mais aussi un cavalier plein d'égards. Il écoutait Diedre avec attention et intérêt, de sorte qu'en sa compagnie, elle se sentait renaître. Elle appréhendait toutes choses l'esprit beaucoup plus léger, même cette menace nébuleuse qui planait sur elle.

Elle continua de se préparer en fixant à son cou le collier de perles que Paul lui avait offert. Puis elle admira la photo où il posait à côté de son frère aîné Timothy (portrait qu'elle lui avait réclamé). Sur ce cliché, Paul était l'incarnation du bel Américain : nez droit, traits fins, front large, cheveux clairs, yeux gris lumineux, sourire chaleureux, air juvénile... Diedre ne se lassait pas de l'admirer.

Les Drummond, grande famille new-yorkaise, descendaient directement des passagers du Mayflower. Ils appartenaient à l'élite. La mère de Paul, Alexandra, avait soixante-dix ans ; son frère, Timothy, était marié et père de deux garçons, des jumeaux, ainsi que d'une fille ; il dirigeait la Drummond-Manhattan, la banque familiale, et avait pour ainsi dire élevé Paul après le décès de leur père. Tout cela, Diedre le tenait de Paul qui, étrangement, n'avait pas une fois mentionné sa défunte épouse au cours des derniers mois...

Elle s'arracha à la contemplation de la photo et consulta l'horloge. Il serait là d'une minute à l'autre, et elle qui rêvassait ! Elle se dépêcha de passer la robe à la coupe audacieuse – une création de Cecily, bien entendu – qui laissait entrevoir ses jolies jambes, enfila ses souliers et se livra à une dernière inspection avec un sourire satisfait. Ses sœurs étaient peut-être de belles femmes, mais Dierde possédait un indéniable surcroît de distinction.

Elle ignorait où la conduirait son histoire avec Paul, mais peu importait pour l'heure. Elle avait repris goût à l'existence. Légère et radieuse, elle choisit son sac pour la soirée. Envolée, la jeune femme endeuillée qui noyait sa peine dans le travail ! Diedre revivait.

29

Daphné trouva Hugo dans la bibliothèque, l'air concentré.

— Je peux entrer ? Je ne te dérange pas ?

A la vue de sa femme, il se dérida.

— Daphné, voyons, tu ne me déranges jamais. Tu devrais le savoir, depuis le temps. Si je pouvais, je t'emmènerais au bureau tous les jours. Je ne te quitterais pas d'une semelle !

Ils rirent.

— Cependant, reprit-il, j'admets être quelque peu préoccupé. Je pensais à Paul Drummond...

Daphné haussa les sourcils.

— Son frère le harcèle pour qu'il rentre en Amérique, lui expliqua-t-il. Leur mère ne se porte pas bien.

— Seigneur, j'en suis navrée. Qu'a-t-elle ?

— Elle souffre d'insuffisance cardiaque depuis quelques années. Jusqu'à récemment, elle menait une vie normale, mais il semble que son état s'aggrave.

— Et Paul rechigne à faire la traversée ?

— Certains de nos projets requièrent sa présence ici. Paul est un homme fiable et intègre, tu sais : il répugne à m'abandonner. Du reste, il semble passablement épris de ta sœur Diedre.

— J'aimerais tant savoir ce qu'elle en pense ! Elle est terriblement secrète. Connais-tu les intentions de Paul ?

— Non, je sais seulement qu'elle lui plaît énormément.

— C'est un excellent parti...

— Pas meilleur que moi, tout de même ? badina Hugo, une étincelle dans les yeux.

— Impossible : tu es le meilleur !

— Trêve de plaisanterie : penses-tu que Diedre sacrifierait sa carrière par amour ?

Hugo soupçonnait sa belle-sœur de s'abrutir de travail pour oublier sa solitude, mais il n'ignorait pas que le travail pouvait devenir une drogue puissante.

— Aucune idée, répondit Daphné. Quand Paul doit-il partir ?

— Dans trois ou quatre semaines, le temps que nous bouclions quelques dossiers. Sa mère n'est pas à l'article de la mort.

— Et quand reviendra-t-il ?

— Dans deux mois, peu ou prou. Pourquoi ? Tu juges qu'il devrait faire part à Diedre de ses intentions ?

— Ne présumons de rien, répondit sa femme, évasive.

Elle se leva et embrassa son mari sur la joue.

— Je te laisse, je dois parler à Eric et Laura et me préparer pour le dîner.

— Mais il n'est que sept heures et quart ! protesta Hugo. Nos invités n'arriveront pas avant un moment.

— C'est mal connaître tante Gwendolyn. Je te prédis qu'elle sera là avec vingt minutes d'avance, pour le plaisir de m'accaparer et me bombarder de questions.

Hugo s'esclaffa et regarda sa femme sortir, sous le charme. Il était le plus heureux des hommes.

Laura Swann, trente-neuf ans, travaillait à Grosvenor Square depuis qu'elle en avait quatorze. Après des débuts comme aide de cuisine, elle était devenue femme de chambre, puis, douze ans plus tôt, gouvernante. Daphné et le comte ne juraient que par elle et Laura, pour sa part, se sentait privilégiée de travailler pour les Ingham, que nulle autre famille n'égalait à ses yeux.

Elle apportait les touches finales au buffet. La longue table avait été placée contre la baie vitrée du salon. Laura s'était chargée de la nappe blanche amidonnée, des compositions florales, des chandeliers et bien sûr des mets.

— Magnifique ! s'extasia Daphné en la rejoignant. Bravo, Laura.

— Merci, Madame, contente que ça vous plaise.

— Tout a l'air succulent. Comment avez-vous trouvé le temps de nous concocter tant de délices ?

— J'ai toujours quelques poulets au frais, Madame. J'en ai fait rôtir un et j'ai mitonné l'autre avec des petits légumes selon ma recette habituelle. Pour le reste, je suis allée chez Harte's, à Knightsbridge. On y trouve de tout, vous savez : saumon fumé, tourtes à la viande, œufs en gelée... Là, vous avez le jambon, et puis un gratin...

— Mais encore du stilton, une salade verte, des crudités... Laura, vous ne cesserez jamais de m'étonner !

— Oh ! Ce n'était pas grand-chose, Madame. Bella m'a beaucoup aidée. Justement, la voilà !

Sur la desserte que poussait la jeune fille s'amoncelaient des pâtisseries plus appétissantes les unes que les autres. Daphné s'approcha pour mieux les admirer.

— J'en ai l'eau à la bouche !

— Il y a des tartes, du blanc-manger, de la crème anglaise, des compotes pour les enfants...

— Ce baba m'a l'air fameux. Merci, Laura. Vous aussi, Bella.

Bientôt, Eric arriva avec le chariot des vins.

— La sélection de M. Hugo, Madame, annonça-t-il en casant son chariot dans un coin de la pièce. Je ferai le service. Les femmes de chambre passeront parmi les convives avec des corbeilles de pain... Mais on sonne, Madame.

Ce doit être lady Gwendolyn. Veuillez m'excuser, je vais lui ouvrir.

— Qu'entends-je ? Vous vous êtes séparés de vos deux valets ? L'heure est donc si grave ?

Lady Gwendolyn s'en étranglait presque. Daphné grimaça.

— Non, ma tante. Hugo, Miles et Harry veillent au grain.

— Je l'avoue sans ambages : je suis inquiète, ma chère.

— J'ai renoncé à nos valets par pur souci d'économie. Nous n'avions pas besoin de leurs services. Nous ne passons pas assez de temps à Londres...

— Tu n'as pas à te justifier, Daphné. J'étais curieuse, voilà tout.

Avec un sourire entendu, elle ajouta :

— Tu trouves que je me mêle de ce qui ne me regarde pas. Mais c'est bien naturel, mon enfant, puisque nous sommes parentes.

— Ma tante, vos questions ne m'incommodent nullement, et j'apprécie vos conseils.

Lady Gwendolyn, émue, serra dans la sienne la main de Daphné.

— Tiens ? Tu ne portes pas ta couleur fétiche, ce soir ? demanda-t-elle, taquine.

— Exceptionnellement, j'ai laissé Cecily me convaincre de porter du gris : je crois que, comme vous, elle s'est lassée de nous voir constamment drapées d'azur !

— Sera-t-elle des nôtres ce soir ?

— Absolument.

— J'en déduis que Miles et elle se sont, hum, rapprochés. Tant mieux ! Au mariage de Charles, je les ai trouvés plus froids que le cercle polaire.

— Eh bien, c'est le dégel !

Gwendolyn s'en réjouissait. Les Swann et les Ingham s'étaient toujours plu. Elle en savait quelque chose.

— Miles a demandé le divorce, mais Clarissa a refusé tout net, poursuivait sa nièce.

— Charles n'aurait jamais dû le contraindre à épouser cette harpie. Je ne l'ai jamais appréciée. Quant à son père, lord Mildrew, n'en parlons pas ! Un moins-que-rien doublé d'un parvenu ! N'y aurait-il pas moyen de la soudoyer ? Je suis prête à payer pour nous en débarrasser...

Dulcie choisit ce moment pour faire son entrée. Comme à son habitude, elle avait saisi au passage une bribe de la conversation.

— Qui traitez-vous de harpie ?

— Mlle Mildiou, lui glissa Daphné.

Dulcie pouffa.

— J'avais oublié ce vieux sobriquet ! Cette femme est une mégère, tante Gwendolyn, et je veux bien sacrifier mes maigres économies si cela peut nous permettre de la rayer de nos vies. A propos, j'ai déniché de superbes tableaux au grenier. Et si nous les vendions ?

Les deux femmes en perdirent un instant l'usage de la parole. Daphné fut la première à reprendre ses esprits.

— Nous en reparlerons, voici Diedre et Paul Drummond.

On échangea bises et salutations. Lady Gwendolyn serra la main de Paul Drummond.

— Je suis ravi de vous revoir, madame, lui dit-il. Je me rappelle avoir eu avec vous une conversation des plus instructive au sujet de l'orfèvrerie lors de notre dernière rencontre.

— Quelle mémoire, monsieur Drummond ! Diedre, ma chère, tu es très en beauté. Ce mauve te va bien. Je reconnais ce modèle : c'est l'œuvre de Cecily. Mes amies m'envient, car contrairement à elles, je n'ai aucune peine à obtenir un rendez-vous pour mes essayages. (Elle gloussa.)

Elles ignorent que j'ai connu Cecily dans les langes. Je leur fais croire qu'il me suffit de laisser agir mon charme et mon autorité naturels !

Diedre et Paul rirent de bon cœur.

Lorsque DeLacy et Hugo franchirent la porte à leur tour, Daphné se précipita pour embrasser sa sœur.

— Tu as l'air en forme, ma chérie, lui dit-elle, soulagée. Je me faisais du souci pour toi, tu sais. Je te trouvais une petite mine...

— Merci de ta sollicitude, Daphné. Je me sens mieux, en effet.

On bavarda gaiement en attendant Miles et Cecily, puis Eric signala aux convives l'ouverture du buffet. On s'engagea dans la salle à manger, et l'on admira la table éclairée aux bougies, le feu de cheminée, les plats raffinés...

— Quel festin ! s'exclama Dulcie.

Personne ne la contredit.

30

Lorsque le buffet fut débarrassé, Daphné commença à se détendre : les convives semblaient passer une excellente soirée. Ils avaient fait honneur aux plats et personne ne manquait de rien. La jeune femme se félicita d'avoir congédié la cuisinière ; Laura se débrouillait très bien toute seule.

Le moment vint pour ces messieurs de se retirer dans la bibliothèque afin d'y fumer un cigare ou d'y savourer un verre de cognac. Les femmes, pour leur part, se verraient servir thé, café et liqueurs dans le petit salon. Daphné ouvrit la marche.

— Mesdames, mesdemoiselles, si vous voulez bien me suivre. Laissons ces messieurs vaquer à leurs occupations.

— On nous congédie ! plaisanta Hugo. Soit. Nous renonçons au plaisir de votre compagnie, mesdames... pour l'heure.

Et l'assemblée se divisa. Lady Gwendolyn, qui s'était levée la première, prit Diedre par le bras et, tout en s'acheminant, lui glissa :

— Il faut que nous parlions de Paul. Asseyons-nous un instant, ma chère, je souhaite te faire part de mon opinion.

— J'espère qu'il vous plaît, ma tante. Je le trouve épatant.

— Moi de même. En tant que doyenne de notre famille, je serais ravie de l'y accueillir.

Diedre se fendit d'un sourire béat.

— Tu ne m'avais pas dit qu'il était veuf, reprit son aïeule.

— Je n'en ai guère eu l'occasion, ma tante. Moi-même, j'apprends encore à le connaître...

— Bien sûr, ma chère. Je me contentais d'émettre une observation. Quand sa femme est-elle morte, et de quoi ?

— Paul ne me l'a pas expliqué. C'est à peine s'il a mentionné son veuvage.

Sur leur banquette près de la baie vitrée, les deux femmes se turent. Lady Gwendolyn s'appuya à son dossier et réfléchit. Puis elle se pencha vers sa petite-nièce.

— Et lui ? T'a-t-il interrogée à propos de tes... relations passées ?

Diedre écarquilla les yeux.

— Je... Il m'a demandé si j'avais été mariée, ce à quoi j'ai répondu que non. Je ne lui ai pas caché avoir été fiancée.

— Bien. A-t-il cherché à en savoir plus long sur tes anciennes fréquentations ?

— Non, ma tante. Pourquoi ?

— Pour rien, pour rien. Et toi ? Lui en as-tu parlé spontanément ?

— Je doute qu'il l'aurait apprécié. En outre, j'aurais eu bien peu de choses à lui raconter.

Lady Gwendolyn opina, soulagée.

— Ainsi, entre vous deux, c'est sérieux ?

Diedre botta en touche.

— Il est un peu tôt pour le dire...

Un ange passa.

Diedre promena son regard sur la pièce. Cecily et DeLacy bavardaient côte à côte sur le canapé, comme autrefois. Chère Cecily ! Elle avait toujours exercé sur DeLacy une influence bénéfique. Or, depuis son divorce, celle-ci avait grand besoin du soutien de ses amis.

Le regard de Diedre tomba ensuite sur Dulcie, qui s'attardait sur le seuil, adossée au chambranle. Se sentant observée, elle tourna la tête et, avisant sa sœur, se dirigea vers elle.

— Cela me plaît que nous nous retrouvions entre femmes après le dîner, déclara-t-elle. C'est l'occasion d'aborder tous ces sujets auxquels les hommes ne comprennent rien. Ce qu'ils peuvent être obtus, parfois !

— Voilà qui est envoyé, Dulcie, l'applaudit sa grand-tante. Cependant, je les trouve attachants, pas toi ? Ils ont leur utilité…, ajouta-t-elle avec un clin d'œil mutin qui fit pouffer Dulcie.

— Ma tante, il n'y en a pas deux comme vous ! Mais qu'arrive-t-il donc à Daphné ? Elle a l'air grave, tout à coup…

Daphné s'était avancée au centre de la pièce et toussotait pour attirer l'attention.

— Mesdames, lança-t-elle, comme vous le savez, certains de nos bijoux de famille nous ont été volés. Inutile de préciser par qui : vous vous en doutez. J'ai promis à papa de réparer cet affront, et voici comment je compte m'y prendre.

Sans autre préambule, elle les informa du retour à Londres de Felicity, de son conciliabule avec Olive Wilson et de leur plan secret, sans omettre le rôle que jouerait dans l'intrigue le dévoué Eric.

— Il faudra agir avant le départ d'Olive, remarqua Cecily. Elle seule pourra corroborer vos dires. C'est votre unique témoin.

— Je suis de ton avis, Ceci. J'espère seulement qu'elle saura dominer ses nerfs…

— Quant à moi, intervint la matriarche, je vous conseille de vous munir d'un courrier de nos avocats exigeant la restitution des bijoux… « empruntés », dirons-nous.

— Une approche moins brusque ne serait-elle pas envisageable ? suggéra Cecily. L'une d'entre vous pourrait affecter de vouloir renouer avec Mme Pierce. Rendez-lui visite et...

— J'ai pris le thé chez elle hier, annonça DeLacy, prenant tout le monde au dépourvu.

— Hein ? éructa Dulcie. Tu pactises avec le diable ? Et c'est maintenant que tu nous le dis ?

— J'ai essayé de vous téléphoner ce matin, puis à nouveau cet après-midi, mais la ligne était constamment occupée ! se défendit sa sœur.

— Ce n'est pas grave, DeLacy, nous comprenons, assura gentiment Daphné. Alors, raconte-nous. Comment va maman ? Quoi de neuf à Charles Street ?

DeLacy ne répondit pas tout de suite. Elle balayait la pièce d'un regard anxieux tout en se tordant nerveusement les doigts. Daphné vint s'asseoir auprès d'elle ; sa sœur avait toujours été émotive mais, depuis son divorce, cette tendance se renforçait. Un rien la bouleversait.

— Prends ton temps, lui souffla-t-elle. Nous ne sommes pas pressées. Détends-toi.

DeLacy la gratifia d'un pâle sourire. Petite, déjà, elle adorait Daphné. C'était la patience et l'empathie incarnées. DeLacy lui aurait confié sa vie les yeux fermés.

Elle inspira profondément.

— Alors, voilà... Il y a quelques semaines, je me sentais seule et soudain, j'ai pensé à maman. Je sais qu'elle s'est mal comportée... Elle a trahi papa et elle nous a abandonnés, mais... je me languissais d'elle. Comme je n'osais pas lui téléphoner, je lui ai écrit une lettre, courte mais aimable, pour lui proposer de nous revoir. Maman ne m'a jamais répondu.

— Et donc, tu es allée la voir ? s'écria Dulcie en dardant sur sa sœur un regard noir.

Elle fulminait. Des années auparavant, les « Quatre D » s'étaient engagées à renier leur mère indigne. Dulcie dut

177

se rappeler que sa sœur traversait une épreuve pour recouvrer son calme.

— Pardon, DeLacy. Continue, je t'en prie.

— Samedi matin, le téléphone a sonné, et c'était Lawrence. Si je m'attendais à cela ! Il voulait m'inviter à prendre le...

— Lawrence ? répéta Diedre, incrédule. Tu l'appelles par son prénom, ce... ce mufle ?

DeLacy se referma comme une huître. Mais Daphné intervint à point nommé :

— Je vous demande à toutes de laisser parler DeLacy. Cessons de l'interrompre, nous l'oppressons. Or il est de la plus haute importance qu'elle nous dise ce qu'elle a appris. Nous t'écoutons, ma chérie.

D'une petite voix, sans lâcher la main de Daphné, DeLacy reprit :

— Lawrence Pierce s'est montré très courtois. Il m'a proposé de leur rendre visite samedi ou dimanche, à ma convenance. J'y suis donc allée hier. Daphné, j'ai aussitôt cherché à t'avertir mais...

— Hugo a monopolisé la ligne, je sais. Ne t'en fais pas.

— J'ai donc revu maman, qui se remet d'une bronchite. Je l'ai trouvée un peu fluette, mais gentille, au demeurant. Elle s'est montrée pleine de compassion lorsque je lui ai parlé de mon divorce. Elle m'a raconté son séjour à Monte-Carlo, et c'est à peu près tout. J'ai veillé à ne rien lui révéler vous concernant, malgré ses questions pressantes... Oh, et elle a eu quelques mots très élogieux pour le commerce de Ceci.

— Je parie qu'elle n'a pas réclamé de mes nouvelles, à moi, bougonna Dulcie. Mais dis-nous, DeLacy, il est comment, en vrai, M. Bistouri ?

Gloussements à la ronde.

— Il mérite sa réputation d'apollon, répondit DeLacy.

C'est un homme affable, charmant. Mais... j'ai eu du mal à le cerner...

— A-t-il eu des mots déplacés ? s'enquit lady Gwendolyn.

— Non, ma tante. En revanche, il m'a semblé distrait. Sans doute quelque chose le préoccupait-il...

Les yeux de Diedre s'étrécirent.

— Ses pensées étaient ailleurs ? suggéra-t-elle.

— Oui, c'est cela : il était comme absent.

— Comment traitait-il votre mère ? renchérit Gwendolyn.

— Ma foi, avec cordialité. Cependant...

Elle se mordit la lèvre.

— Oui, DeLacy ? l'encouragea Cecily. Tu as remarqué quelque chose ?

DeLacy se tourna vers Daphné. Son visage s'était chargé de tristesse.

— Il ne la regarde pas comme elle le regarde. Il ne lui rend pas son amour, c'est évident.

— Le contraire m'aurait étonnée, commenta lady Gwendolyn.

Le malaise s'installait dans le petit salon.

— DeLacy, poursuivit Daphné, cette chose qui le préoccupait, était-ce une autre femme, à ton avis ?

— Pourquoi « une » ? Ne soyons pas chiches ! railla Dulcie avec aigreur. On dit que M. Bistouri est un vrai Don Juan. Si c'est vrai, ma mère n'a que ce qu'elle mérite : elle n'avait qu'à pas nous quitter pour ce bellâtre. Je suis ravie qu'il la délaisse à son tour pour courir la gueuse. Peut-être comprend-elle enfin ce qu'on ressent quand on est abandonné. Décidément, la vengeance est un plat qui se mange froid !

31

Assise à son pupitre, dans sa chambre à coucher, DeLacy écrivait à son père. Il lui manquait. Sans lui, son unique repère, elle se sentait perdue. Sans doute parce qu'elle avait grandi sans sa mère.

Leur entrevue lui revient en mémoire, l'amabilité de sa mère ne laissant pas de l'étonner. Elle ne pouvait pas s'attendre à tant d'affection de la part de celle qui avait déserté le foyer.

A présent, elle allait devoir la manipuler afin de lui extorquer les bijoux. Elle s'acquitterait de cette tâche, parce que Felicity avait mal agi, et en vertu de son allégeance au clan Ingham, mais elle y répugnait.

La sonnerie du téléphone interrompit le fil de ses pensées.

— Allô ?

— Pourrais-je parler à lady DeLacy, je vous prie ?

— C'est moi, Lawrence, répondit-elle, reconnaissant sa voix grave.

— Ah ! fit-il, visiblement ravi qu'elle l'ait remis.

— Comment allez-vous ? Merci encore pour l'autre jour, j'ai été ravie de passer ce moment en votre compagnie...

— Merci à vous, DeLacy, de nous avoir honorés de votre présence. Felicity et moi-même en avons été enchantés. Justement, je vous appelle au sujet de votre mère. Je cherche depuis quelque temps une idée de cadeau à lui faire et je crois que je l'ai enfin trouvée. Mais j'aurai besoin de votre collaboration.

— De quoi s'agit-il ?

— D'un portrait de vous, DeLacy, que je commanderai à Travers Merton. Peut-être avez-vous entendu parler de lui...

— Bien sûr, il est très réputé !

— Alors ? Qu'en dites-vous ?

— Eh bien... Si vous pensez qu'un portrait de moi ferait plaisir à ma mère, j'accepte de poser.

— Formidable ! Je vais de ce pas prendre contact avec Merton afin de commissionner le portrait. Je ne doute pas qu'il s'en réjouira. Vous ferez un si joli modèle ! Surtout, pas un mot à quiconque : c'est notre petit secret. Il ne faudrait pas gâcher la surprise.

— Entendu, je tiendrai ma langue. Si M. Merton consent à ce projet, quand se dérouleraient les séances de pose ? Et où ?

— Ma foi, le plus tôt sera le mieux ! Quant au lieu, j'imagine qu'il dispose d'un atelier.

— Je vois.

— Vous n'avez pas prévu de quitter Londres, n'est-ce pas ?

— Non, pas dans l'immédiat.

— Parfait ! En ce cas, je vous rappellerai d'ici à la fin de la semaine. A très bientôt, DeLacy...

— Je t'en prie, Ceci, dis oui ! Laisse-moi travailler pour toi ! Il faut bien que j'apprenne les ficelles du commerce, si je veux ouvrir le mien, un jour.

C'était Dulcie qui plaidait ainsi auprès de Cecily dans son bureau de Burlington Arcade, au premier étage de sa boutique.

— Un commerce ? Toi ? Mais que comptes-tu vendre ? balbutiait la jeune femme, les yeux ronds comme des billes.

— Des objets d'art. Des tableaux, des bronzes, des antiquités...

— Tu commences à peine tes études et tu songes déjà à ouvrir une galerie !

— J'ai envie de travailler. L'oisiveté et les mondanités, très peu pour moi ! Je veux gagner ma vie et être indépendante.

— C'est tout à ton honneur, mais qu'en dit ton père ?

— Aucune idée ! Daphné n'avait pas été très emballée par mon projet : d'après elle, tante Gwendolyn va en faire une maladie. Mais je n'en suis pas si sûre. Elle est capable de nous surprendre. (Elle soupira.) Ecoute, Ceci, Cavendon est au bord du gouffre, Hugo se démène pour maintenir le domaine à flot, mais c'est le tonneau des Danaïdes. Je veux apporter ma pierre à l'édifice.

Cecily demeura un instant interdite. Certes, elle savait que les frais d'entretien du domaine grevaient les ressources des Ingham, mais si dangereusement ?

— L'heure est donc si grave ? murmura-t-elle.

— Non. Mais les frais généraux sont importants. Daphné pratique des « coupes budgétaires », comme elle dit, partout où cela lui semble possible : nous nous sommes séparés de deux valets ainsi que de la cuisinière de Grosvenor Square. Nous faisons attention, et nos efforts portent leurs fruits, mais je tiens à participer.

— Je vois. Pour revenir à ton affaire, comment te procureras-tu ta marchandise ? Cela ne sera sans doute pas évident. Il t'en faudra en quantité...

— Les greniers de Cavendon regorgent de trésors, ceux de Londres également. Ce sera mon capital de départ. Ensuite, je me débrouillerai.

— Ton père consentira-t-il à se séparer de ces « trésors » ?

— Je l'en persuaderai. Je sais y faire, tu verras !

La porte s'ouvrit sur Dorothy.

— Tu ne devineras jamais qui est là ! s'exclama-t-elle. Lady Diedre et M. Paul Drummond ! Je les fais monter ?

— Entendu.

Le couple les rejoignit à l'étage.

— Diedre, quelle bonne surprise ! lâcha Cecily.

— Bonjour, Cecily. Paul tient à m'offrir l'une de tes créations. Veux-tu bien nous conseiller ?

— Avec plaisir. La collection hiver se trouve au rez-de-chaussée, je vais vous faire une petite sélection. Si vous voulez bien me suivre...

Avant qu'elle s'éclipse, cependant, Dulcie l'attrapa par le bras.

— Alors ? Tu m'embauches ? lui chuchota-t-elle. Juste le temps de m'enseigner le métier...

Cecily éclata de rire.

— Tu as gagné. Tu es désormais mon assistante. Suis-moi, je vais te donner du travail de ce pas !

Travers Merton recevait Lawrence Pierce dans son atelier.

— Tiens, personne à charcuter, aujourd'hui ? railla le peintre avant de supposer : Tel que je te connais, tu as un service à me demander. Et mon petit doigt me dit qu'il s'agit d'une femme.

Impassible, Lawrence alla se poster près de la cheminée, sous le puits de lumière.

— Merton, mon vieux, j'aimerais te commissionner un portrait.

— J'espère qu'il ne s'agit pas encore d'un nu d'une de tes cocottes. Je commence à m'en lasser. D'ailleurs, où les caches-tu, une fois terminés ?

Lawrence se fendit d'un rictus.

— Allons, ne boude pas ton plaisir. Je t'ai toujours grassement payé. Quant à l'endroit où je conserve mes nus, il ne concerne que moi.

— Bon, c'est d'accord pour le portrait. On boit un coup pour fêter ça ?

— Pourquoi pas ? Je n'opère pas demain. Et si on sortait, plutôt ? Tu es libre ? On va s'encanailler ? Je n'aurais rien contre une partie de gaudriole.

Travers Merton s'esclaffa.

— Ce n'est pas de refus ! Nul ne festoie si bien que toi. En attendant, sablons une bouteille, cela nous mettra en jambes pour la soirée.

Un petit appartement jouxtait l'atelier. Travers disparut dans la cuisine, y ouvrit une bonne bouteille et remplit deux flûtes. Lawrence Pierce exigeait le meilleur, qu'il s'agisse de vins ou de femmes. Tandis que celui-ci se saisissait de son verre, Travers admira ses mains. Elles auraient fait le modèle parfait pour quelque étude... Il résolut de les peindre et de lui offrir le tableau, ce qui ne manquerait pas de flatter son ami et fidèle client.

— Alors, qui est-ce, cette fois ? demanda Travers après avoir trinqué.

Lawrence Pierce répondit avec solennité :

— Lady DeLacy Ingham. Ma belle-fille.

— J'en déduis qu'elle ne posera pas nue, ironisa Travers.

Lawrence ne releva pas tout de suite sa remarque. Il but d'abord une gorgée de champagne. Puis :

— Il s'agit d'un cadeau pour Felicity. Sera-t-il prêt pour Noël ?

— Cela me paraît faisable... A quoi ressemble-t-elle, cette DeLacy ? A sa mère ?

— Non, les demoiselles Ingham tiennent toutes de leur père. DeLacy est la plus divine créature qu'il m'ait été donné d'admirer. Des cascades de cheveux d'or, un teint

184

de porcelaine, et des yeux ! On s'y noierait. Tu verras :
elle est envoûtante.

— Tu entends la ferrer, à ce que je comprends ? C'est
pour ça que tu me l'amènes ? Pour que je la dévergonde
un peu, que je te prépare le terrain ? Oh ! Je n'aurais rien
contre. Dieu sait que je ne m'en suis jamais plaint par le
passé.

— Non, Travers. Pas cette fois. Contente-toi de peindre
son portrait.

— Tu aurais des scrupules, toi ? Je n'y crois pas. Une
femme est une femme, point. Rien ne t'arrête.

— Pas celle-là. Est-ce bien clair ?

Il le toisa si sévèrement que l'autre détourna la tête.

— Allons, ne boude pas, Travers. La petite Lucy est à
toi, si le cœur t'en dit. J'ai rompu avec elle. Et tu lui plais.

— Comment le sais-tu ?

— Elle me l'a dit !

— Qu'attendons-nous pour passer la voir ?

— Pas ce soir, j'ai envie de sortir.

Un sourire carnassier barra le visage de Travers.

— En effet, mon ami. En effet.

32

La journée de lady Gwendolyn promettait d'être chargée. La veille, en fin d'après-midi, les coups de téléphone
s'étaient mis à pleuvoir. Deux de ses petites-nièces ainsi
que Mark Stanton demandaient à la voir. L'inspecteur
Pinkerton était venu s'ajouter à la liste le matin même :
il disposait de nouvelles informations qu'il souhaitait lui
communiquer en personne. Et dire qu'on n'était que
mardi !

Contemplant son reflet dans le miroir de sa coiffeuse,
elle fixa ses perles à ses oreilles, ajusta la broche assortie
qui ornait le pan de sa veste marine, et salua le résultat
d'un petit hochement de tête. Elle paraissait prête à en
découdre, mais pas trop austère non plus. C'était parfait.

Elle se leva et se rendit au petit salon où elle avait coutume de recevoir. Un feu ronflait dans l'âtre et la gouvernante avait disposé çà et là des bouquets de fleurs. Lady
Gwendolyn opina. Avec son beau bureau Georgien, ses
étagères croulant sous les livres, ses fauteuils moelleux,
ce salon était sa pièce préférée. On s'y sentait bien. Des
tentures roses habillaient les murs, des rideaux d'un bro-
card assorti encadraient les hautes fenêtres ; des coussins
et des abat-jour taillés dans la même étoffe leur faisaient
un écho subtil.

Ses nièces devaient avoir besoin de conseils et, en l'absence de Charles, elles se tournaient naturellement vers elle. M. Stanton, quant à lui, voulait sans doute l'entretenir de Lavinia. La visite dont la matriarche se réjouissait le plus était celle de l'inspecteur : il lui tardait de connaître ses dernières avancées.

Il faisait un peu sombre, aussi lady Gwendolyn alluma-t-elle les lampes, puis elle s'assit en attendant l'arrivée de Dulcie, qui ne manquait jamais de ponctualité. De fait, la sonnette de l'entrée retentit en écho à la pendule. Il était dix heures pile et bientôt, Dulcie pénétra de son pas vif dans le petit salon.

— Bonjour, ma tante ! s'exclama-t-elle en courant l'embrasser.

— Bonjour, mon enfant. Entre, entre. Quel temps maussade aujourd'hui ! Mme Fontaine va nous servir le thé.

La jeune fille s'installa en face de son aïeule et se lança.

— Je suis venue vous soumettre un projet. Je voulais sonder votre réaction avant d'en parler à papa, pour ne pas me fourvoyer ni me bercer d'illusions.

— Tu fais bien des mystères ! Explique-toi, je te prie.

Joignant les mains sur ses genoux, l'autre la regarda droit dans les yeux et annonça :

— En novembre, j'interromprai mes études d'histoire de l'art afin d'entreprendre… autre chose. Daphné prétend que vous désapprouverez.

— Je suis tout ouïe.

— Je voudrais ouvrir un commerce. Ah ! non, Cecily me déconseille de l'appeler ainsi, permettez-moi de reformuler : je désire créer une galerie d'art. Qu'en pensez-vous ?

— Seigneur ! Cecily a eu raison de te reprendre. Evite ce terme, à l'avenir. Il charrie des connotations vulgaires.

— Bien, ma tante.

Lady Gwendolyn s'apprêtait à émettre quelques réserves, notamment le trop jeune âge de Dulcie pour se lancer dans les affaires, mais elle se ravisa. Il eût été vain de le souligner. Les Ingham avaient la tête dure et de la suite dans les idées.

— As-tu des associés ? demanda-t-elle prudemment.

— J'ai un partenaire financier : Cecily ! Elle va me prêter un petit fonds de départ et se propose de me servir de conseillère.

— Une généreuse initiative. Elle croit en tes capacités ?

— Oui, et je ne la décevrai pas ! Mais j'ai besoin de votre aide, ma tante, pour convaincre papa. Voyez-vous, je ne vous ai pas tout dit...

— Je t'écoute.

— J'aimerais vendre les objets d'art qui pourrissent dans nos greniers. Ils constitueraient mon stock initial.

— Dulcie ! Je suis sans voix. J'ignore comment Charles réagira à cette idée... Je doute que cela l'enchante.

— D'un point de vue économique, il est absurde de laisser nos trésors prendre la poussière. Puisque personne ne s'en sert, autant les vendre ! J'aspire à une certaine indépendance financière, vous l'aurez compris, mais j'entends également aider Daphné. Elle travaille si dur pour sauver le domaine...

— Hum. En effet.

— Cecily prétend qu'il faut gérer Cavendon comme n'importe quel commer... je veux dire : comme n'importe quelle affaire, se reprit Dulcie.

Sa tante écarquilla les yeux.

— Qu'entend-elle par là ? Cavendon est notre domaine familial, pas un bazar !

— Elle le sait, ma tante. Mais si nous voulons le conserver, nous devons veiller à la rentabilité de l'exploitation.

— Je vois. Et Cecily vous a-t-elle fait des suggestions à ce propos ?

— Oui. Pour commencer, elle trouve que ma galerie serait un excellent moyen d'écouler à bon prix ces vieilleries dont nous n'avons plus l'utilité. Elle a également entendu dire que certaines familles nobles se préparaient à ouvrir leurs demeures au grand public, moyennant des frais d'entrée...

Dulcie se tut : sa tante semblait au bord de la crise d'apoplexie.

— Permettre à des étrangers de fouler le sol de Cavendon ? Jamais ! Dulcie, comment osez-vous ! On nous dépouillerait !

— Si quelqu'un tentait de repartir avec le mobilier, on s'en apercevrait, non ? rétorqua Dulcie du tac au tac.

— Mais songez aux bibelots précieux... Nos œufs de Fabergé...

Une note d'urgence faisait vibrer sa voix ; elle se pétrissait nerveusement les mains. Dulcie s'empressa de la rassurer.

— L'aile résidentielle serait fermée au public. On pourrait tendre des cordons pour barrer l'accès aux meubles tout en autorisant la circulation. Mais songez à toutes les belles choses que nous possédons ! Il me semble que certains seraient prêts à payer une modique somme pour les admirer. Cecily proposait d'employer un guide afin de commenter la visite : les tableaux, les portraits de famille de Gainsborough... Notre patrimoine revêt une dimension historique non négligeable !

— Vous ne m'apprenez rien, ma chère. Cependant, il faudra me laisser le temps de m'habituer à l'idée. Des hordes d'étrangers à Cavendon... Vous poussez le bouchon un peu loin, Dulcie.

— Je comprends que l'idée vous choque, ma tante, mais nous devons aller de l'avant. Pensez aux droits de succession, aux diverses taxes qui nous attendent, au coût d'entretien du manoir et des terres...

Lady Gwendolyn soupira. Dulcie disait vrai. Elle tenta de visualiser la scène : des inconnus se promenant dans sa maison de famille, envahissant les chambres où elle avait grandi. L'idée lui semblait sacrilège. Pourtant, Cecily Swann possédait un flair exceptionnel ; son succès professionnel l'avait amplement démontré.

— Laissez-moi digérer ces informations, mon enfant. En ce qui concerne votre père, j'accepte d'intercéder en votre faveur, mais vous devriez d'abord persuader Charlotte. Telle que je la connais, elle fera le reste.

— Alors, vous êtes d'accord, pour ma galerie ?

— D'accord ou non, je m'y ferai, et votre père aussi. Quant à changer Cavendon en musée… Laisserons-nous les touristes errer dans nos allées ?

— Cecily a pensé à tout : nos ouvriers pourraient devenir gardiens. Nous leur fournirions des uniformes brodés du nom de Cavendon Hall. Harry aussi a fait une suggestion, que je trouve brillante, personnellement.

Lady Gwendolyn se prépara à encaisser un nouveau coup.

— Comme vous le savez, nous avons à Cavendon un atelier de menuiserie où l'on fabrique des jardinières, des sièges de jardin, des seaux à bûches… Harry propose de convertir une partie de l'atelier en échoppe et d'en vendre. Ted Swann prendrait la responsabilité de la charpenterie et de la maintenance. N'est-ce pas bien trouvé ?

— Harry a toujours eu de l'imagination et du talent à revendre, lui accorda lady Gwendolyn, jamais en reste pour défendre son protégé.

Le silence s'installa.

— Dites quelque chose, ma tante, vous paraissez choquée…

— Dites plutôt impressionnée. Tant d'implication de la part des Swann me touche. Ne nous voilons pas la face : les Ingham ne seraient rien sans eux !

Son ton se faisait plus léger, et Dulcie sut qu'elle avait gagné la partie. Sa tante la soutiendrait.

— Au fait, ajouta-t-elle, enhardie, Cecily a accepté de me prendre pour assistante dans sa boutique principale afin de m'enseigner les bases du métier. Vous n'y voyez pas d'inconvénient, n'est-ce pas ?

— Ma chère, vous forcez mon admiration. Votre dévouement envers les vôtres est louable. Je suis fière de vous, et ravie de votre initiative. Les Ingham ont toujours su se battre pour défendre leurs intérêts, surtout les femmes, et vous faites honneur à votre nom. Je téléphonerai à Cecily pour la remercier.

— Merci, ma tante, murmura Dulcie en sautant au cou de son aïeule. Ceci sera si heureuse ! Elle vous estime beaucoup.

Peu après, Mme Fontaine apporta le thé et lady Gwendolyn le servit elle-même, selon son habitude.

— Je dois recevoir la visite de Mark Stanton, dit-elle pour changer de sujet. J'ignore ce qu'il me veut. Avez-vous des nouvelles de Lavinia ?

— Non. Nous avons presque coupé les ponts. Elle n'est plus vraiment des nôtres depuis l'été dernier.

— Nous restons sa famille, Dulcie.

— Bah ! Je parie qu'elle se trouve bien mieux sans nous. Mais Dulcie se trompait. Lourdement.

33

Assise au coin du feu, lady Gwendolyn songeait au contenu de ses greniers. Dulcie lui avait donné du grain à moudre. Son manoir de Little Skell recelait toutes sortes d'objets précieux dont on pourrait tirer un bon prix. Sa décision était prise : à son retour dans le Yorkshire, elle chargerait son majordome d'y faire le tri. Quelque chose lui disait que la galerie de sa nièce ne tarderait pas à voir le jour. Quand Dulcie avait une idée en tête...

Elle gagna son bureau, s'arma de son carnet et y prit quelques notes. Elle avait fort à faire. D'abord, fixer un rendez-vous avec son notaire pour modifier son testament. Ensuite, téléphoner à Charlotte à Zurich pour connaître la date de leur retour, au comte et à elle. Enfin, rendre visite à Cecily dans sa boutique de Burlington Arcade, pour la remercier en personne d'avoir pris Dulcie sous son aile, et peut-être s'offrir ce joli kimono qu'elle avait admiré l'autre soir sur sa nièce Daphné...

On sonna et Mme Fontaine annonça Mark Stanton. Lady Gwendolyn se leva pour venir à sa rencontre.

— Monsieur Stanton, bonjour. Passons au salon, voulez-vous ?

Elle appréciait beaucoup cet homme qui, par de nombreux traits, lui rappelait Hugo. Elle les avait vus grandir, tous les deux.

Mark, connaissant la matriarche, ne tourna pas autour du pot.

— Comme vous vous en doutez, madame, je suis venu vous entretenir de Lavinia.

— Je m'en doute, en effet. Comment va-t-elle ? Je ne l'ai pas vue depuis juillet dernier.

— Eh bien... La raison de ma présence est double : d'une part, j'ai besoin de vos conseils ; de l'autre, je souhaiterais requérir votre participation dans une entreprise que je vais vous exposer.

— Je ferai de mon mieux pour vous aider. Vous savez combien je vous apprécie, mon cher Mark. Et j'aime tendrement Lavinia. Mais vous semblez soucieux... Dites-moi tout.

— Je suis amoureux de Lavinia, confessa-t-il à mi-voix, les yeux baissés. Je l'aimais déjà avant son veuvage, mais jamais je n'aurais courtisé une femme mariée.

— Et elle ne l'a jamais soupçonné, affirma lady Gwendolyn.

— Comment le savez-vous ?

— La vie est ainsi faite. On aime souvent en secret, sans pour autant renoncer à l'espoir qu'un jour, on vous rende vos sentiments.

— Tout juste. A la mort de Jack... Ne vous méprenez pas, je ne lui ai jamais souhaité malheur et j'étais peiné de son décès ; c'était un homme charmant. Bref ! Je n'ai pas jugé convenable d'entreprendre Lavinia dans son deuil. Je me suis absorbé dans le travail. Mais une flamme s'était allumée en moi.

— C'est compréhensible, lâcha Gwendolyn du bout des lèvres. Poursuivez.

— En juillet dernier, le moment m'a semblé propice. Elle était seule. J'ai pris mon courage à deux mains, et je l'ai abordée. Elle a paru heureuse de me parler et nous ne nous sommes pas quittés de la soirée. J'ai su alors que je ne pouvais plus faire machine arrière. Et j'ai enfin goûté à la félicité.

Lady Gwendolyn se troubla.

— Comment ? Le soir même ?!

— Oh ! non, la détrompa-t-il. Mais je lui ai tout avoué. Combien je l'aimais, combien je me languissais d'elle. Je lui ai dit que c'était pour la côtoyer que je restais à Cavendon, à cause d'elle que je ne m'étais jamais marié... Je lui ai dit qu'elle était la femme de ma vie.

— Ainsi, votre amour est payé de retour ?

— Oui. Lavinia m'aime. Seulement, elle ne veut pas m'épouser, et cela m'anéantit. Je veux vivre auprès d'elle, prendre soin d'elle, veiller à ce qu'elle ne manque de rien. Mais elle s'y refuse.

— Voilà qui est curieux. Dites-moi... (Elle darda sur Mark un regard intense.) Ce ne sont pas mes conseils que vous voulez, en vérité. Vous souhaitez que je la persuade d'accéder à votre demande !

— Lavinia vous respecte. Elle vous écoutera.

Lady Gwendolyn se tut.

— Quelle peut bien être la raison de son refus ? marmotta-t-elle à part soi.

Alors, Mark prit une profonde inspiration.

— Elle ne veut pas en informer sa famille, mais elle est malade. Gravement malade. Elle craint d'être un fardeau pour moi.

— Je le savais ! s'écria lady Gwendolyn, accablée de remords. Je savais que quelque chose n'allait pas, avant même le mariage de Charles ! Elle avait les traits si tirés que je lui ai demandé si elle était souffrante, mais elle m'a soutenu qu'elle manquait simplement de sommeil... Pourtant, mon intuition me disait que quelque chose clochait. Oh ! Pourquoi n'ai-je pas été plus attentive ?

— Cela n'y aurait rien changé. Lavinia est têtue, et très indépendante.

— Qu'a-t-elle ? C'est grave ?

Il hocha lentement la tête.

— On a détecté une tumeur dans son poumon. Petite, mais maligne. C'est un cancer, madame. Je l'ai amenée chez les meilleurs spécialistes du monde et, avec le bon traitement, je ne désespère pas de la sauver... Je prie pour elle.

— Est-elle à l'hôpital ?

— Non, en ce moment, elle est chez elle. Madame, je vous en conjure. Quand bien même elle n'aurait plus qu'un ou deux ans à vivre, je veux les passer à ses côtés.

Sa voix se brisa, et il cligna des yeux. Puis, reprenant contenance, il conclut :

— Je l'aime plus que ma vie.

— Je ferai de mon mieux pour vous mener jusqu'à l'autel, tous les deux.

Pour contenir le tourbillon d'émotions qui se levait en elle, lady Gwendolyn se réfugia dans le pragmatisme.

— Vous aviez autre chose à me demander.

— En effet. J'aimerais que vous plaidiez la cause de Lavinia auprès du clan Ingham, afin qu'il la réintègre en son sein. Elle souffre tant d'avoir été mise au ban de sa famille. Rappelez-vous qu'elle vous a présenté ses excuses et a tenté de se racheter pour son impair. Je vous en prie, madame. Nul ne conteste votre autorité : dites aux vôtres que les jours de Lavinia sur cette terre lui sont comptés, et qu'il est temps de lui pardonner. Il serait cruel de ne pas le faire, étant donné les circonstances.

— Vous avez entièrement raison. Je leur parlerai, je vous en fais la promesse. Je téléphonerai à Charles et dès demain, à la première heure, j'avertirai Daphné ; en l'absence de son père, c'est elle, la maîtresse de maison.

— Je ne saurais vous remercier assez.

— Un détail, cependant... Je vais devoir informer mes

neveux et nièces de son état de santé. Sans quoi, j'ignore s'ils accepteront de tourner la page.

Un long silence s'ensuivit.

— Soit, lâcha enfin Mark.

— Dites à Lavinia que je suis toute disposée à la revoir. Nous pourrions déjeuner ensemble. Elle est la bienvenue sous mon toit. Je suis de tout cœur avec elle, Mark, veillez à ce qu'elle le sache. Et je prierai pour elle.

La gratitude de Mark Stanton se lisait sur son visage.

— A mon tour, puis-je vous demander un service ? hasarda lady Gwendolyn.

— Bien sûr. Que puis-je pour vous ?

— J'ai ouï dire que, parmi les aristocrates en mal d'argent, certains originaux ouvraient leurs résidences privées à des visites guidées. En avez-vous eu vent ?

— En effet, madame. Je connais un peu John Bailey, le président du National Trust. Il s'agit d'une fondation récente chargée de protéger les espaces publics mais également les demeures et jardins de nos campagnes. Une initiative louable.

— Les visites guidées rapportent-elles des sommes intéressantes ?

— Il me semble que oui... Souhaitez-vous que je me renseigne sur la question ?

— Avec plaisir, mon cher Mark. Mais que cela reste entre nous. Pas un mot à quiconque, pas même à Lavinia !

— Vous avez ma parole.

Mark parti, lady Gwendolyn regagna son bureau d'un pas chancelant. Elle fixa longuement son agenda sans rien y inscrire. Une grande confusion régnait sur ses pensées. Elle se tourna vers la fenêtre. Il pleuvait ; elle s'en aperçut à peine.

Lavinia, sa nièce, atteinte d'un cancer, et craignant

d'importuner ce pauvre Mark ! Les Ingham n'aimaient pas déranger.

Pourvu que Mark puisse l'aider à traverser cette terrible épreuve.

Pourvu que Lavinia se range à la raison et accepte sa demande.

Pourvu qu'elle...

Lady Gwendolyn se ressaisit. Il ne servait à rien de redouter le pire. Cependant, elle s'en voulait. Lavinia avait dû souffrir de se voir rejetée par les siens, elle qui avait toujours évolué au cœur des événements. Tout aussi vrai qu'il eût été impossible de ne pas réagir après ses remarques si fâcheuses... Soudain Gwendolyn se demanda si la maladie pouvait avoir en partie provoqué une telle mesquinerie. La malheureuse était affligée de bien des défauts, mais jamais elle ne s'était montrée méchante. Jusqu'à l'été dernier...

Assez ressassé le passé ! Il s'agissait à présent d'annoncer la nouvelle au clan. Un plan de bataille commença de germer dans l'esprit de la matriarche : il faudrait parler à chacun seul à seul. Avec une solide argumentation, elle parviendrait à ses fins. Lavinia avait besoin d'être entourée en ces heures sombres, peut-être les dernières qu'il lui restait à vivre.

Lavinia était trop jeune pour essuyer un tel revers... Une larme perla aux paupières de lady Gwendolyn, qu'elle voulut sécher, mais, soudain inconsolable, elle renonça et monta s'allonger un moment.

Quand elle eut pleuré tout son soûl, elle gagna la salle de bain, se passa de l'eau froide sur le visage, se repeigna et rectifia son rouge à lèvres. Elle en portait chaque jour, pour faire la nique à la vieillesse.

Car la vie continuait.

Elle redescendit dans son bureau, noircit quelques pages de son agenda, rédigea sa correspondance et passa divers coups de fil. Elle devait encore recevoir Diedre ce jour-là, puis l'inspecteur Pinkerton, qui lui ferait son rapport d'enquête.

Ce n'était pas le moment de flancher.

34

— Dulcie ? Toi, ici ?

Diedre s'était figée dans l'entrée de la boutique.

— Tiens ! Bonjour, Diedre. Je travaille avec Ceci, je ne te l'avais pas dit ? Oups ! Désolée ! Vois-tu, je vais bientôt ouvrir ma propre boutique. Une galerie d'art, pour être exacte. Je suis venue faire mes armes ici : Ceci et Dorothy me montrent comment gérer les stocks, dresser l'inventaire, aider les clientes...

— Une galerie d'art ? répéta son aînée. Oui, cela me rappelle quelque chose... Que d'ambition ! Papa sera-t-il d'accord ?

— Croisons les doigts ! Je n'ouvrirai pas avant l'année prochaine ; je veux d'abord passer mes examens. En attendant, j'amasse un petit pécule et j'élabore mes plans...

— Un pécule ?

— Eh bien, il me faut un capital de départ. Cecily m'a promis un prêt et tante Gwendolyn va peut-être en faire autant. Et toi ? Tu en es ?

— Cela dépend, répondit-elle, sidérée par tant d'audace. De combien as-tu besoin ?

— Mille livres, deux mille peut-être...

— Seigneur ! Tu plaisantes ?

— J'ouvre un commerce, Diedre. A quoi t'attendais-tu ? Allons, prête-moi cet argent et je passerai définitivement l'éponge sur nos querelles passées. N'oublions pas que tu as fait de ma vie un enfer pendant des années, tu m'as terrorisée ! Cela vaut bien deux mille livres, tu ne trouves pas ?

Elle lui décocha un sourire insolent.

Diedre la dévisagea, bouche bée – puis elle pouffa. Dulcie ne manquait pas de toupet ! Non, tout bien pesé, ce n'était pas du toupet, mais mieux encore : du cran. Du cran à revendre. Cela forçait le respect.

— Alors, tu te laisses tenter ? insistait la jeune fille. Tu détiendras des parts dans ma galerie et ce sera une belle affaire : j'ai l'intention de faire fortune.

— Tu es incorrigible ! Mais c'est d'accord. J'accepte d'investir. Pas pour me racheter, mais parce que je crois en toi. Trois mille, cela te conviendrait ?

Dulcie se mit à sautiller sur place, tout excitée, puis elle couvrit sa sœur de baisers et de remerciements.

— Diedre, tout est pardonné ! A compter de ce jour, je te vouerai un amour éternel et sans faille, tu verras !

Amusée, Diedre reprit le fil de leur conversation.

— Combien te prête Cecily, si ce n'est pas indiscret ?

— Dix mille, répondit Dulcie non sans une once de fatuité. Et elle se dit prête à m'avancer plus encore, au besoin !

— Elle doit avoir foi en tes capacités.

Diedre sortit son carnet de chèques.

— Je le rédige à quel ordre, Dulcie ?

— Le mien ! Cecily est en train de m'aider à créer une société à mon nom, mais en attendant, mettons l'argent en dépôt sur mon compte. Je t'enverrai une reconnaissance de dette en bonne et due forme dès la semaine prochaine.

Cecily Swann avait fait du bon travail : Dulcie semblait bien informée.

Dorothy Pinkerton émergea du bureau. Avisant lady Diedre, elle la salua cordialement.

— Mademoiselle, Cecily est prête à vous recevoir pour l'essayage. Si vous voulez vous donner la peine de me suivre à l'étage...

Diedre lui emboîta le pas. Vraiment, sa sœur avait un caractère bien trempé ! Et tant d'humour et de fantaisie qu'il était impossible de lui en tenir rigueur.

DeLacy faisait ses comptes quand le téléphone sonna. Elle décrocha immédiatement.

— Je ne vous dérange pas, j'espère ? s'enquit Lawrence Pierce.

— Pas du tout, lui répondit-elle. Comment se porte ma mère ?

— Bien mieux, je vous remercie. J'appelais pour vous informer que Travers Merton se dit prêt à peindre votre portrait. Je l'ai assuré que vous feriez une muse idéale, et il se réjouit de faire votre connaissance.

Un peu surprise, mais flattée, DeLacy se dérida.

— C'est une bonne nouvelle, dit-elle. Je trouve votre idée très attentionnée. Maman sera si contente ! Je n'ai pas oublié vos recommandations : j'ai gardé le projet pour moi.

— Merci, DeLacy. Je ne voudrais pas que ma surprise tombe à l'eau ! Une conférence m'appelle à Paris ces prochains jours. Seriez-vous disponible la semaine prochaine pour procéder aux présentations ?

DeLacy consulta son agenda.

— Je suis libre mercredi ou jeudi...

— Disons jeudi. Permettez que je vous dicte l'adresse de Travers Merton ; il réside à Chelsea. Oh ! mais j'y pense : dix-huit heures, cela vous conviendrait ?

— Je... Vous voulez me le présenter en soirée ?

Le trouble de la jeune femme n'échappa nullement à Lawrence Pierce.

— Cela arrangerait l'artiste ; voyez-vous, pendant la journée, il est tout à son travail : il profite de la lumière, naturellement. En début de soirée, nous pourrons trinquer à ce beau projet. Qu'en dites-vous ?

— Je... Très bien.

— Souhaitez-vous que je vous accompagne ?

— Non, retrouvons-nous sur place.

Il lui dicta l'adresse et prit congé. DeLacy resta quelques instants sans bouger. Pour une raison qu'elle ne s'expliquait pas, l'idée de poser pour ce peintre l'emplissait de nervosité. C'était absurde. L'homme était réputé ! Alors, à quoi tenait son malaise ? A l'affabilité de Lawrence, peut-être ?

Du moins avait-elle glané une information importante : le mari de Felicity serait absent au cours des prochains jours. DeLacy ne pouvait en avertir Daphné sans lui révéler sa source ; or elle avait donné sa parole... Qu'à cela ne tienne : elle proposerait à Felicity de passer la voir dans le courant de la semaine. Si l'affaire du portrait devait rester confidentielle, c'était la seule façon de procéder.

Elle appela Charles Street et Ratcliffe, le majordome, la mit en communication avec Felicity.

— Bonjour, maman, comment vas-tu ?

— Mieux, merci, ma chérie. Je suis rétablie. J'ai été si heureuse de te revoir l'autre jour...

— Justement, j'ai une proposition à te faire. Je pourrais repasser cette semaine avec Daphné. Tu ne connais pas Annabel, sa petite dernière. Elle a déjà deux ans, et elle est belle comme un cœur. Ce serait l'occasion de te la présenter...

DeLacy retint son souffle.

Le silence s'étira. Puis :

— Pourquoi Daphné ferait-elle une chose pareille ? Elle a toujours refusé que je rencontre la petite.

— Annabel est grande, à présent, ce n'est plus un bébé... Dis oui, maman. Annabel a le droit de connaître sa grand-mère !

Felicity eut une pensée pour son mari volage. Il devait s'absenter très bientôt ; sans doute partait-il fricoter quelque part avec une gourgandine... Excédée, elle prit une décision impulsive :

— Entendu. Il est temps pour Daphné et moi d'enterrer la hache de guerre. Je brûle de rencontrer ma petite-fille.

— Formidable ! Mettons jeudi prochain, à seize heures ? D'ailleurs, j'aurai un cadeau pour toi.

— Parfait. Un cadeau ? En quel honneur ?

— Ma foi, en l'honneur de notre réconciliation !

Quand elle eut raccroché, DeLacy appela Daphné pour lui faire part du rendez-vous. Elles touchaient au but. Les bijoux leur seraient bientôt rendus. Mais pour cela, il fallait s'organiser...

L'après-midi était déjà avancé quand Diedre quitta la boutique de Cecily. Traversant la route, elle se rendit chez Fortnum & Mason, le célèbre grand magasin.

Avec sa haute taille et sa coupe de cheveux moderne, elle attirait le regard. Aussi bien celui des femmes, qui admiraient sa mise impeccable, que celui des hommes, qui appréciaient sa silhouette. Tous se demandaient de qui il s'agissait. Car cette belle dame était forcément *quelqu'un*.

Inconsciente des réactions qu'elle suscitait, Diedre prit la direction du rayon confiserie et y acheta pour sa grand-tante un ballotin de chocolats au lait. Elle gagna ensuite le rayon des dessous pour dames, à l'étage, dans l'intention de choisir de nouveaux déshabillés. Paul aimait la lingerie fine.

Paul... Quel bonheur de l'avoir rencontré ! Dire qu'il était là, sous son nez, pendant des années, et qu'il avait fallu attendre l'été dernier pour qu'elle le découvrît enfin !

Diedre passa en revue les nuisettes de soie. Négligemment, elle posa la main sur son ventre. Elle ne sentait encore rien, mais elle portait en elle l'enfant de son amant, elle en aurait juré. Cette idée la galvanisait et la tétanisait en même temps. Le lendemain, le médecin lui rendrait son verdict, et, s'il confirmait ses soupçons, Diedre aurait à faire face à un cruel dilemme. Garder l'enfant et faire scandale, ce qui mettrait son père hors de lui, ou...

Il aurait fallu alerter Paul. Elle avait confiance en son amour, mais accepterait-il de l'épouser ? Et qu'adviendrait-il de son si précieux poste au War Office ? Entre cette histoire de rumeur, la crainte que Paul découvre ses mœurs passées, et maintenant ça, Diedre ne savait plus à quel saint se vouer.

Ayant arrêté son choix sur une chemise de nuit en soie et un déshabillé, elle sortit et prit un taxi pour son bureau, à Whitehall. Là, elle referma la porte derrière elle et enfouit sa tête entre ses bras. Les larmes lui brûlaient les paupières, mais elle les ravala. Pleurer n'avait jamais servi à quoi que ce soit !

Un enfant... Bien que terrifiante, cette perspective l'emplissait de joie. Jamais elle n'avait pensé devenir mère un jour. Si vraiment elle était enceinte, Diedre exulterait.

Un enfant... Au fond, sans oser se l'avouer, elle en avait toujours rêvé.

35

— Merci d'avoir accepté de décaler notre entretien, madame.

Il était quatorze heures. L'inspecteur Pinkerton avait quatre heures d'avance.

— Je vous en prie, inspecteur, répondit Gwendolyn. Suivez-moi au salon.

La gouvernante prit l'imperméable et le chapeau dégoulinants de pluie du visiteur qui s'éloignait sur les talons de la maîtresse de maison.

— Du thé ? lui proposa cette dernière.

— Bien volontiers. La température a chuté.

Lady Gwendolyn tira sur un cordon fixé au mur, actionnant une clochette, et, peu après, Mme Fontaine parut sur le seuil.

— Madame désire… ?

— Du thé et des gâteaux pour notre invité, je vous prie.

— Oui, Madame.

Dès qu'elle fut sortie, l'inspecteur s'éclaircit la voix et se lança.

— La vie est pleine de surprises, madame. Je veux dire par là que tout peut arriver. Parfois, les problèmes se règlent d'eux-mêmes…

— Que voulez-vous dire ?

— Dimanche dernier, Dorothy et moi sommes allés

rendre visite à ma cousine Patsy, à Bath. Par hasard, elle a mentionné une femme dont le nom m'était familier, une certaine Johanna Ellsworth. Il s'agit bien sûr de la cousine d'Alfie Fennell, celle qui lui aurait appris la rumeur dont votre nièce ferait l'objet.

Lady Gwendolyn se pencha vers l'inspecteur, captivée.

— Pourquoi votre cousine la mentionnait-elle ?

— C'est un peu compliqué… Voilà : ma cousine peint. En amateur, bien sûr, quoiqu'elle se défende plutôt bien, notez ! Bref, elle appartient à un club féminin qui propose des sorties, parfois des voyages… Or il se trouve que le prochain sera justement organisé par Johanna Ellsworth. Il semblerait qu'elle ait fondé le club en question.

— Je ne vois pas en quoi cela nous est utile…

— J'y viens. J'ai posé quelques questions à ma cousine, l'air de rien, pour ne pas l'alarmer. Il s'avère que Johanna Ellsworth avait un demi-frère, qui est mort à la guerre. Un certain Ralph Palmer. Tiens ! dis-je, innocemment. Le mari de Laura Upton Palmer ? Ma cousine acquiesce et me demande comment je la connais. J'avais une explication toute trouvée : je venais de consulter le dossier de Maxine Lowe, son amie décédée. Je brode une histoire, Patsy la gobe.

— Qu'avez-vous appris au sujet de Ralph Palmer et de Johanna Ellsworth, inspecteur ? Je bous de curiosité !

— La mère de Johanna, Margot, a eu Ralph de son premier mari, Horace Palmer. Horace est mort quand le petit Ralph n'avait que trois ans. Deux années plus tard, Margot s'est remariée avec Joseph Ellsworth et a vite donné naissance à Johanna. Les deux enfants ont grandi ensemble et s'adoraient. Quand Ralph est tombé au combat, sa demi-sœur a failli en mourir de chagrin. Ma cousine dit que c'est une femme brisée.

— J'imagine que, si elle l'aimait autant (et je ne puis m'empêcher de souligner la singularité de cet amour, soit dit en passant), elle ne doit pas porter dans son cœur la femme qui s'est interposée entre lui et son épouse.

— J'ai pensé comme vous et, de fait, tout concorde. Comme j'étais de congé hier, j'en ai profité pour me rendre à Somerset House pour y consulter les archives : les certificats de naissance, de mariage et de décès confirment l'identité des individus concernés.

— Vous soupçonnez Johanna Ellsworth d'avoir créé de toutes pièces l'histoire de la rumeur ?

— En effet, madame. Je n'ai pas insisté, de crainte d'éveiller ses soupçons de Patsy, mais cette femme me paraît inquiétante. D'après le portrait brossé par ma cousine, elle ne recule devant rien. A mon avis, elle a voulu torturer votre nièce pour venger son demi-frère.

— Mais nous n'avons pas de preuves.

— Ma foi, non. En d'autres circonstances, j'aurais sollicité un entretien avec M. Fennell et Mlle Ellsworth, en leur expliquant que je représentais un ami de la famille. Je n'aurais rien révélé de ce que je sais, mais un simple interrogatoire mené par un inspecteur de Scotland Yard suffit en général à calmer les ardeurs des malfaiteurs...

Mme Fontaine entrait, un plateau dans les mains, et il se tut.

— Sans vouloir me montrer indiscret, madame, reprit-il quand elle fut partie, lady Diedre envisage-t-elle d'épouser M. Drummond ?

Lady Gwendolyn, qui versait le thé, sursauta. Levant sur l'inspecteur des yeux éberlués, elle comprit.

— Mais bien sûr, murmura-t-elle. Vous êtes marié à une Swann, or les Swann savent tout des Ingham, parfois même avant nous !

Il eut un petit rire.

— Si elle l'épouse, la rumeur s'éteindra d'elle-même, car lady Diedre partira sans doute vivre à New York.

— Et dans le cas contraire ?

— Je doute que le bruit cause le moindre tort à votre nièce. Après tout, il s'agit d'une pure affabulation.

— Je vous remercie, inspecteur, d'avoir pris la peine de vous en assurer. Ma nièce et moi-même vous sommes redevables.

— C'est toujours un plaisir de vous rendre service, madame.

Il but son thé et mordit dans un biscuit au gingembre.

— Je compte me replonger bientôt dans l'affaire Maxine Lowe, ajouta-t-il. Je ne crois pas à la thèse du meurtre, ni à celle du suicide. Je penche pour une mort accidentelle. Elle venait de faire repeindre les murs de sa maison : il se peut qu'elle ait été intoxiquée par la peinture au plomb. Par ailleurs, la terre de sa résidence principale est riche en arsenic, or Maxine Lowe adorait jardiner ; ses jardins jouissent, me dit-on, d'une excellente réputation... J'en parlerai avec Harry à l'occasion.

— Harry connaît tous les secrets de la nature et sera ravi de vous aider.

L'inspecteur reposa sa tasse.

— Si vous voulez bien m'excuser, j'ai une réunion à Scotland Yard à dix-sept heures et je dois mettre de l'ordre dans mes notes.

— Un meurtre ?

Lady Gwendolyn avait toujours été curieuse.

— Peut-être, répondit Howard. L'affaire n'est pas confidentielle : elle a fait la une des journaux ce matin.

— Je ne les ai pas encore lus...

— Elliot Converse, un marchand d'art réputé, a été retrouvé mort chez lui hier des suites, semblerait-il, d'une crise cardiaque. Cependant, certains détails nous ont mis la puce à l'oreille : sa femme venait de partir pour Paris où, aux dires de certains elle devait rejoindre son amant. On pense à un acte prémédité. Converse était jeune et en bonne santé ; sa mort a profondément choqué son entourage, d'autant plus que le comportement de sa femme laissait à désirer. De grosses sommes d'argent sont également en jeu : Converse possédait une fortune, dont sa femme hérite en intégralité.

— Bonne chance, Howard, lui souhaita lady Gwendolyn en le raccompagnant jusqu'à la sortie. Merci encore.

— Je vous en prie, c'est tout naturel. Nos deux familles sont alliées. Par ma femme, je suis un peu Swann…

Diedre arriva à quatre heures tapantes. Elle offrit ses chocolats puis raconta à sa grand-tante sa visite à la boutique de Cecily et sa rencontre inopinée avec sa nouvelle assistante, qui n'était autre que Dulcie.

— Quelle originale, cette petite ! lâcha l'aïeule en riant.

— Pas si petite que ça. Elle est dure en affaires, et n'hésite pas à recourir au chantage affectif !

— Tu l'as sûrement cherché. Ah ! Ce n'est pas une Ingham pour rien !

— Elle m'a extorqué une somme exorbitante.

— T'a-t-elle mis le couteau sous la gorge ?

— Non. Je la lui ai cédée volontiers. J'admire son esprit d'entreprise et je lui tire mon chapeau. Il paraît que vous songez à contribuer à son projet, vous aussi ?

— J'y songe effectivement. Je pourrais lui céder quelques antiquités… Mais assez parlé de Dulcie. Viens t'asseoir.

Diedre obtempéra.

— Où en es-tu avec ton ami Paul ?

Diedre prit la main de sa tante.

— Je l'ignore. Je crois qu'il souhaite officialiser les choses. Il a plus de quarante ans, et j'en ai trente-trois…

— L'âge idéal pour se marier. Tu as eu le temps de profiter un peu de la vie, mais tu es encore suffisamment jeune et robuste pour avoir des enfants… Car j'imagine que vous en voulez ?

— Nous… n'avons pas abordé la question.

Elle prit une profonde inspiration, et déclara :

— Je crois que je suis enceinte.

Si l'aïeule en conçut de la surprise, elle n'en laissa rien paraître.

— As-tu consulté, ma chère ? demanda-t-elle d'une voix égale. Et as-tu parlé à Paul ?

— Ni l'un, ni l'autre. Je serai fixée demain.

— Bien.

— Je suis enceinte, ma tante. Je le sais. Je le sens.

— La plupart des femmes ont ce don. (Elle rajusta sa jupe.) Comment Paul prendra-t-il la nouvelle, à ton avis ?

— Je l'ignore.

— C'est lui qui t'a mise dans cet état, Diedre, ne l'oublie pas. Il s'agit de sa responsabilité autant que de la tienne. Personnellement, je crois qu'il s'en réjouira. Une épouse superbe, et une descendance ! A son âge, il était grand temps.

Diedre hocha lentement la tête, sonnée.

— Il faut lui annoncer la chose sans tarder, poursuivit lady Gwendolyn. Nous devons prendre au plus vite les mesures qui s'imposent.

— Les mesures ? Quelles mesures ? Je veux cet enfant, ma tante ! Je croyais ne jamais en avoir...

— Je faisais allusion à ton mariage, ma chère. Si tes soupçons sont fondés, il ne faudra pas traîner. Excuse-moi un instant, je te prie...

Lady Gwendolyn s'éclipsa. Quand elle reparut dans le salon, elle tenait un écrin vert bouteille.

— Il s'agit d'une de mes possessions les plus chères annonça-t-elle. Je te la réserve depuis des années. Tu es l'aînée de Charles, aussi te revient-elle de droit.

Surprise, la jeune femme souleva le couvercle. Sur un tapis de velours noir scintillait une longue broche en forme de plume, toute sertie de diamants.

— Elle est magnifique... Merci, ma tante, vous êtes trop généreuse !

— Je suis contente qu'elle te plaise. Il me semble d'autant plus juste de te l'offrir que c'est également un Paul qui me l'a offerte, à moi. Je la tiens de feu mon mari, qui l'avait dessinée lui-même. Tu sais qu'il n'avait pas de titre, bien qu'il appartînt à une famille d'aristocrates terriens, aussi se jugeait-il indigne de moi. Cela me faisait rire ! C'était un gentilhomme comme on n'en fait plus. Pour le taquiner, je prétendais qu'il était le panache de mon chapeau, d'où la forme de cette broche qu'il m'a offerte juste avant notre mariage, afin que j'en orne mon chapeau.

— Je la chérirai, ma tante, et si j'ai une fille un jour, ou une bru, je la lui offrirai.

— Il faut que tu parles à Paul Drummond.

— Je le ferai. Mais s'il refuse de m'épouser ?

— Il ne refusera pas. J'ai vu la façon dont il te regardait cet été...

— Je l'aime, reconnut enfin Diedre.

— S'il t'a fait sa demande, n'attends pas. Mariez-vous ici même, à Londres.

— Entendu.

Et Diedre, qui se découvrait soudain une faim de loup, s'empara d'un scone.

Lady Gwendolyn prit le temps de vider sa tasse avant d'ajouter d'une voix grave :

— J'ai hélas de mauvaises nouvelles à te communiquer. Mark Stanton est passé me voir. Lavinia est malade. Elle souffre d'une tumeur au poumon. C'est un cancer, Diedre.

— Ciel ! C'est terrible... Pauvre Lavinia... (Elle fronça les sourcils.) Il est vrai qu'elle avait mauvaise mine au mariage de papa. Je m'étais même demandé si cela n'expliquait pas son accès de méchanceté. Elle d'ordinaire si douce...

211

— Mark Stanton l'aime et veut l'épouser, mais Lavinia s'y refuse, de peur de devenir un fardeau pour lui.

— Suit-elle un traitement ? Le mal est-il curable ?

— Mark lui-même l'ignore. Avec un peu de chance, elle peut vivre encore quelques années... Je prie pour elle.

— Je prierai également. Pauvre Lavinia ! Elle est encore jeune...

Lady Gwendolyn remarqua la compassion qui teintait la voix de sa nièce et s'engouffra dans cette brèche.

— Je pense que le moment est venu de la réintégrer dans notre cercle. Elle traverse des moments difficiles, alors ne la punissons pas davantage.

— Bien sûr. Que puis-je faire ?

— Me soutenir en cas de résistance de la part du reste de la famille.

— Vous pouvez compter sur moi.

— Bien. Pour changer de sujet, j'ai reçu tout à l'heure la visite de l'inspecteur Pinkerton. Il a du nouveau. Figure-toi que Johanna Ellsworth avait un demi-frère. Son nom, je te le donne en mille : Ralph Palmer. C'était l'époux de Laura Upton Palmer, qui l'avait quitté peu avant son départ à la guerre.

Diedre encaissa la nouvelle sans ciller.

— Oui, dit-elle. Nous étions amies, et nous évoluions dans les mêmes cercles. Jusqu'à la mort de Laura. Puis de Maxine.

— D'après l'inspecteur, Johanna vénérait son frère ; ils étaient très proches. C'est elle qui a lancé la rumeur te concernant. L'inspecteur pense qu'elle te déteste... pour une raison ou pour une autre.

Diedre fixait sa grand-tante en tremblant. Son cœur battait à tout rompre. Elle se liquéfiait.

— Pour conclure, cette histoire de rumeur n'avait, en réalité, guère de fondement. Tout repose sur un mensonge, créé dans le seul but de te mener la vie dure. L'affaire est bouclée. Il nous reste à l'oublier et à reprendre tranquillement le cours de nos vies.

Diedre restait parfaitement coite, comme frappée de mutisme.

— Si Paul te fait sa demande, expliqua lady Gwendolyn, tu démissionneras du War Office et vous vous marierez. Dans le cas contraire, tu prendras quelques semaines de congé, le temps que les choses se tassent.

La vision de Diedre se brouillait. Que savait sa tante de son sulfureux passé ? Et si Paul apprenait la vérité au sujet de sa relation avec Laura ?

— Diedre, ajouta sa grand-tante, devinant son tourment, je ne t'ai jamais jugée. Tu le sais, ce n'est pas mon tempérament. Chacun vit à sa guise, telle est ma devise ! (Elle soupira.) Je regrette seulement que tu ne te sois pas confiée à moi. J'aurais aimé te réconforter dans ton deuil. Je tiens à toi. Tu es comme ma propre fille.

Diedre ouvrit la bouche, mais n'émit aucun son. Puis elle s'écroula contre les coussins, les yeux clos. Des larmes roulèrent le long de ses joues.

Lady Gwendolyn monta dans sa chambre à coucher et en redescendit munie d'un mouchoir.

— Regarde-moi, lui ordonna-t-elle.

Rassemblant ses forces, Diedre lui obéit.

— Je… je n'ai pas osé, ma tante. Même Maxine n'était pas au courant. Personne ne l'était. Nous prenions nos précautions.

Diedre se mordit la lèvre.

— Mais Ralph nous a découvertes. Et, visiblement, il a informé Johanna, dont j'ignorais jusqu'à l'existence, à l'époque. Tout ce que je savais des Palmer, c'était que Ralph maltraitait Laura et qu'elle était malheureuse en ménage.

— Seigneur ! Quelle tragédie, pour elle comme pour toi.

— Quand Laura nous a quittés, je me suis jetée à corps

perdu dans le travail. Jusqu'à Paul, personne n'a compté à mes yeux. Ce n'est qu'en juillet dernier que ma peine a commencé à se dissiper.

— Paul t'aime, murmura lady Gwendolyn. Quant au reste, c'est du passé.

— Mais Howard Pinkerton... Il sait, n'est-ce pas ?

— Je suis prête à parier qu'il a déjà tout oublié. Il enquête à présent sur un meurtre.

— Si vous le dites, ma tante.

— Je te le promets. Allons, ma chère, il faut savoir tourner la page, crois-en mon expérience : ne laisse jamais ton passé vous hanter. Et n'oublie pas que Howard Pinkerton est marié à une Swann : il est des nôtres. Jamais il ne te trahirait.

Lady Gwendolyn plongea les yeux dans ceux de sa petite-nièce.

— Tu n'as absolument rien à craindre.

36

— C'est curieux, n'est-ce pas ? Ces petits détails qui nous rendent les gens attachants...

Sur cette remarque, Paul Drummond prit la main de Diedre par-dessus la table qu'ils occupaient au Ritz, avec vue sur Green Park.

— Que veux-tu dire ? lui demanda-t-elle.

Il ne répondit pas tout de suite.

Diedre patienta. Elle avait appris la veille que ses soupçons étaient fondés : elle portait l'enfant de Paul. C'était lui qui avait téléphoné, ce matin-là, pour la prier de déjeuner en sa compagnie, et elle s'était empressée d'accepter, songeant que ce serait l'occasion de lui annoncer la nouvelle. Certes, elle avait des montagnes de travail à abattre au ministère, mais elle s'arrangerait. D'abord, il fallait qu'elle soulage sa conscience.

Pourvu qu'il soit aussi ravi qu'elle !

— Tu es une femme superbe, répondit enfin Paul, mais ce n'est pas l'unique raison de mon amour pour toi. Je t'aime pour ta franchise. Pour ta façon de dire la vérité sans prendre de gants, mais sans jamais offenser. J'aime non seulement ta bouche, mais la façon dont elle se plisse lorsque tu réfléchis. Surtout, j'aime ton intelligence. Il est si valorisant d'aimer quelqu'un de brillant, et d'en être aimé en retour !

— Paul, merci pour cette déclaration. Tu me flattes. Je t'aime, moi aussi, et pour d'innombrables raisons.

Il tira de sa poche un petit coffret.

— En ce cas, me feras-tu l'honneur de devenir ma femme ?

Diedre en resta bouche bée. Son enfant était sauvé ! Une joie intense se diffusa en elle.

Mais Paul guettait sa réaction, l'air un peu inquiet. Elle se hâta de le rassurer.

— Bien sûr, Paul ! Quelle question !

Un grand sourire s'étala sur son visage. Il se leva, contourna la table et embrassa sa fiancée puis, ouvrant l'écrin, en sortit un solitaire qu'il lui passa à l'annulaire. Quand il regagna son siège, ses yeux brillaient plus fort que jamais.

Diedre admirait l'anneau, éblouie : il était serti d'un diamant colossal.

— Paul... Il est somptueux. Mais quand as-tu trouvé le temps... ? Hugo t'aurait-il accordé un répit ?

— Je l'ai acheté moins d'une semaine après t'avoir rencontrée, avoua Paul.

— Comment pouvais-tu savoir que tu aurais envie de passer le restant de tes jours à mes côtés ?

— Je l'ignore. Mais je le savais. Pas toi ?

— Je me suis aperçue très vite qu'un lien puissant nous unissait, mais je n'irais pas jusqu'à dire...

Elle laissa sa phrase en suspens, et Paul prit le parti d'en rire.

— Qu'importe ! Nous voilà fiancés ! Il faut que je te parle de divers sujets, mais d'abord, déjeunons.

Il héla le serveur, commanda une bouteille de champagne et demanda la carte.

— Je dois repartir pour New York plus tôt que prévu, reprit-il quand ils furent à nouveau seuls. Non seulement pour me rendre au chevet de ma mère malade, mais encore pour régler un problème d'ordre professionnel. Mon séjour risque de se prolonger.

— Combien de temps seras-tu absent ?

— Plusieurs mois. C'est pourquoi je te demande de m'accompagner.

— J'accepte sans hésiter. Paul, j'ai moi aussi quelque chose à te dire. Je porte ton enfant.

La mâchoire de Paul se décrocha. Puis, sa stupeur céda à l'euphorie.

— C'est merveilleux ! Pourquoi avoir tant tardé à me le dire ?

— Je ne l'ai appris qu'hier, se justifia Diedre. Nous devrions hâter le mariage, ne trouves-tu pas ?

— Cela va de soi. Je vais être père... Je suis content. Non ! Je suis béat... Comblé, même !

Ils trinquèrent, Diedre rayonnante et Paul, en plein rêve éveillé, soulagé d'avoir enfin osé faire sa demande et d'avoir été si bien accueilli. Diedre et lui formeraient un ménage solide. Paul était certain qu'aucune autre femme ne pouvait mieux lui convenir. Avec son raffinement, sa vivacité d'esprit, sa tendresse et sa bonté, Diedre ferait une épouse hors pair doublée d'une excellente mère – en plus d'une merveilleuse amante, pleine de sensualité...

— Quel est-il, ce problème d'ordre professionnel ?

La voix de sa fiancée le ramena dans le moment présent.

— Eh bien, il y a quelques années, Hugo et moi avons investi dans une entreprise dont nous étions sûrs du potentiel. Mais, ces derniers temps, les gérants réclament sans cesse des fonds supplémentaires et cela ne nous dit rien qui vaille. Il se peut que nous ayons à intervenir auprès de la direction de l'entreprise et je dois me pencher de plus près sur la question. En attendant, pas question de débourser un centime de plus. Nous nous demandons même si nous ne ferions pas mieux de vendre pendant que le cours de l'action reste correct.

— Que produit-elle, cette entreprise ?

— Des avions. Ce moyen de transport, c'est l'avenir, tu verras ! Survoler la Manche, voire l'Atlantique, sera bientôt à la portée de tous.

— Qu'est-ce qui te tracasse dans la gestion de l'entreprise ?

— Plusieurs points me semblent suspects ; j'ai un mauvais pressentiment. Or je me fie toujours à mon instinct. Je n'envisage jamais un investissement en termes de bénéfices potentiels, mais uniquement de risques de perte.

— J'en déduis qu'en l'occurrence, il y a gros à perdre.

— Absolument. Et nous ne pouvons pas nous le permettre. Il faut penser à Cavendon. La revente de nos parts, à Hugo et moi, nous rapporterait de quoi faire réparer le toit de l'aile nord du manoir... Mais voici notre déjeuner, parlons d'autre chose, suggéra Paul, remarquant la gêne de sa fiancée. Que dirais-tu de retourner à la boutique de Cecily cet après-midi ? Il faut composer ton trousseau, d'autant que l'hiver est rude, à New York : il te faudra un bon manteau.

— Paul, tu me gâtes.

— Au fait, comment envisages-tu de célébrer nos fiançailles ? Je pourrais inviter la famille au Savoy. On dînerait, on danserait...

— Ce serait parfait. Mais c'est trop...

— Ma chère, vous n'avez encore rien vu ! s'exclama-t-il en exagérant son accent américain. Après la noce, nous embarquerons sur l'*Aquitania* et mettrons le cap sur New York. Ce sera notre lune de miel.

Diedre pouffa, mais un frisson lui courut le long de l'échine et la nausée la prit avant qu'elle ait pu goûter à sa sole grillée. « On marche sur ma tombe », songea-t-elle malgré elle.

37

Le théâtre était plongé dans un silence impressionnant. Pas un souffle, pas un murmure ; le moindre soupir aurait sans doute retenti comme une détonation. Le tragédien qui venait d'entrer en scène avait plongé le public dans un état proche de la transe. Tous le fixaient avec une attention intense, de sorte que l'atmosphère paraissait chargée d'électricité. L'attente était palpable.

L'homme s'avança jusqu'à un muret en ruine, sous les feux de la rampe. Là, il observa un long silence. Il fit un geste et toute la salle se tendit comme un seul homme.

Fléchissant le genou, l'acteur posa le pied sur le muret. La main droite en appui sur la jambe, il inclina un peu le buste. Dans le public, Dulcie ne put se retenir d'admirer son profil : jamais elle n'en avait vu de plus beau.

Enfin, il prit la parole. Sa voix mélodieuse aux inflexions subtiles parait d'un éclat neuf le célèbre monologue.

— Etre ou ne pas être. Telle est la question[1].

Après une pause, qu'il étira à loisir, les mots se bousculèrent.

— Y a-t-il plus de noblesse d'âme à subir la fronde et les flèches de la fortune outrageante, ou bien à s'ar-

1. Toute la traduction du monologue de *Hamlet* est signée de Victor Hugo. *(N.d.T.)*

mer contre une mer de douleurs et à l'arrêter par une révolte ?

Il se redressa et son regard se perdit dans le vague. Quand il reprit, c'était une octave plus bas.

— Mourir... dormir... rien de plus.

Une brève pause, puis à nouveau l'afflux de mots :

— Et dire que par ce sommeil nous mettons fin aux maux du cœur et aux mille tortures naturelles qui sont le legs de la chair : c'est là un dénouement qu'on doit souhaiter avec ferveur.

Voici que Hamlet se laisse tomber sur le muret. Le menton dans la paume, il contemple les spectateurs. Sa voix se fait plus riche, plus sonore.

— Mourir... dormir, dormir ! Peut-être rêver.

Son débit se charge d'urgence :

— Oui, là est l'embarras ! Car quels rêves peut-il nous venir dans ce sommeil de la mort, quand nous sommes débarrassés de l'étreinte de cette vie ? Voilà qui doit nous arrêter. C'est cette réflexion-là qui nous vaut la calamité d'une si longue existence.

Dulcie en avait oublié de respirer. James Brentwood, qu'elle voyait jouer ce soir-là pour la première fois, la fascinait. Il méritait sa réputation de meilleur acteur d'Angleterre, sinon du monde. Le célèbre monologue vibrait, comme prononcé pour la première fois. Brentwood n'incarnait pas son personnage, il l'habitait, faisait corps avec lui. Dulcie avait l'impression qu'il s'adressait à elle seule, et sans doute chaque spectateur ressentait-il la même chose.

La pièce se poursuivit, et l'admiration de la jeune fille ne fit que croître. Le monde extérieur s'évanouit pour elle. Comme elle ne quittait pas Hamlet des yeux, elle ne vit pas sa sœur et son mari qui l'épiaient discrètement depuis leurs sièges. Seul existait pour elle le talent de cet homme qui la transportait dans un autre univers par la seule force de son jeu. Quel don ! Il avait dû être touché par la grâce...

Sa voix, tantôt chaleureuse, tantôt dure, tantôt chantante, résonnait de mille émotions et les communiquait comme par enchantement. Dulcie savait depuis longtemps que la pièce traitait d'amour, de vengeance, de jalousie, de folie, mais il lui semblait en éprouver enfin la pleine portée...

Le rideau était tombé était finie. Daphné avait pris le bras de Dulcie et lui parlait, mais sa sœur ne l'entendait pas. Elle ne pensait qu'à James Brentwood, rentrée en coulisses après six rappels, la laissant inconsolable. Il fallait qu'elle revienne. Dès le lendemain. Et le surlendemain. Et...

— Dulcie, tu m'écoutes ? Qu'as-tu ? l'interrogea sa sœur.

Hugo aussi posait sur elle un regard intrigué. Dulcie s'aperçut qu'ils avaient gagné le foyer.

— Pardon, balbutia-t-elle. Je suis sous le choc. Quelle performance...

— Il est remarquable, c'est vrai. Tu viens ? Il nous attend dans sa loge. Tu n'as pas oublié, n'est-ce pas, Dulcie ?

— Nous allons le rencontrer ? Pour de vrai ?

— Mais oui, ma chérie, je te l'ai dit ! Ensuite, nous dînerons en sa compagnie chez Rules ; son agent, M. Lambert, a eu la gentillesse de nous faire parvenir une invitation. J'ai pris la liberté d'accepter.

— Tu as dû m'en parler pendant que je quémandais des fonds pour ma galerie ; je devais être distraite...

— Allons, pressez-vous, les rabroua Hugo. Ne faisons pas attendre la vedette.

— Laisse-lui donc le temps de se démaquiller, répondit Daphné en lui emboîtant le pas, Dulcie sur ses talons.

James Brentwood disposait dans ce théâtre de deux loges, aux portes estampillées d'étoiles. La première, où il se trouvait présentement, lui servait à se maquiller, se changer, se reposer, se recueillir, s'isoler au besoin. Seules trois personnes étaient autorisées à y pénétrer : Sid Miller, son habilleur, Felix Lambert, son agent, et Constance, épouse et associée de Felix.

La pièce adjacente était destinée à recevoir ses amis et admirateurs après les représentations. Un grand paravent chinois dissimulait la porte de son sanctuaire ; elle lui permettait d'opérer une retraite discrète lorsque lui prenait l'envie de se ressourcer.

Felix se trouvait avec lui.

— Helen n'était pas très en forme, ce soir, remarqua James à son attention.

— En effet, mais gageons que personne d'autre que nous ne s'en sera aperçu.

— Cela n'aura pas échappé à Constance.

— Rien ne lui échappe jamais. Mais qu'arrive-t-il à Helen ? Couve-t-elle quelque chose ? Lors des dernières représentations, déjà, je l'ai trouvée... un peu décevante, à dire vrai.

— Je lui parlerai. Il suffit en général de louer sa performance pour qu'elle se remette en selle.

— Du reste, elle s'en sort très bien, concéda Felix. Elle est jeune, elle débute presque, et le rôle d'Ophélie est notoirement ingrat ; des actrices plus aguerries s'y sont cassé les dents.

James n'eut pas le temps de donner son opinion sur la question : on frappait. Constance passa une tête à l'intérieur de la loge.

— Lady Daphné est là. Mais prenez votre temps, Jamie : je m'occupe d'elle et de son mari. Ah, et Avery Cannon passera également.

— Ce cher Avery ! Que ferions-nous sans lui ? s'exclama James. Ainsi, Daphné est avec son mari... Comment s'appelle-t-il, déjà ?

— Hugo Stanton. La sœur de Mme Stanton, Dulcie Ingham, les accompagne.

— Dites-leur que j'arrive. Felix, va donc les gratifier de ton charme légendaire ; entre les mains expertes de Sid, j'en ai pour instant.

Les Lambert se retirèrent.

Sid, tendant sa chemise à James, lui glissa :

— C'est pas mes oignons, m'sieur Jamie, mais Helen, elle a d'mauvaises fréquentations. Si elle avait un peu d'jugeote…

Sid était originaire du même quartier populaire de Londres que son employeur mais, contrairement à ce dernier, il en avait conservé l'accent et le jargon. Achevant de se démaquiller, James fronça les sourcils.

— Que ferait-elle, Sid ?

— Elle reviendrait dans l'droit chemin, m'sieur Jamie. Le type, je ne connais pas son nom, mais elle, elle brûle la chandelle par les deux bouts, si vous me comprenez.

— Je vois. Merci pour ces informations.

Sid se fendit d'un rictus. Il suspendit le costume de James sur un cintre et le rangea dans la garde-robe.

— Elle est rudement jolie, lâcha-t-il.

— Peut-être, mais son jeu laissait à désirer.

— Pas Helen ! Je parlais de la lady qui vous attend.

James s'esclaffa.

— Jolie, mais mariée, précisa-t-il.

— Tenez, vot' plus beau costume, amidonné et tout comme il faut.

— Merci. Sers-moi un verre, tu veux ?

James s'en fut dans le cabinet de toilette pour se passer de l'eau sur le visage. Quand il reparut, Sid lui tendit un verre de whisky, qu'il vida d'un trait. Il boutonna sa chemise et Sid ajusta son nœud papillon. Un dernier regard dans la glace, et James Brentwood, fin prêt, se dirigea vers la sortie.

— Z'êtes paré, m'sieur Jamie ! lança Sid. Bonne soirée.

— Merci, Sid. A demain.

Dans la loge voisine, il trouva Constance Lambert en grande conversation avec Avery Cannon, critique de théâtre et l'un des journalistes les plus réputés de la capitale. C'était en outre l'un des plus ardents défenseurs de Brentwood. James les salua puis, avisant Felix, lady Daphné et son mari, les rejoignit.

— Votre performance nous a éblouis, monsieur Brentwood, le félicita lady Daphné une fois les présentations faites. Jamais *Hamlet* ne m'avait paru si vivant.

— Madame est trop aimable.

— Vous avez hypnotisé ma sœur. Je ne trouve pas de mot plus juste pour décrire l'état dans lequel la représentation l'a plongée !

— Je me joins aux louanges de ma femme, ajouta Hugo.

— Merci, monsieur Stanton. La sœur de Madame sera-t-elle des nôtres pour le dîner ?

— Oui... Mais où se cache-t-elle donc ? Elle était là il y a un instant...

Daphné promena dans la loge un regard perplexe, imitée par James. Dans le fond de la pièce, derrière deux comédiens, un halo bleu pâle apparut et se volatilisa aussitôt ; il avait seulement eu le temps de voir un soulier azur disparaître derrière le paravent. Les deux comédiens, s'avançant vers lui pour le saluer, lui bloquaient la vue.

— Je reviens tout de suite, leur dit-il, et de s'élancer aux trousses de la jeune fille en bleu.

Il pénétra à pas de loup dans sa loge privée. L'inconnue lui tournait le dos et ne l'entendit pas entrer.

— Mademoiselle.

Elle sursauta, fit volte-face et faillit le percuter. Il recula d'un pas, elle chancela. Fermant la porte du bout du pied, James Brentwood fixa Dulcie.

Ils se regardaient les yeux dans les yeux. Il était grand, Dulcie devait tendre vers lui son visage pour soutenir son regard. Si elle avait été surprise par son entrée, lui restait sous le choc de se beauté.

Elle était magnifique. Son teint... Ses yeux... Et ces nuées de cheveux blonds cendrés... Ces traits délicats, et cependant prononcés... James n'avait jamais vu créature plus exquise. Mais elle était si jeune ! Presque une enfant...

— Je n'ai pas le droit de me trouver ici ? bredouilla-t-elle.

— Non, en effet.

— Pardon.

— Vous me cherchiez ?

— Non. Je vous fuyais.

— Vous me fuyiez ! Et pourquoi donc ? N'aviez-vous pas envie de faire ma connaissance ?

— Si, mais... J'étais contrariée.

— Pour quelle raison ?

— Vous avez tant d'admirateurs ! Pendant la représentation, je m'étais figurée que vous vous adressiez à moi et à moi seule. Vous, Hamlet. Que vous me parliez directement.

Elle secoua la tête, atterrée par sa propre naïveté.

Sid entrouvrit la porte et se racla la gorge.

— Un instant, Sid, lui lança James sans détacher les yeux de la belle Dulcie.

Sid se retira sans insister.

— Poursuivez, ordonna James.

— J'étais sous l'emprise de l'illusion, sans doute. On appelle cela « suspendre son incrédulité », si je ne m'abuse...

— C'est exact, confirma James, impressionné par sa culture.

— On sait que les comédiens jouent un rôle, que les pièces ont été écrites par des dramaturges : le public n'est pas dupe. Il est conscient d'assister à une œuvre créée pour le divertir. Mais vous, ce soir, vous me l'avez fait oublier.

La pièce a pris vie pour moi. Aussi ai-je été fâchée tout à l'heure de l'irruption de tout ce monde.

Il la contempla sans mot dire. Il lui semblait la connaître.

— Nous sommes-nous déjà vus quelque part ?

— Non, bien que j'aie l'impression de vous connaître, James... Pardon ! Monsieur Brentwood.

— Vous pouvez m'appeler James.

— En ce cas, appelez-moi Dulcie.

Il y eut un silence prolongé pendant lequel les deux jeunes gens se dévoraient des yeux, fascinés. Et ce fut comme une révélation. Ils venaient de rencontrer leur âme sœur.

Mais que faire, à présent ? Ils se le demandaient chacun de son côté quand on frappa à la porte.

Elle s'ouvrit à la volée et Felix surgit dans la pièce.

— C'est là que tu te terres, Jamie ! Tes admirateurs te réclament, et Cannon doit partir dans quelques minutes...

— Je dois dire un mot à Sid. J'arrive, répondit le célèbre tragédien. Lady Dulcie s'était égarée. Par chance, je l'ai retrouvée... Je vous la confie, Felix. Mademoiselle, je vous rejoins incessamment.

— Merci de m'avoir trouvée, dit-elle. J'en suis enchantée.

Felix, un peu surpris, prit Dulcie par le bras et la reconduisit dans la loge principale.

Resté seul, James fit entrer Sid, qui patientait dans le couloir.

— C'était qui, la p'tite dame ? s'enquit-il. Elle manque pas de culot ! Entrer chez vous comme ça, sans y être invitée !

— Elle ne manque ni de culot, ni d'esprit, ni de charme...

— Mais quel âge elle a ? Seize ans, à tout casser ? Faut faire attention, m'sieur Jamie...

— Seize ans ? Non ! Plus, assurément... marmonna

l'autre en priant pour ne pas se tromper. Sid, un autre verre, je te prie.

Il se réfugia un instant dans son cabinet de toilette et grimaça en rencontrant son reflet dans le miroir : il avait l'air tendu, fatigué. Il mouilla une serviette d'eau froide et en tamponna son visage, puis il se peigna, mais rien n'y fit : il accusait le poids des ans. Il était bien trop vieux pour une belle jeune fille comme lady Dulcie. James haussa les épaules. Tant pis ! Il tenterait sa chance, comme il l'avait toujours fait, et advienne que pourra !

Sid l'attendait, verre à la main. James le vida.

— Merci, dit-il en le lui rendant.

— Faut faire attention, répéta son loyal habilleur.

— Merci, j'y veillerai. J'ai conscience du danger qu'elle représente pour moi, et je serai prudent. Du moins, j'essaierai...

— Pardon, Avery, s'excusa James auprès du célèbre critique. Une urgence.

Il bavarda un moment avec lui et Felix, puis se mêla aux autres groupes. Hélas ! Constance s'en fut bientôt, entraînant dans son sillage lady Daphné, Hugo Stanton et la merveilleuse Dulcie. James la regarda s'éloigner à regret. La jeune fille s'était retirée d'un pas mesuré, gracieux, sans lui décocher un regard. Quelle classe ! Quelle allure !

Dans quelques heures, il la retrouverait au restaurant.

Il n'avait jamais été aussi impatient.

38

Chez Rules, un bar à huîtres situé dans Covent Garden, était un des repaires favoris de James Brentwood. Il s'agissait d'une adresse accueillante, privilégiant la convivialité. Au mur s'alignaient des affiches, des peintures à l'huile, des esquisses, toutes en relation plus ou moins directe avec son univers : le monde du théâtre. Et de surcroît, on y mangeait bien.

Constance tenait lieu d'hôtesse pour la soirée.

— Mon cher, je te mets le grappin dessus, annonça-t-elle en lui prenant le bras. Tu seras assis entre moi et lady Daphné. Qui est un amour, soit dit en passant.

La cinquantaine pimpante, Constance arborait une coupe courte. Ses reflets auburn mettaient en valeur ses yeux verts pétillants. Sa mise, comme toujours, était irréprochable ; depuis qu'il la connaissait, James ne l'avait jamais vue négligée. Elle avait été pour lui une mère de substitution. Depuis qu'il avait quinze ans, elle le choyait presque autant que ses sœurs, protectrices à l'excès.

James se trouva assis en face de Dulcie, ce qui le comblait de joie, mais lui causait aussi un certain embarras : il ne fallait pas qu'il la dévisage de façon trop ostentatoire. Une chance qu'il soit acteur ! Sauf qu'en l'occurrence, son talent touchait à ses limites. Il ne pouvait s'empêcher d'admirer sa beauté, si éclatante que même lady Daphné semblait fade en comparaison.

— J'ai commandé du champagne, l'informa Constance.

— Ainsi que mes plats préférés, je présume ?

— Des huîtres et de la sole, évidemment.

— J'imagine que vous connaissez cette adresse ? demanda Felix à lady Daphné.

— J'ai cette chance, oui. Papa nous emmène souvent déjeuner chez Rules ; il s'agit de l'une de nos tables fétiche à Londres.

Plus la soirée avançait, plus James était frappé par l'aisance des Stanton. Le couple se révélait sociable, cultivé, et l'acteur prenait plaisir à leur conversation. Dulcie, en revanche, gardait le silence. Elle lui jetait une œillade discrète, de temps à autre. Lui-même ne parlait guère, obsédé par l'idée de se trouver seul en compagnie de celle qui le subjuguait depuis leur court entretien dans sa loge. Il voulait tout savoir d'elle, sa vie, ses passions... Mais il ne pouvait pas la bombarder de questions en présence de tous ces tiers.

Et Dulcie, que savait-elle de lui ? Avait-elle lu ses interviews dans la presse ? Celles-ci ne parlaient que de sa carrière, pas de sa vie privée. Brûlait-elle, comme lui, de faire plus ample connaissance ?

— Resterez-vous longtemps à Londres ? demanda justement Constance à l'objet de son attention.

— J'y habite et y travaille. J'assiste Cecily Swann, la styliste, dans sa boutique de Burlington Arcade.

James se félicita de son ingéniosité : à présent, il savait où la trouver.

— J'aime beaucoup ses créations, répondit Constance. Vous avez étudié le stylisme ?

— Non, l'histoire de l'art. Mais Ceci est une amie de la famille, nous avons toutes deux grandi dans le Yorkshire. Je voulais me former auprès d'elle avant d'ouvrir ma galerie.

James tendit l'oreille. Décidément, cette fille lui plaisait de plus en plus. Il ne s'agissait pas d'une princesse gâtée de la haute société : elle avait un but. Cette idée l'emplissait d'une joie insensée.

— Les Swann et les Ingham ont toujours été étroitement liés, compléta Daphné. Nous vivons ensemble à Cavendon depuis des décennies. Certains Swann travaillent même à notre service, ici, à Grosvenor Square.

— Grosvenor Square ? Mais nous sommes voisins ! s'exclama James. J'habite Brook Street, près du Claridge. La proximité de l'hôtel me permet de me faire servir le thé ou le dîner à toute heure, ce qui est fort utile pour un célibataire, vous en conviendrez...

Il évitait le regard de Dulcie mais avait prononcé cette dernière phrase à sa seule attention.

— Comme si tu avais besoin de personnel hôtelier pour te bichonner ! pouffa Felix. Tes sœurs sont aux petits soins. Ma femme aussi, d'ailleurs. Ah ! Oui, quelle rude vie tu mènes, mon pauvre James !

Il riait de bon cœur, et James l'imita.

— Ainsi, les Swann et les Ingham sont proches ? reprit le jeune homme une fois leur hilarité retombée.

— Très, intervint soudain Dulcie. Papa vient d'épouser une Swann, si vous voulez tout savoir. C'est une première ! Bien qu'il ne soit pas le premier à succomber aux... enfin, je veux dire...

Elle se troubla : Daphné la fusillait du regard. Vaillamment, elle décocha à James un clin d'œil mutin. Comprenant le sous-entendu, ces messieurs repartirent de grands éclats de rire, tandis que ces dames luttaient pour conserver leur sérieux. Hugo décida de jouer franc jeu.

— Les archives de Cavendon attestent plusieurs... *rela-*

tions entre nos deux familles. Nous n'avons pas à le cacher, Daphné : c'est un secret de polichinelle.

James ramena vite la conversation sur Dulcie.

— Quand comptez-vous ouvrir votre galerie ?

— Vers la fin de l'année prochaine. J'ai fort à faire en attendant : constituer mes stocks, notamment.

— J'espère avoir l'honneur d'être votre premier client. Mon appartement de Brook Street est trop dépouillé, il me faudrait quelques antiquités...

Elle opina, mais garda le silence, le laissant mener la danse.

— Je sais que vous travaillez, reprit James, mais peut-être auriez-vous le temps de m'aider à choisir un tableau, ou quelque chose dans ce goût-là, la semaine prochaine ?

— Avec plaisir, répondit la jeune fille. Je me libérerai.

Et voilà, l'affaire était conclue. James souriait de toutes ses dents, se moquant des regards d'autrui.

Dulcie, rayonnante, ne s'en souciait pas davantage.

39

— Travers Merton va peindre ton portrait ? Mais c'est merveilleux ! s'exclama Cecily. Et très flatteur...

— Chut ! fit DeLacy en jetant à la ronde des coups d'œil furtifs. C'est un secret. Je te l'ai dit, c'est Lawrence Pierce qui a tout organisé afin de faire la surprise à maman.

— Je n'ai encore jamais trahi ta confiance, DeLacy.

Leur amitié restaurée, les deux femmes déjeunaient ensemble au Ritz, non loin de Burlington Arcade.

DeLacy se pencha à l'oreille de la styliste, une étincelle dans le regard.

— Moi aussi, j'ai gardé tes secrets. Je n'ai jamais raconté à âme qui vive tes escapades au grenier avec Miles, alors que tu n'avais pas quatorze ans.

Cecily s'empourpra.

— Elles étaient bien innocentes, répondit-elle.

— Je le sais, ma Ceci. Tu me l'as déjà dit, et je te crois sur parole... bien que d'autres, à ma place, nourriraient quelques soupçons !

DeLacy pouffa.

— Nous sommes si heureux ensemble, lâcha Cecily dans un soupir. Une seule chose manque à mon bonheur : le moyen d'assassiner impunément une certaine personne que je ne nommerai pas.

DeLacy grimaça.

— Clarissa. Elle cherche à se venger de lui par mesquinerie. Nous ne l'avons jamais aimée. Tu te souviens ? Nous l'appelions Mlle Mildiou...

— Ce n'était pas très charitable de notre part.

— J'en conviens. Oh, voici Miles. Qu'il a l'air fringant ! Il a repris du poids et des couleurs, il est mieux habillé... C'est ton œuvre ?

— Il va bien, DeLacy. Tout part de là.

— Et ça, c'est grâce à toi.

— Bonjour, mesdames. Je vous remercie pour votre invitation. Quelle joie de déjeuner en compagnie de mes deux femmes préférées !

Miles embrassa sa sœur et son amie puis s'assit. La mine ravie, il tapota la poche de sa veste.

— Je suis passé chercher la lettre de mon avocat. Il me tarde de la remettre tantôt à qui de droit.

— Espérons qu'il ne sera pas nécessaire d'en arriver là. Peut-être Mme Pierce rendra-t-elle les bijoux de son plein gré, qui sait ? murmura Cecily. Que bois-tu, mon cher ? Un verre de champagne ?

— Pas d'alcool pour moi, merci, déclina le jeune homme. Je tiens à être alerte cet après-midi.

— On commande ? suggéra DeLacy. Je dois arriver la première chez maman, or j'ai encore à me changer.

— Révisons notre plan d'attaque, décida Miles. DeLacy sonnera chez maman à seize heures pile. Elle lui apportera un cadeau. Une dizaine de minutes plus tard, Daphné lui succédera avec Annabel et Nanny. Tout ce petit monde prendra le thé dans la joie et la bonne humeur. Maman sera aux anges. Puis, vers cinq heures moins dix, quand la petite commencera à fatiguer, Nanny l'emmènera, et je ferai mon entrée. Nous passerons alors aux choses sérieuses.

— Tu comptes la prendre au dépourvu ? s'étonna Cecily.

233

— Non, DeLacy l'avertira de ma venue pendant le thé. Elle lui annoncera que j'ai à lui parler. C'est plus correct.

— Et que lui diras-tu ?

— D'abord, que je veux divorcer et que Clarissa me cherche des noises. Elle croira que je suis venu m'épancher et m'assurer son soutien. Felicity n'aime rien tant que se sentir indispensable. Elle adore prodiguer soutien et compassion ; c'est l'un de ses traits les plus prononcés. Du reste, elle se réjouira que nous l'entretenions de nos affaires privées. J'ai ouï dire qu'elle déplorait l'absence de lien entre nous...

— C'est le comble ! persifla DeLacy, le nez dans son menu.

— Ce plan me paraît excellent, Miles, déclara Cecily. Il vaut mieux que la petite ne soit pas là quand le ton montera. Quant à Felicity, tu pourras lui apprendre une grande nouvelle : Diedre doit passer à ma boutique cet après-midi pour constituer son trousseau et choisir sa robe de mariée... ainsi que quelques robes de grossesse. Elle est enceinte ! La naissance est prévue pour fin avril.

Miles et DeLacy en restèrent bouche bée.

— Quel scoop ! lâcha le jeune homme. Le mariage aura donc lieu prochainement ?

— Diedre doit téléphoner au comte ce soir. Tout dépendra de la date de son retour de Zurich.

— DeLacy, as-tu parlé à tante Gwendolyn récemment ?

— Oui, elle m'a informée de la situation de Lavinia. Personnellement, je trouve que son châtiment a assez duré. Elle est très malade...

— Nous sommes d'accord, conclut Miles.

Après le déjeuner, DeLacy fila se changer chez elle, et Miles raccompagna Cecily à sa boutique. Soudain, la jeune femme pila.

— Qu'y a-t-il ? s'alarma son ami.

— N'est-ce pas James Brentwood, le comédien, en train de scruter ma vitrine ?

— Mais si ! s'exclama Miles. Venez, allons nous présenter. Je l'admire beaucoup. Il a une façon de s'approprier les œuvres de Shakespeare...

Le temps qu'ils atteignent la devanture, James Brentwood avait pénétré dans la boutique. Quand ils poussèrent la porte, Dorothy, tout émoustillée, bredouillait à la vedette des mots de bienvenue. Apercevant son associée, elle se détendit un peu.

— Ah, Cecily, te voilà ! Nous avons l'honneur de recevoir M. Brentwood.

Il pivota, et Cecily sentit le souffle lui manquer. L'homme était très beau et sa présence, impressionnante. Il semblait remplir à lui seul tout l'espace du rez-de-chaussée !

— Appelez-moi James, dit-il en leur serrant la main.

— Enchanté de faire votre connaissance, dit Miles. Je vous ai trouvé époustouflant dans *Henry V*, je suis retourné voir la pièce deux fois.

— Merci, c'est l'une de mes préférées. La bataille d'Azincourt, vous savez...

— Que me vaut l'honneur de votre présence chez Cecily Swann Couture ? s'enquit poliment Cecily. En quoi puis-je vous être utile, monsieur ?

— James, j'insiste. Appelez-moi James. Premièrement, je souhaiterais acheter un cadeau pour quelqu'un. Deuxièmement, et c'est en fait la raison principale de ma venue, je cherche Dulcie. Est-elle là ?

Cecily parvint à grand-peine à masquer sa surprise.

— Dulcie ? Elle doit se trouver à l'étage.

— Je vais la chercher, renchérit Dorothy, trop heureuse de fausser compagnie à l'intimidant client.

— Ainsi, vous connaissez ma sœur, remarqua Miles.

Le visage du comédien s'éclaira.

— Je me doutais que vous étiez de sa famille !

— Quel genre de cadeau cherchez-vous ? demanda Cecily, adossée à son grand comptoir art déco.

— Je pensais à un sac à main. C'est pour la femme de mon agent. Son anniversaire approche et elle admire beaucoup vos collections.

— Notre minaudière dorée remporte un certain succès. Elle est fermée par un rabat de métal doré qui évoque une enveloppe. Mais je peux aussi vous proposer une pochette de soie munie de chaînettes en argent...

Un claquement de talons interrompit Ceci : sa jeune assistante dévalait l'escalier à toute allure, au risque de se rompre le cou. Elle faillit trébucher sur la dernière marche, mais se rétablit prestement.

James s'avança et lui prit le bras.

— Vous n'avez rien, ma chère ? dit-il sans réfléchir.

Le terme affectueux lui avait échappé.

Les deux autres échangèrent un regard entendu et, avec un petit sourire, amorcèrent leur retraite :

— J'ai à faire au premier, déclara Cecily. Miles, viens donc m'aider. Dulcie, veux-tu bien assister monsieur dans le choix d'un sac à main ? Merci.

— Que faites-vous ici ? demanda Dulcie dès qu'ils furent seuls. Nous devions nous voir dimanche...

— C'est dans une éternité. Je ne pouvais pas attendre. Vous ne m'en voulez pas ?

Deux fossettes creusèrent les joues de la jeune fille.

— Vous en vouloir ? Vous plaisantez !

James s'assit dans un fauteuil, étira ses longues jambes, les croisa aux chevilles et contempla l'irrésistible Dulcie. Qui n'avait d'yeux que pour lui.

— Trois jours et trois nuits nous séparent de dimanche, poursuivit-elle. Vous avez raison, c'est une éternité...

Elle détaillait son visage. Dans sa tête les questions se

bousculaient. Elle voulait tout savoir de lui, mais n'osait pas l'interroger de crainte de le brusquer.

— Quelque chose ne va pas ? lui demanda-t-il subitement.

— Je regrette seulement que vous vous soyez assis. J'aurais aimé vous enlacer pour m'assurer que je ne rêve pas, que vous êtes bien réel.

— Vos désirs sont des ordres.

Il se leva. Dulcie vint appuyer le front contre son torse et, tout naturellement, il noua les bras autour d'elle et ils restèrent ainsi enlacés un long moment. Ils se comprenaient sans parler.

Dès l'instant où James l'avait aperçue, il avait eu envie de la toucher, et voici qu'il respirait les notes de tubéreuse de son parfum, l'odeur citronnée de ses cheveux. Ces senteurs resteraient à jamais associées pour lui à ce moment divin.

Ils s'attiraient. Physiquement, c'était indéniable, mais pas uniquement. Pour l'heure, l'acteur se contenterait de la tenir enlacée et de savourer ce prélude à l'intimité.

A brûle-pourpoint, Dulcie rejeta la tête en arrière.

— Embrasse-moi, James. J'en ai envie.

Le baiser dura, dura… Enfin, il lui murmura :

— Etait-ce suffisamment réel à ton goût ?

— Plus que tout ce que j'ai vécu jusqu'à ce jour.

Elle poussa un soupir.

— J'ai un aveu à te faire.

— Ah ?

— Je suis revenue au théâtre hier soir. Et je me suis abandonnée à ta vue.

Il sourit.

— Comment m'as-tu trouvé ?

— Merveilleux.

— Tu aurais dû passer me voir dans ma loge…

— Jamais je n'aurais pris la liberté de te déranger. C'était mercredi : tu jouais pour la deuxième fois ce jour-là. Tu devais être éreinté.

Il se tut. Cette jeune femme faisait preuve d'une étonnante sagacité.

— Quel âge as-tu, Dulcie ? lui demanda-t-il finalement.

— Dix-huit ans.

Seigneur ! Si jeune...

— Et toi ? s'enquit-elle comme il ne disait plus rien.

— Trente-trois ans. Je suis bien trop âgé pour toi.

Elle se dégagea un peu et se mordit la lèvre pour réprimer le rire qui montait en elle.

— Mon âge t'amuse, constata-t-il. Je le conçois.

— Mais non ! James. Ma sœur Diedre a ton âge et elle s'apprête à épouser un homme de quarante-huit ans. Hugo a quarante-cinq ans, soit quinze de plus que Daphné. Et elle n'avait que dix-sept ans quand ils se sont mariés.

James fronça les sourcils.

— Quarante-huit ans ? Il ne les paraît pas...

— La jeunesse de sa femme aura déteint sur lui.

— Touché ! plaisanta James, qui commençait de se dérider. Petite polissonne.

— Je n'aime pas les sobriquets. Ma sœur m'appelait « la petite madame », quand j'étais enfant. Mais puisque c'est toi, je fermerai les yeux. Tu es un être à part.

— Mais bien réel, murmura-t-il, taquin.

Elle opina.

Il se rassit.

— Alors, dis-moi : pourquoi les demoiselles Ingham choisissent-elles des hommes plus âgés ?

— Je crois que c'est parce que nous avons été élevées par papa. C'est lui qui a pris soin de nous, même avant la désertion de notre mère. Il nous a profondément influencées. C'était notre repère, la référence suprême en matière d'intégrité et de morale. Il nous a enseigné le bien, le mal, la maturité, le stoïcisme face à l'adversité, mais aussi la compassion, la bonté et l'importance des bonnes manières... Bref ! Nous avons toujours été entourées d'adultes, dès notre plus jeune âge. Et maintenant, reprends-moi dans tes bras, vite. Dorothy ne va pas tarder à redescendre.

James rit malgré lui de tant d'audace.

— Tu es une originale, Dulcie.

Il fit ce qu'elle lui demandait et l'embrassa passionnément. Tout en caressant ses cheveux, il s'aperçut que la sensation de vide qui l'oppressait si souvent s'était enfin volatilisée. Cette divine créature le comblait. Jamais James n'avait éprouvé pour aucune femme ce que celle-ci lui inspirait. Elle possédait le pouvoir de lui briser le cœur. Mieux valait ne pas la laisser filer.

Diedre était entrée à pas feutrés. L'acteur lui tournait le dos, aussi ne le reconnut-elle pas, mais c'était indubitablement sa petite sœur que l'homme serrait dans ses bras. Elle s'éclaircit la voix. Les amoureux se séparèrent et l'inconnu se retourna.

Seigneur ! C'était James Brentwood ! Grand, beau, ténébreux, et planté là, dans la boutique de Ceci, Dulcie pendue à son cou !

— Tiens ! Coucou, Diedre. Je te présente James, mon petit ami.

— Ton petit ami ? répéta Diedre, éberluée.

— Parfaitement, renchérit crânement James pour soutenir sa chérie.

Diedre se ressaisit et lui tendit la main.

— Eh bien... Enchantée. Et bienvenue au sein de cette maison de fous qu'on nomme le clan Ingham.

Coulant vers sa cadette un regard attendri, elle poursuivit :

— Ainsi, tu fréquentes un adonis, et tu comptais le tenir sous le boisseau ?

— Décidément, les demoiselles Ingham ne ressemblent à personne, s'esclaffa James.

— Nous sommes uniques au monde, fanfaronna Dulcie. Diedre, tu veux bien te marier un dimanche ?

— Nous pensions plutôt à un samedi, afin d'embarquer à bord de l'*Aquitania* pour New York dans la foulée… Mais pourquoi cette question ?

— Je veux que James soit présent. Or le samedi, il travaille. Accepte, et je passe l'éponge sur tes mesquineries passées…

— Bien essayé, coquine, mais j'ai déjà acheté ton pardon pour la modique somme de trois mille livres.

James en ouvrait des yeux ronds comme des soucoupes.

— Oh, ne faites pas attention à nous, nous plaisantons ! le rassura Diedre. Nous aimons nous taquiner.

— Je vois ça !

Diedre prit sa sœur par l'épaule.

— J'accepte de me marier un dimanche, puisque tu y tiens tellement. James, vous êtes cordialement invité.

— Merci, je viendrais avec grand plaisir.

— Je monte, annonça Diedre, j'ai un essayage.

— Tu es la meilleure des grandes sœurs ! lui lança Dulcie.

Le cœur de Diedre se gonfla de bonheur à ces mots. Chère Dulcie ! La petite madame et l'acteur le plus en vue d'Angleterre… Qui l'eût cru ?

40

Il était près de quinze heures. James Brentwood n'avait pas le temps de repasser chez lui, mais peu importait. Il se rendrait directement au théâtre, et en profiterait pour se couper du monde et entrer doucement dans la peau de son personnage. Il héla un taxi.

Adossé contre la banquette, il souriait d'un air absent. Il avait passé près de deux heures à la boutique avec Dulcie...

Avec sa joie contagieuse et son charme irrésistible, elle occupait toutes ses pensées. Elle était si vive, si fine ! James raffolait de son langage haut en couleur et de son franc-parler. Et ce n'était pas une de ces jeunes filles de la haute habituées à ce que le monde leur mange dans la main.

Le plus beau, c'était qu'elle se comportait avec lui comme avec un homme ordinaire, sans se laisser troubler par sa renommée. Tant d'autres, par le passé, avaient été éblouies par sa gloire et manqué de naturel en sa compagnie. Mais c'était bien différent cette fois. Dulcie savait qui elle était, d'où elle venait et ce qu'elle valait. La fille d'un comte ! Une femme noble, titrée, au sang bleu ! Mais pas hautaine pour autant, ni guindée, tant s'en fallait. Sa soif de travail ne laissait pas d'émerveiller son amoureux.

James régla la course et enfila l'allée qui menait à l'entrée des artistes. Dans les coulisses, il tomba sur Sid.

— Z'êtes là de bonne heure, m'sieur Jamie, observa l'habilleur.

— J'étais sorti, expliqua James en ôtant son pardessus.

— Vous serez bien ici pour vous détendre. Un thé, ça vous dit ?

— Avec plaisir. Je ne cracherais pas non plus sur un sandwich : je n'ai pas déjeuné.

— Je m'en charge, déclara Sid en se dirigeant vers la porte. Au fait, la d'moiselle est revenue hier soir.

— Pourquoi ne m'en avoir rien dit ?

— J'savais pas. Je viens de l'apprendre.

James plissa les yeux.

— Qui te l'a dit ?

— Doris, l'ouvreuse. On s'entend bien, elle et moi, si vous me comprenez. Elle a reconnu la dame.

— Ne l'appelle pas ainsi, je te prie. Il s'agit de lady Dulcie. Veille à t'en souvenir.

— Parce qu'elle va revenir souvent ? demanda Sid avec une curiosité non dissimulée.

— Je l'espère ! répondit l'acteur, clin d'œil à l'appui.

L'autre s'esclaffa et sortit.

James s'assit à son bureau et tira d'un tiroir son vieil exemplaire de *Henry V* aux pages noircies de notes qu'il aimait à relire pour se détendre.

Sur la coiffeuse, le téléphone sonna.

— Allô, Jamie ? Felix à l'appareil.

— Que se passe-t-il ?

— Helen est souffrante, son frère vient d'appeler pour nous prévenir.

— Oh, non ! Qu'a-t-elle ?

— Un « désagrément féminin », m'a-t-il dit. Elle sera sur pied lundi, mais il va nous falloir nous débrouiller sans elle d'ici là. Je préviens sa doublure. Pauline se défend bien. De toute façon, c'est toi qui portes la pièce.

— Bon. Merci de m'avoir prévenu. Pauvre Helen, c'est

242

vrai qu'elle n'avait pas l'air très en forme ces derniers
temps...

— Elle a l'esprit ailleurs, oui ! Je vais lui parler.

— Ne te montre pas trop dur.

— J'essaierai. Mais dis-moi, Jamie, j'essaie de te joindre
chez toi depuis treize heures ! Je ne pensais pas te trouver
déjà au théâtre... Tout va bien ?

— Mieux que bien ! affirma James. J'ai revu Dulcie.

— Lady Dulcie Ingham ?

— Oui.

— A quel motif ?

— J'en suis amoureux, Felix. Amoureux fou !

— Ne bouge pas. J'arrive tout de suite.

Il raccrocha sans un mot de plus.

Sid refit irruption dans la loge, un plateau à la main.

— Je vous ai pris le sandwich à l'œuf que vous aimez
bien, m'sieur Jamie, celui qui vous rappelle ceux de vot'
maman.

— Merci.

— Qu'est-ce que vous feriez sans moi, pas vrai ? badina
l'habilleur en dépliant une serviette pour son protégé.

— J'ai mes sœurs. Et Constance, lui rappela James.

— Celles-là, faut toujours qu'elles marchent sur mes
plates-bandes ! Allons, faut manger, m'sieur Jamie.

— Felix vient d'appeler : Helen est malade. J'avoue
qu'elle m'inquiète un peu...

— Moi, je parie mon chapeau qu'y a un bonhomme
derrière tout ça... Mais je vous laisse à vot' casse-croûte.
Bon appétit, m'sieur Jamie !

L'acteur lui adressa un petit signe de tête, et Sid disposa.

Tout en mangeant son sandwich, James fut envahi par
la nostalgie. Il se rappelait à peine sa mère, mais elle lui
préparait autrefois des sandwichs à l'œuf, des pommes au
four et d'autres plats frugaux que, depuis, il chérissait. Par-

fois, il lui semblait encore l'entendre chanter. « Mon petit rossignol », l'appelait alors son père. Outre ces quelques bribes, les rares souvenirs que James conservait de ses parents s'étaient étiolés au fil des ans.

Son père, Alfred, était londonien ; sa mère, Jenny, une belle Galloise aux cheveux de jais. Ensemble, ils avaient eu six enfants.

James n'avait pas sept ans quand sa mère était morte. C'était en 1900. Sa sœur Ruby l'avait pris sous son toit, se saignant aux quatre veines pour qu'il ne manquât jamais de rien. Pour son petit Jamie, elle négligeait son propre mari mais, attendri par le sort du petit, il ne s'en était jamais plaint.

Ruby était son roc, son havre. Elle séchait ses larmes, pansait ses plaies. Blonde et belle comme un cœur, elle avait sans doute déterminé ses préférences en matière de femmes ! Surtout, elle s'était battue pour que lui et ses sœurs s'émancipent de leur condition. Ils méritaient de se forger une vie meilleure. Toujours très digne, elle forçait le respect de leurs voisins. « Tiens ! V'là Ruby, disaient-ils en la voyant passer. Fière comme une reine, et tout aussi jolie. Elle trime tout le jour et elle remet ça la nuit, mais elle tient son ménage ! Chez elle, on a le col amidonné et les cheveux bien peignés. Chez elle, on peut se mirer dans les souliers ! Regardez-la, avec ce petit bambin qu'elle élève comme le sien. Quelle allure ! »

Puis, il y avait Dolores, qui lui avait appris à lire et à écrire, le forçant à recopier ses lignes, à lire jusqu'à ce que l'ouvrage lui tombât des mains. Elle ne l'avait pas épargné, ça, non ! Mais c'était pour son bien.

Faye, la cadette, avec sa voix cristalline, ressemblait à leur défunte mère. Elle lui avait transmis son amour du chant et de la poésie. C'était à elle qu'il devait son goût pour les œuvres de Shakespeare. Tout petit, déjà, il en récitait les tirades jusqu'à s'en casser la voix. Et c'était Faye qui la première avait découvert son talent.

La fratrie comptait également deux garçons, David et Owen. Eux lui avaient enseigné la virilité, un art vital quand on grandissait comme eux dans les bas-fonds. Ils lui avaient appris à se battre et à se défendre, à courir vite, à escalader de hauts murs, à faire de la bicyclette et à pêcher le poisson. Ils lui avaient même payé de leur poche une batte de cricket. C'étaient des hommes forts. David travaillait aux docks, comme son père, tandis qu'Owen avait suivi une formation d'ingénieur. Quand la guerre avait éclaté, ils s'étaient enrôlés, mais l'armée n'avait pas voulu d'Owen. David, lui, n'était jamais revenu. Depuis, Owen faisait des étincelles. Les ponts qu'il bâtissait à travers le monde lui valaient distinctions et lauriers en quantité.

Le père de James était mort huit ans auparavant, aussi avait-il pu assister au triomphe de son petit dernier, devenu la coqueluche du West End. Une vedette...

James en était là de ses réminiscences quand la porte s'ouvrit à la volée. Felix débopula dans la loge.

James se leva pour lui serrer la main.

— Tu as fait vite, remarqua-t-il. Ne me dis pas que tu as couru ?

— Non, rassure-toi. Mais ton annonce m'a fait un choc, je ne te le cache pas.

— Et à moi, alors ! s'exclama l'acteur.

Il retourna s'asseoir à sa coiffeuse.

— Ne reste donc pas planté comme un piquet, Felix, assieds-toi. Tu pourras très bien me passer à la question depuis le canapé, tu sais.

— Tu me prends pour un inquisiteur ? dit l'autre avec un petit rire.

— Tout à fait. Et je suis tout disposé à répondre à

tes interrogations. Seulement, il n'y a pas grand-chose à raconter... pour le moment.

Felix le considéra. L'acteur avait adopté sa posture habituelle : un peu avachi, les jambes tendues devant lui et croisées aux chevilles. Pourtant, malgré sa nonchalance, il dégageait une incroyable prestance. James Brentwood avait cette qualité innée, insaisissable, ce petit « plus » qui ne se limitait ni au charisme, ni à la beauté, et qui faisait en partie la recette de son succès. Si, encore adolescent, il avait attiré l'attention de Felix, tenait-ce à son port de tête ? A son pas décidé ? A quinze ans à peine, il avait l'air d'un patricien, et ce trait n'avait fait que se renforcer. Bien que de nature modeste, il semblait persuadé d'aller au-devant d'un brillant avenir. Cette certitude, ses sœurs l'avaient distillée en lui. Ruby, Faye et Dolores n'en avaient jamais douté : le petit Jamie était promis à un grand destin. Mais même elles n'en avaient pas prédit la magnitude. Tous les obstacles avaient cédé devant son inexorable ascension vers la célébrité...

— Pourquoi me dévisages-tu ainsi ? s'étonna le jeune homme.

— Pardon ! J'étais ailleurs.

Felix ne tenait pas à mettre James mal à l'aise en le bombardant de compliments.

— Tu ne te demandes pas ce que Dulcie peut bien me trouver, au moins ?

— Mais non, voyons, qu'est-ce que tu racontes ?

— Quand je pense qu'il y a seulement deux jours que je la connais... C'est étrange. En la découvrant ici même, j'ai eu l'impression de la reconnaître sans l'avoir jamais rencontrée.

— Un vrai coup de foudre.

— Exactement. On s'est regardés, elle et moi, et c'était comme si un pacte tacite se scellait entre nous. Cela s'est reproduit au restaurant, ce sentiment d'être liés l'un à l'autre par quelque mystérieuse et profonde connexion.

— Vous vous êtes déshabillés du regard toute la soirée, oui ! Bon. Et donc, tu l'as revue ?

— Oui. Il le fallait !

— Raconte. Je sens que tu as envie de t'épancher.

— Ma vie vient d'être radicalement bouleversée, Felix. Je suis passé à sa boutique et... nous nous sommes embrassés. Plusieurs fois ! Nous sommes convenus de nous revoir dimanche au Claridge...

Felix haussa un sourcil.

— Au Claridge ? A deux pas de chez toi ?

— Que vas-tu imaginer ? Mes intentions sont honorables ! Il ne s'agit pas d'une aventure sordide.

Felix approuva.

— Pour la première fois, Felix, je suis amoureux. Cette fille, je veux l'épouser.

— Par le passé, tu m'as parlé de « conquêtes » ou d'« amourettes », mais jamais d'amour..., observa Felix.

James n'était pas du genre à parler en l'air.

— Je sais. J'ai rompu avec Allegra Norman l'an dernier parce qu'elle voulait qu'on se marie, ce qui m'était impossible : notre union n'aurait pas duré. Avec Dulcie, c'est différent. Je l'aime. Et je ne la toucherai pas avant que nous ayons échangé nos vœux.

— Alors, c'est que tu as une volonté en acier trempé !

— Dimanche, je lui ferai ma demande.

— Elle acceptera, à n'en pas douter.

— Je le crois. Elle m'aime : je l'ai lu dans ses yeux.

— Bien sûr, qu'elle t'aime ! N'oublie pas qui tu es, James.

— Elle est mon âme sœur, Felix.

Il se tut. Puis, une flamme dans le regard, reprit.

— Son père séjourne actuellement à l'étranger, mais il sera de retour dans deux semaines. J'irai immédiatement le trouver pour lui demander la main de sa fille. Dulcie fera organiser la cérémonie en un rien de temps.

— Quel âge a-t-elle ? Elle me paraît bien innocente...

— Elle a dix-huit ans. Mais elle est très mûre pour son âge, et très débrouillarde. Et aussi spontanée, et très franche ! Et si spirituelle... Elle me fait rire. Elle me fait du bien !

— Ton âge, ton expérience ne l'effraient-ils pas ?

— Nullement. Son beau-frère a quinze ans de plus que Daphné, et Diedre s'apprête à épouser un Américain de quinze ans son aîné, elle aussi.

— Intéressant... Les demoiselles Ingham nourriraient-elles un penchant pour les hommes mûrs ? Ne prends pas mal mes questions, Jamie, je n'ai à cœur que ton bonheur.

— Alors, regarde-moi : je suis extatique ! Je me sens enfin... entier. Tu te rends compte que ma Dulcie connaît le concept de suspension volontaire de l'incrédulité ?

— Cela dénote une grande culture de sa part, reconnut Felix. Elle doit être très érudite. Je n'ai pas pu le constater par moi-même au restaurant, car elle se taisait, absorbée qu'elle était par la contemplation de son idole...

James pouffa.

— Je veux faire les choses bien. Me conduire dignement. C'est pourquoi je dois voir son père. J'espère que...

— Il accédera à ta demande sans hésiter, James. Ne me parle pas de tes origines modestes ! De nos jours, plus personne ne se soucie de questions de classe. Le monde a changé.

— Tout peut basculer en une fraction de seconde. Je suis bien placé pour le savoir...

Sa voix s'éteignit et il s'abîma un instant dans ses pensées. – Il faudra que je parle à mes sœurs, reprit-il finalement.

— Que cela ne te tracasse pas, elles seront ravies ! Elles t'adulent, ne l'oublie pas.

— Tu as raison. Je ne vois pas ce qu'on pourrait objecter à notre union. Je ne vaux pas moins qu'un autre.

— Tu plaisantes ? Tu es une star, James ! Garde cela à l'esprit.

41

La voix de Daphné retentit dans l'entrée. Ouf ! Les renforts arrivaient.

Depuis l'arrivée de DeLacy à Charles Street, Felicity boudait. Sans doute parce que Lawrence était « retenu à Paris » une semaine supplémentaire, ainsi qu'Olive Wilson l'avait glissé à la jeune femme. Même le somptueux bandeau de satin orné de brillants et d'une plume blanche que lui offrit sa fille ne lui tira pas un sourire. DeLacy, qui avait choisi le cadeau avec soin, s'en trouvait peinée.

Mais quand sa petite-fille pénétra dans le salon, tenant sa mère par la main, Felicity s'anima enfin.

— Annabel, déclara Daphné, je te présente ta grand-mère. Allons lui dire bonjour.

L'enfant opina gaiement et courut vers sa grand-mère en chancelant sur ses petites jambes potelées, les bras tendus. L'autre s'accroupit et lui ouvrit les siens. Deux ans qu'elle attendait ce moment ! Serrant sa petite-fille contre son sein, il lui sembla que l'enfant comprenait.

— Gamère ! s'exclama Annabel avec entrain.

DeLacy s'amusa de son défaut de prononciation, et nota le plaisir qu'il procurait à Felicity. Elle en paraissait rajeunie, mieux : depuis qu'elle tenait contre son cœur la fillette bouclée, elle semblait métamorphosée.

Annabel n'était pas son premier petit-enfant. Daphné

avait cinq enfants. Pour une raison mystérieuse, toutefois, Felicity n'avait jamais aimé la jeune Alicia, une fillette pourtant polie et bien élevée. Décidément, quelle femme incompréhensible, songea DeLacy en fixant sa mère.

— Asseyons-nous, ma petite chérie, dit celle-ci à Annabel.

L'enfant se laissa docilement hisser sur le canapé, et Daphné approcha pour embrasser sa mère.

— Annabel est conquise, la flatta-t-elle. La preuve, elle t'a rebaptisée ! D'ailleurs… (Elle recula d'un pas.) Mais oui ! Elle te ressemble. Elle a tes reflets roux et tes yeux verts. C'est rare, pour une Ingham.

Felicity en rosissait d'aise.

— Comme c'est gentil de me rendre visite et d'avoir amené la petite ! gazouilla-t-elle. J'espère que ces retrouvailles signeront notre réconciliation.

— Nous l'espérons aussi. Diedre voulait se joindre à nous, mais elle avait un empêchement.

— Comment va-t-elle ?

— Très bien. Elle s'apprête à épouser un collègue de Hugo, un Américain. Ils se sont rencontrés il y a quelques mois et depuis, ils ne se quittent plus.

— Quelle joie ! Quand aura lieu la noce ?

— La date n'en a pas encore été fixée… Ils viennent juste de se fiancer.

Diedre comptait-elle inviter sa mère à son mariage ? Dans le doute, mieux valait rester vague.

— Maman, intervint DeLacy, Miles est à Londres pour un rendez-vous. Il m'a demandé s'il pouvait nous rejoindre après ; je lui ai dit que tu t'en réjouirais…

Felicity n'hésita qu'une seconde avant de répondre :

— Tu as bien fait.

Le majordome parut dans l'embrasure, deux femmes de chambre à ses côtés.

— Faut-il servir le thé, Madame ?

— Oui, je vous remercie.

Les femmes de chambre poussèrent leurs chariots dans la pièce. Nanny, qui s'était retirée dans le quartier des domestiques, y avait fait ajouter du lait pour la petite.

— Tu sembles pleinement rétablie, dit DeLacy à sa mère une fois les domestiques partis.

— Je le suis. Et toi, ma chère ? Comment vas-tu ?

— De mieux en mieux. Mais il faut du temps pour se remettre d'une séparation. Il me semble être constamment à fleur de peau. Je ravale mes larmes, mais ce n'est pas toujours facile.

— Tu es forte, ma chérie, affirma sa mère. Tu as de qui tenir ! Mon père m'a toujours exhortée au courage et à la ténacité. Il me disait que, dans la vie, les choses finissent toujours par s'arranger d'elles-mêmes. Il suffit de ne pas trop s'appesantir sur ses soucis.

Chacun but et mangea les délicats sandwiches que Felicity avait fait préparer. Daphné et DeLacy entretenaient la conversation et Felicity n'était pas en reste, bien qu'elle ne mentionnât pas une seule fois Dulcie.

— Mon amie Rebecca Gosling m'apprend que Vanessa est fiancée à un certain Richard Bowers.

— C'est exact, confirma DeLacy. Il occupe un poste à hautes responsabilités à Scotland Yard.

— Vraiment ? Comme c'est intéressant ! Et Lavinia souffre d'un cancer, à ce que j'entends ?

Une ombre passa sur les traits de Daphné.

— En effet. Tante Gwendolyn veille sur elle, mais elle ne sort plus beaucoup… D'après son bon ami Mark Stanton, le mal est incurable.

— C'est affreux… Quand je repense à la mort tragique de ma sœur Anne… Quelle horrible maladie.

Cependant, Annabel commençait à s'agiter.

— Gamère, babilla-t-elle. Veux descendre.

Elle tentait de glisser au bas du canapé. Daphné se leva et la rattrapa à temps.

— Je vais chercher Nanny, annonça-t-elle.

— Ne te donne pas cette peine ! Je vais sonner Ratcliffe, il s'en chargera.

— Non, j'insiste. Il faut que je lui parle, de toute façon, objecta Daphné. Je reviens tout de suite.

DeLacy se hâta de faire diversion. Il s'agissait de distraire Felicity le temps que Daphné s'entretienne avec Olive Wilson !

— Tu sais, maman, tu devrais faire un tour à la boutique de Cecily. Ses collections sont à se pâmer ! Nous pourrions y aller ensemble, si tu veux...

— Pourquoi pas ? On m'en a dit en effet le plus grand bien...

Peu après, Daphné fit son retour.

— Je crois qu'il est temps de ramener la petite à la maison, maman : c'est l'heure de sa sieste. Nanny rassemble ses affaires.

En remontant Charles Street, Miles discerna la silhouette de Nanny et la poussette d'Annabel. Le plan se déroulait donc comme prévu. Il était cinq heures moins le quart et, dans quelques instants, il sonnerait chez sa mère pour avoir avec elle une petite conversation. Le ton monterait sûrement, mais, si ses prédictions s'avéraient, il repartirait avec les bijoux dérobés à Cavendon des années auparavant. Pourvu qu'il soit de taille à affronter sa mère... S'armant de courage, il se répéta que Felicity Pierce n'était plus la femme qui l'avait élevée.

En pénétrant dans le salon, il se remémora une dernière fois la marche à suivre et cet impératif : surtout, ne pas braquer sa mère dès le début de l'entretien. Aussi lui adressa-t-il un salut chaleureux.

— Bonjour, maman. Que je suis heureux de te revoir ! Tu es très en beauté.

Il s'assit en face d'elle en souriant avec application.

Sa cordialité balaya les appréhensions de Felicity. Son fils était fidèle au souvenir qu'elle en gardait : affable, galant, charmant. Elle avait toujours eu un faible pour lui, sans doute parce qu'il lui rappelait son propre père, Malcolm Wallace, le capitaine d'industrie.

— Bonjour, Miles ! Que tu es élégant ! observa Daphné.

— Tu trouves ? Merci... Il s'agit d'un vieux costume. Mon tailleur l'a un peu retouché.

— Assez parlé de frivolités, s'impatienta sa mère. Où en êtes-vous, Clarissa et toi ? On dit que vous n'habitez plus ensemble. Un divorce est-il à l'ordre du jour ?

— Hélas ! non. Clarissa s'y oppose et refuse de se laisser amadouer par quelque arrangement que ce soit. Elle ne veut pas divorcer, c'est son dernier mot.

Felicity poussa un long soupir.

— Je ne comprends pas ces femmes qui s'accrochent à des hommes qui ne les aiment pas. C'est dégradant. Bon. J'imagine que tu as cherché des moyens de faire pression sur elle. Si ma mémoire est juste, son père roulait sur l'or.

— En effet.

— Veux-tu que je lui rende visite, Miles ? Que je plaide ta cause auprès d'elle ? Clarissa m'aimait bien, autrefois, peut-être m'écoutera-t-elle.

— C'est gentil à toi, maman, mais ce serait en pure perte. Je la connais : elle ne cédera pas. Mais qui sait ce que l'avenir nous réserve ? Le vent tourne parfois. La vie est imprévisible.

— La mienne l'a certainement été ! renchérit Felicity avec un petit rire.

— En effet. (Il s'inclina vers elle.) Maman, pendant que je suis là, permets que je te pose une question.

Son changement de ton n'échappa pas à Felicity. Elle plissa les yeux.

— Je t'écoute, Miles.

— Prends-tu bien soin de tes bijoux ?

— Quelle drôle de question ! Bien sûr que j'en prends soin.

— Tant mieux. Ainsi, tu retrouveras sans peine les pièces qui m'appartiennent, en tant qu'héritier en titre du domaine des Ingham.

— De quoi parles-tu, Miles ? se récria Felicity d'une voix soudain haut perchée.

— Entendons-nous, maman, je ne t'accuse de rien. Je t'explique simplement qu'en quittant Cavendon, dans ta hâte, tu as emporté par mégarde des bijoux ne t'appartenant pas. Ils sont en réalité la propriété du comte de Mowbray...

— Tous mes bijoux, ton père me les a offerts !

— Pourtant, certaines pièces ont été prises dans les coffres de son manoir. Tu les as longtemps portées, aussi ta méprise n'a-t-elle rien d'étonnant, mais elles ne t'appartiennent pas.

Felicity déglutit. Jamais elle n'aurait cru qu'on découvrirait son larcin. Charles était si distrait ! Miles, en revanche, avait un œil de lynx et un caractère intraitable.

Elle soutint crânement son regard, prête à lui débiter n'importe quel mensonge. Mais, face à son expression de mépris, elle s'en trouva incapable. Si Charles s'était montré mou, faible, aisément manipulable, Felicity comprit que jamais elle ne sortirait victorieuse d'un combat contre Miles. Muette, elle se ratatina sur son canapé.

Miles lui tendit un document.

— Voici la liste des pièces appartenant au comte de Mowbray. Puisse-t-elle te rafraîchir la mémoire.

Tandis qu'elle constatait que rien n'avait été oublié sur la liste, il avait repris la parole.

— Pardon ? bredouilla-t-elle. Je n'ai pas entendu.

— Je disais : je suis passé chez nos avocats pour faire rédiger un courrier officiel exigeant la restitution de toutes les pièces figurant sur la présente liste. J'ai ce courrier sur moi, et je t'invite à coopérer. Vois-tu, maman, il ne s'agit pas d'un simple bout de papier, mais d'un document à la valeur légale indisputable. Si tu refuses d'obtempérer, nous te ferons parvenir une mise en demeure, et l'affaire pourrait être traduite devant les tribunaux.

Il lui remit le courrier en question.

— Pour l'amour du ciel, Miles, je suis ta mère ! Comment oses-tu me parler sur ce ton ? Tu m'accuses de...

— Miles ne t'accuse de rien, maman, observa Daphné. Il t'a poliment demandé de lui rendre des bijoux empruntés par erreur, voilà tout.

— Olive Wilson pourrait t'y aider, suggéra Miles. C'est ta femme de chambre, elle doit savoir ce qu'il en est.

A ce signal, DeLacy se leva.

— Je descends la chercher, déclara-t-elle comme convenu.

Felicity scruta ses enfants tour à tour, et le jour se fit dans son esprit. Ces retrouvailles avaient été orchestrées spécialement pour l'occasion, avec la petite Annabel comme appât. Et voici qu'ils se liguaient contre elle et la menaçaient sous son propre toit de lui prendre ses chers bijoux ! Sa seule joie, son unique plaisir ! Son mari ne lui en procurait plus aucun, lui qui passait son temps à forniquer avec tout ce qui portait jupon. Il s'amusait à Paris avec une cocotte, elle en aurait mis sa main à couper. La jalousie la prit à la gorge comme une montée de bile. Lawrence, dispensant ses faveurs à une autre, lui qui la négligeait, elle, sa légitime épouse ! Puis, à son retour, il courait retrouver Helen Malone, sa traînée d'actrice... Ah ! Le fumier !

N'y tenant plus, elle jaillit de son siège, mais déjà DeLacy revenait, flanquée de la nourrice.

— Eh bien, montons, cracha Felicity. Je finirai par les coincer...

Miles fronça les sourcils, désarçonné par cette phrase énigmatique.

— Daphné, DeLacy, accompagnez-la, ordonna-t-il.

Olive Wilson allait les imiter, quand le jeune homme l'interrogea.

— Qu'a-t-elle voulu dire par là ? Coincer qui ?

— Oh ! N'y prêtez pas attention. Mme Pierce utilise souvent un mot pour un autre, ces derniers temps. Elle voulait sûrement dire « les retrouver ».

— Ah ? Bien. Montez, vous aussi. Mes sœurs vont avoir besoin de votre aide.

Avachie dans le fauteuil de sa chambre à coucher, mutique, Felicity suivait du coin de l'œil les faits et gestes de ses enfants. DeLacy puisait dans son coffre-fort les bourses de velours renfermant ses trésors et les ouvrait les unes après les autres. Miles et Daphné en passaient en revue le contenu, leur liste à l'appui.

— Le compte est bon, annonça enfin Miles. Eric attend en bas au volant de la Rolls, en compagnie de Hartley et Harry. DeLacy, tu peux les prévenir que nous sommes prêts. Qu'ils apportent les valises : nous allons charger la malle. Nous les entreposerons à Grosvenor Square en attendant de les remettre à leur place légitime : Cavendon Hall.

42

DeLacy connaissait comme sa poche les meilleurs clubs et restaurants de la capitale ; Simon, son dandy d'ex-mari, avait toujours aimé la fête et le faste. Avant leur divorce, il insistait pour sortir tous les soirs dans les établissements les plus en vue afin de se montrer et d'exhiber sa belle épouse. Il la parait au préalable de montagnes de joyaux puis se pavanait à son bras, fier comme Artaban. Il affectionnait par-dessus tout le Gargoyle Club, sur Dean Street, un repaire d'artistes et d'aristocrates fondé en 1925 par un noble de ses amis, un certain David Tennant. Un luxe ostentatoire habillait les lieux ; Matisse lui-même avait décoré certaines salles. Le Gargoyle se targuait en outre de posséder son propre orchestre. On ne pouvait y consommer de l'alcool que si l'on commandait à manger, aussi les tables se couvraient-elles de plats qui restaient intouchés, la clientèle ayant le plus souvent dîné avant de venir.

DeLacy lui préférait le Kit Cat. Elle vouait une passion à la danse, et ce club employait les services de musiciens noirs d'Amérique qui enchaînaient les airs de jazz endiablés. La jeune femme en raffolait : elle maîtrisait le charleston, le black-bottom, le fox-trot, le tango... Simon ne mettait jamais les pieds au Kit Cat : raison de plus pour apprécier l'adresse.

Après un dîner festif à Grosvenor Square, Miles proposa une sortie collective pour célébrer le succès de leur opération : les bijoux reposaient en sécurité dans le coffre de la demeure.

— Allons, payons-nous un peu de bon temps, argua-t-il comme les femmes hésitaient. Nous travaillons sans relâche, Cavendon nous donne du souci… Nous méritons une petite pause, ne trouvez-vous pas ?

— Miles a raison : ne jouons pas les rabat-joie, renchérit Cecily. Sortir nous fera le plus grand bien à tous.

Diedre déclina : elle ne se sentait pas bien. Paul la raccompagna.

Dulcie non plus ne voulut rien entendre ; elle prétendit vouloir dresser les plans de sa galerie d'art mais, en vérité, elle brûlait de se retrouver seule pour penser à James tout son soûl. Il l'avait priée de le rejoindre après la représentation du lendemain pour l'emmener dîner au Savoy. « Je vous tiendrai tout contre moi sur la piste de danse », avait-il susurré. Dulcie en bouillait d'impatience.

Miles se renfrogna, déçu. Hugo décida d'y mettre du sien.

— Daphné et moi sommes de la partie, déclara-t-il. Il y a trop longtemps que nous n'avons plus dansé ensemble.

— En ce cas, demandons l'avis de notre experte en la matière : où aller, DeLacy ?

— Au Kit Cat ! Mais dépêchons-nous : passé onze heures, l'endroit est bondé.

Déjà, elle s'engageait dans le vestibule.

— Eh bien, vous venez ?

Lady DeLacy et ses amis furent accueillis avec force courbettes et aussitôt conduits à la meilleure table. Ils s'installèrent dans le décor somptueux baigné d'une lumière tamisée, où flottaient des nappes de fumée, parmi une foule élégante et enjouée. Les musiciens jouaient comme si leur vie en dépendait et l'ambiance était électrique.

Ils étaient arrivés au bon moment. Une demi-heure plus tard, la piste s'était remplie d'une foule de superbes jeunes femmes en robe courte, cheveux coupés à la garçonne, entraînant dans leurs déhanchements de beaux messieurs, cigarette aux lèvres, verre à la main.

On commanda des amuse-bouches, du saumon fumé, du caviar et du champagne. Miles porta un toast.

— Mesdames, je bois à votre admirable performance de tout à l'heure.

— Dieu merci, tout s'est déroulé sans encombre, murmura Hugo. Seule contre tous, que pouvait faire Felicity ? Du reste, on raconte qu'elle a perdu de sa vivacité d'esprit...

— Il lui arrive de s'agiter quand Lawrence Pierce est absent, expliqua DeLacy. Olive la dit très possessive.

— Quoi qu'il en soit, nous avons accompli notre mission, tout en évitant l'esclandre, conclut Daphné. Papa sera si soulagé ! D'ailleurs, quand rentre-t-il ? Dans deux semaines, c'est bien ça ? Il doit encore accorder à Paul la main de Diedre...

Miles invita Cecily à danser.

— Vas-tu chercher à vendre les bijoux ? l'interrogea la jeune femme quand ils se tinrent sur la piste, joue contre joue. Si oui, il va te falloir trouver acquéreur.

— Que veux-tu dire ? demanda Miles, surpris par la question.

— Seulement qu'un objet n'a de valeur que celle qu'on veut bien lui donner, murmura Cecily.

— Quelle sinistre pensée ! Toute ma belle humeur s'envole en fumée !

Il s'exprimait d'un ton léger, mais les propos de son amie l'emplissaient d'inquiétude.

— Soyons réalistes, Miles. Quand ton père reviendra, j'ai l'intention de lui conseiller de céder certaines des pièces récupérées aujourd'hui. Dulcie pourrait les proposer à la vente dans sa galerie. Un bijou qui croupit au fond d'une cave n'est d'aucune utilité...

— Vendre, vendre, tu n'as que ce mot à la bouche !

— C'est que le monde a soif d'acheter ! L'argent coule à flots et chacun cherche à accumuler les biens : téléphones, automobiles... Les femmes, en particulier, consomment beaucoup depuis quelques années, comme je le constate chaque jour à la boutique. Nous sommes en plein boom, Miles...

— Et il s'agirait d'en profiter. Je vois. Il est vrai que nous ne manquons pas de joyaux. Je parlerai à papa. Toi, sonde Charlotte sur le sujet. Tu sais quelle influence elle a sur lui.

— En effet. Mais pour l'heure, oublions ces contingences et amusons-nous. Miles Ingham, je t'aime de tout mon cœur.

— Moi aussi, Cecily Swann, mon adorable petit génie.

Hugo et Daphné se frayaient un chemin entre les couples.

— Vous avez laissé DeLacy seule ? s'inquiéta Miles. Vous savez qu'elle se sent vite abandonnée... Ceci, retournons lui tenir compagnie.

— Elle est entre de bonnes mains, le rassura sa sœur. Le beau Travers Merton nous a rejoints. Vous savez, le peintre ! Il voulait lui parler seul à seule, et nous voilà !

— Travers Merton ? Pas possible !

— DeLacy est une grande fille, lui chuchota Cecily. Elle se débrouillera très bien toute seule. Dansons encore un peu.

DeLacy n'en revenait pas. L'inconnu qui venait de lui demander s'il avait l'honneur de parler à lady DeLacy Ingham n'était autre que Travers Merton, le fameux peintre qui devait réaliser son portrait !

— Pierce m'avait dit que vous étiez belle, je vois qu'il n'avait pas exagéré, lui disait-il à présent. Vous êtes sidérante de beauté, mademoiselle. Je n'ai encore jamais eu l'honneur de peindre plus éblouissant sujet. Je vous remercie par avance de me servir de modèle ; j'espère que je serai à même de rendre justice à vos grâces.

DeLacy rougit sous cet assaut flatteur. Sans compter que ce M. Merton, au-delà de ses manières, jouissait d'un physique très avantageux, avec son air ténébreux et son port altier. On était loin du barbon qu'elle s'était figuré ! Voilà qu'elle tombait sous son charme...

Mais elle reprit ses esprits.

— C'est moi qui suis honorée, monsieur.

— J'aimerais commencer les séances dès demain. Seriez-vous libre, par hasard ?

— L'après-midi, oui.

— Vraiment ? C'est merveilleux ! Pouvez-vous venir à mon atelier à seize heures ? La lumière sera idéale pour exécuter le croquis initial.

— Très bien, répondit DeLacy, qu'une vague de chaleur inexplicable envahissait.

— Buvons à notre collaboration, dit Travers en levant son verre. Nous allons bien nous amuser, vous verrez.

Pour toute réponse, DeLacy lui décocha un sourire.

Travers le lui rendit. Cette femme, il allait la posséder. Il la trouvait terriblement excitante. Pas étonnant que Lawrence Pierce veuille se la réserver. Oh, il s'en défendait, bien sûr, mais Travers savait à qui il avait affaire ! Il avait tout pris à Felicity : son amour, son désir, son argent, sa tranquillité d'esprit... Restait à lui prendre sa fille. Ce serait son plus beau trophée. Le chirurgien souffrait à l'évidence de donjuanisme, c'était un coureur de jupons de la pire espèce. Mais Merton se défendait aussi en la matière, et la belle serait incapable de repousser ses avances.

— Vous êtes bien silencieux, observa DeLacy en dardant sur lui un regard intrigué.

— Je pensais à votre portrait. Qu'avez-vous prévu de porter pour les séances de pose ? Y avez-vous réfléchi ?

— Je... Vous allez me représenter en buste, c'est bien cela ?

— Tout à fait, répondit-il en la détaillant sans vergogne. Vous avez un cou ravissant et vos épaules ont la blancheur du marbre.

Il porta sa coupe à ses lèvres, ménageant ses effets.

— Auriez-vous une robe décolletée, à même de les mettre en valeur ? poursuivit-il. Banche, de préférence. J'entrevois quelque chose de... virginal. Voilà qui siérait à votre beauté.

— Je dois pouvoir trouver cela, gazouilla DeLacy.

— Et ce week-end, serez-vous libre ? J'aime avancer rapidement une fois le travail entamé.

A cet instant, DeLacy aperçut Clarissa. La femme de Miles franchissait le seuil du club au bras d'un bel inconnu. Une élégante robe citron épousait ses jolies courbes, et sa coiffure, irréprochable, la rajeunissait. Miles disait pourtant qu'elle se laissait aller. Quelle transformation s'était donc opérée ?

Travers se racla doucement la gorge.

— Pardon ! fit DeLacy. Oui, je suis libre samedi, et dimanche également. Je sais que Lawrence désire offrir la toile à ma mère pour Noël et que le temps presse.

— Ne vous inquiétez pas, je la lui livrerai à temps.

« Mais vous, je vous garderai pour moi, songea-t-il. Je vous préserverai de lui... en vous faisant mienne. »

Travers Merton ignorait encore que DeLacy devait devenir le plus grand amour de sa vie. Et qu'elle finirait par la lui coûter.

43

Dans le bureau londonien de Hugo, Paul Drummond consultait les plans de son dîner de noces. Seuls seraient conviés quelques amis, ainsi bien sûr que la famille : la réception serait intime.

On était le 30 septembre. Dans très exactement dix jours, Diedre deviendrait sa femme.

Charles et son épouse avaient hâté leur retour, pour la plus grande joie de la future mariée. Quant à Paul, il se réjouissait particulièrement de la présence de son frère Timothy, arrivé à Londres depuis quelques jours ; il séjournait au Ritz avec sa femme et leurs trois enfants et serait son témoin.

Cérémonie modeste ou non, Diedre n'entendait pas déroger au protocole. Elle aurait pour demoiselles d'honneur Dulcie, DeLacy et Gwynneth, la fille aînée de Tim. Toutes seraient habillées par Cecily, qui avait également dessiné sa robe de mariée. James Brentwood, Miles, Hugo et Harry Swann formeraient la haie d'honneur à l'entrée de l'église.

Quelques jours après la cérémonie, les jeunes époux embarqueraient sur l'*Aquitania*, direction New York. Là, ils emménageraient dans le triplex de Paul à Manhattan. Sa mère le lui avait cédé deux ans auparavant, le trouvant trop grand pour elle et peu commode. Paul disposait donc d'une spacieuse résidence principale à offrir à sa jeune épouse, en plus du manoir dans le Connecticut légué par son père.

Le téléphone sonna.

— Paul Drummond, j'écoute.

— C'est Tim, annonça son frère.

— Tiens ! Quelle bonne surprise.

Paul consulta l'horloge : il était midi.

— Veux-tu que nous déjeunions ensemble ? s'enquit-il.

— Oui, mais je voudrais passer à ton bureau d'abord, si cela ne te dérange pas. Dis à Hugo de se joindre à nous.

— J'ignore s'il est disponible, je vais le lui demander…

— Qu'il se libère. C'est urgent. Je quitte mon hôtel à l'instant, je serai là dans un quart d'heure.

Sur ce, il raccrocha.

Qu'avait-il bien pu se produire ? Saisi d'une angoisse, Paul se leva d'un bon, alla frapper à la porte de Hugo et entra sans attendre d'y avoir été invité.

Hugo parlait au téléphone et l'interrogea du regard.

— Il est arrivé quelque chose, lui chuchota Paul. Tim est en route.

Hugo prit congé et raccrocha, un pli barrait son front.

— Ton frère ne t'a pas dit de quoi il retournait ? demanda-t-il.

— Non. Mais je le connais par cœur. C'est grave.

— J'ai reçu hier soir un appel d'Allan Carlton, mon vice-président à la banque, annonça Tim. Allan est un type brillant, et il a le bras long. Il est toujours le premier au courant de tout à Wall Street.

— Une source fiable, en d'autres termes, approuva Hugo.

— Mieux que fiable. Il vérifie minutieusement la véracité de toutes ses informations avant de me les transmettre. Et, à ce jour, il ne s'est encore jamais trompé.

265

— Alors ? Que t'a-t-il appris ? le pressa Paul, de plus en plus inquiet.

— La compagnie Transatlantic est dans le rouge. Elle devrait mettre la clé sous la porte prochainement.

— Seigneur, murmura Hugo, livide.

Paul avait blêmi, lui aussi, et c'est d'une voix tremblante qu'il murmura :

— Quand ?

— Allan n'en sait rien, mais selon lui, c'est pour ce mois-ci. Al Birkin, le président de la compagnie, a peut-être un dernier atout à placer : un magnat allemand qui serait disposé à racheter la Transatlantic... Mais l'opération se fera-t-elle ? Mystère.

— Va-t-on racheter nos parts ? bredouilla Hugo.

— Avec quoi ? La Transatlantic est sur la paille !

— Nous avons investi vingt millions..., articula Paul à grand-peine. Si la compagnie fait faillite, nous perdrons tout !

— Pas « si », Paul, mais quand. Car elle fera faillite. Tu peux d'ores et déjà considérer cet argent comme perdu, affirma Tim d'un ton sans réplique.

Hugo se laissa tomber dans un fauteuil, exsangue. Il semblait sur le point de tourner de l'œil.

— Paul, tu as de quoi amortir la perte. Tu n'es pas ruiné. Mais vous, Hugo ?

— Je... Je dois pouvoir revendre d'autres investissements. Mais Cavendon avait avancé la moitié de la somme. Le domaine ne se relèvera pas d'une telle perte. L'investissement devait couvrir les taxes et droits de succession pour des générations...

Hugo ne put poursuivre.

L'atmosphère se fit pesante, voire funeste. Chacun dans son coin s'abîmait dans ses tristes pensées, tâchant d'assimiler l'étendue de la catastrophe.

Soudain, Paul s'exclama :

— Je ne peux pas laisser Cavendon encourir ce désastre. C'est moi qui ai réalisé l'investissement au nom du domaine. Je dois restituer la somme, ou je ne me le pardonnerai jamais. Je vais vendre de l'immobilier.

— Bien, fit Tim. Mais quoi, précisément ?

— Mon pied-à-terre londonien. Quand nous rentrerons de New York, nous emménagerons chez Diedre. Il y a le manoir du Connecticut et ses hectares de terrain, sa piscine, ses courts de tennis… Je possède aussi quelques usines dans le Meatpacking District. En les vendant, nous devrions rentrer dans nos fonds.

— N'oublie pas qu'il faut du temps pour réaliser de telles opérations, lui souffla son frère.

— Que ta banque me fasse un prêt ! Il me faut dix mille dollars, Tim. Je les rembourserai avec les intérêts.

— Je devrais pouvoir convaincre mon conseil d'administration.

Tim se leva et s'avança pour serrer la main de son frère.

— Marché conclu.

— Merci, Tim. Je te dois une fière chandelle. Je procéderai aussi vite que possible. La presse ne va pas tarder à avoir vent de la situation ; bientôt, les journaux ne parleront plus que de ça. Or il ne faut pas alarmer Charles, ni Diedre. Nous nous marions dans dix jours ; l'humeur doit être à la fête et non à l'accablement.

— L'affaire sera réglée d'ici là, j'y veillerai, s'engagea Tim.

Hugo, malade d'inquiétude, trouva à peine la force de remercier Paul.

— Je te suis infiniment reconnaissant. Mon père partagera mon sentiment lorsqu'il apprendra ton sacrifice.

— En attendant, nous pouvons compter sur Tim pour agir vite et avec discrétion.

Enfin seul dans son bureau, Hugo ressassait les rebondissements de la matinée. Paul avait fait preuve envers lui et les siens d'une loyauté sans faille. Quelle chance que Timothy se fût trouvé à Londres pour les tirer d'embarras ! Parviendrait-il à convaincre ses associés ? Les banques rechignaient souvent à avancer des sommes aussi importantes. Et si la Drummond-Manhattan leur refusait le prêt ? Cavendon fermerait ses portes. Peut-être pas cette année, ni la suivante, si l'on puisait dans les fonds d'urgence, mais ils s'épuiseraient en un rien de temps, et alors, c'en serait fini du domaine des Ingham.

Le cœur lourd, Hugo reprit le chemin de la maison. Comment diable allait-il annoncer la chose à Daphné ? Il adressa à Dieu une prière muette.

TROISIÈME PARTIE

Les championnes de Cavendon
Janvier-juin 1927

Tout amant est soldat et Cupidon a son camp.

Ovide

Douce est la vengeance – surtout pour les femmes.

Lord Byron

44

Assis à son bureau, dans la bibliothèque de Cavendon Hall, Charles Ingham, sixième comte de Mowbray, feuilletait une liasse de documents. Il venait de recevoir un télégramme qui le comblait de joie et lui procurait un inégalable soulagement : pour la première fois depuis près de six ans, les finances du domaine étaient stabilisées. En récupérant les dix millions de dollars placés pour Cavendon dans la Transatlantic, Paul et Hugo avaient réussi rien moins qu'un tour de force, et le comte leur en serait éternellement reconnaissant. Une partie de la somme serait mise de côté pour faire face aux prélèvements de l'Etat et assurer l'entretien du domaine. Le reste, il s'agissait de l'investir de façon judicieuse dans un portefeuille équilibré de sociétés anglaises ; Hugo et Paul étudiaient actuellement la question. De nos jours, on ne pouvait pas se permettre de laisser dormir l'argent, il fallait le faire fructifier, sans jamais prendre pour autant de risques inconsidérés.

Le pire avait été évité, mais de justesse. Le manoir nécessitait de nombreuses réparations, surtout dans l'aile nord : il fallait d'urgence en réviser la toiture et remplacer bon nombre de fenêtres. Au rez-de-chaussée, de nouveaux sols ne seraient pas du luxe, surtout dans la salle à manger et dans la bibliothèque...

On frappa à la porte.

— Entrez.

Le visage de Hanson se profila dans l'embrasure.

— Un mot, Monsieur ?

— De quoi s'agit-il ?

Le majordome s'avança, son expression trahissant une certaine contrariété.

— Quelque chose ne va pas, Hanson ?

— Monsieur, on déplore un dégât des eaux dans l'aile ouest.

— Bon sang ! C'est là que je comptais loger nos hôtes. Où se trouve la fuite ? Dans une chambre ?

— Dans la suite Wedgwood, Monsieur.

— De mieux en mieux ! J'espère que le plafond n'est pas touché : c'est un chef-d'œuvre de charpenterie. Et les meubles… seigneur !

— Mme Thwaites a fait le nécessaire pour les protéger, Monsieur ; c'est elle qui a découvert le problème en allant préparer la chambre ce matin. Plusieurs tuyaux ont éclaté. Ted Swann est sur place ; selon lui, quelques jours de travail seront nécessaires et, entre-temps, je crains que la suite ne soit inutilisable.

— Qu'importe, ce ne sont pas les chambres qui manquent.

— J'ai pris la liberté de faire préparer la chambre aux dorures et la chambre abricot, Monsieur, de même que la suite vénitienne qu'affectionnait feu la comtesse Florence, votre grand-mère.

— Et la suite chinoise dans l'aile sud ?

— Lady Daphné ne verra-t-elle pas d'inconvénient à héberger des invités dans son aile, Monsieur ?

— Nous lui poserons la question, Hanson. Mais il n'y a pas lieu de s'affoler : nous nous arrangerons.

— Oui, Monsieur. Une fois les festivités achevées, je propose de charger Ted Swann et son équipe d'inspecter toute la tuyauterie du manoir. L'hiver a été rude, or la neige et le gel endommagent fréquemment la plomberie.

— Vous avez raison, Hanson. Comme toujours.

Le majordome se retira alors que Charlotte pénétrait dans la bibliothèque. Charlotte, sa femme, comtesse de Mowbray. Charles ne cesserait sans doute jamais de s'en émerveiller. Il se leva et vint à sa rencontre.

— Tu as le nez froid, remarqua-t-il en l'embrassant.

— Chez les chiens, c'est signe de bonne santé.

— Mon adorable petit chiot !

Il la mena devant l'âtre.

— Merci, cette chaleur est la bienvenue, lui dit-elle. Il fait froid dehors...

— Où étais-tu, ma chère ? Je t'ai cherchée en vain.

— Je rendais visite à lady Gwendolyn.

— T'a-t-elle parlé de son grand geste ?

— Quel geste ?

— Elle m'a signé un chèque de cinq mille livres. J'ai d'abord refusé, tu penses bien, mais elle ne voulait rien entendre. J'ai fini par l'accepter afin de ne pas la blesser.

— Mais pourquoi te faire don d'une telle somme ?

— C'est sa contribution aux frais du mariage de Dulcie. Elle prétend que, puisque je suis son héritier, il ne s'agit au fond que d'une avance...

— Lady Gwendolyn est unique, décidément ! s'amusa Charlotte. D'ailleurs, elle m'a demandé de l'appeler « ma tante ».

— J'approuve sa décision.

— En tous les cas, sa générosité tombe à pic : j'ai dû embaucher quinze villageoises en renfort pour l'occasion, or ces femmes attendent un salaire.

— Quinze ! s'exclama Charles, effaré. Mais pourquoi diable ?

— Pour s'occuper de nos invités. Par ce temps, il va falloir du monde pour installer un vestiaire, adapter le petit salon aux conditions climatiques actuelles, prêter main-forte à notre cuisinière, dont la charge de travail risque de doubler...

— Je vois. Tu as fait preuve de clairvoyance, je t'en félicite.

— J'ai loué les services d'un traiteur pour les dîners de fête – à mes frais, cela va sans dire.

— Comment ! Mais je ne te laisserai pas...

— C'est fait, Charlie, le coupa-t-elle. Ce sera mon cadeau de mariage.

Il soupira.

— Tu es une tête de mule.

— Allons, embrasse-moi. (Elle gloussa.) Plus besoin de nous cacher, maintenant que je suis ton épouse légitime !

Il lui sourit. Elle trouvait toujours grâce à ses yeux, quoi qu'elle fît. Il ne s'était fâché après elle qu'une seule fois, un jour qu'enfant, elle s'était montrée trop autoritaire envers lui !

On toqua à la porte. C'était Daphné.

— Vous êtes là ! Tant mieux, Hugo vient de recevoir un appel de Mark et... (Ses yeux s'embuèrent.) Tante Lavinia ne sera pas des nôtres demain. Son état de santé s'est détérioré.

Elle se laissa tomber sur le canapé. Charlotte vint s'asseoir à ses côtés et noua un bras aimant autour de ses épaules. Charles, pour sa part, demeura un moment sonné par la nouvelle. Il croyait sa sœur en rémission ! Un terrible sentiment d'impuissance s'abattit sur lui. Lavinia ne survivrait pas, il en avait l'affreux pressentiment. Lentement, il s'installa dans un fauteuil, consumé par l'inquiétude, la peine et les regrets.

Hugo ne tarda pas à les rejoindre.

— Mark vous présente ses excuses, dit-il à Charles. Le chagrin l'égare ; il n'était pas à même de vous parler. Il me prie de vous dire qu'il restera au chevet de Lavinia ces prochains jours.

— Je comprends. Je l'appellerai plus tard. Peut-être Lavinia aura-t-elle la force de me parler au téléphone, elle aussi...

— Nous avons été si cruels ! se désola Daphné. Je comptais sur ce week-end pour me racheter aux yeux de ma tante, lui prouver notre amour...

— Je regrette d'avoir été la cause de sa mise à l'écart, murmura Charlotte. Ses propos m'indifféraient, vous savez. Elle aurait fini par s'accoutumer à moi.

— Et Vanessa ? s'enquit Charles. Elle vient toujours ?

— Oui, répondit son épouse. Elle arrive demain avec Richard.

— Quel dommage que Diedre ne soit pas de la fête ! dit encore Daphné. Mais elle doit garder le lit, son médecin lui a interdit le voyage : il nous faudra nous passer de sa compagnie.

— Je suis sûre que l'enfant ne court aucun danger, l'assura Charlotte.

Daphné se hâta de changer de sujet :

— Papa, j'allais oublier, Olive s'est montrée très touchée de tes remerciements pour sa participation dans l'affaire des bijoux.

— Nous lui devons beaucoup. Elle est entrée à notre service, à ce que j'ai compris ?

— Oui, et elle donne entière satisfaction. Pour revenir aux bijoux, Miles prétend qu'ils sont souillés et que nous devrions les vendre aux enchères.

Pris de court, Charles se braqua.

— Il n'est pas question que nous vendions quoi que ce soit ! Nos finances se portent bien, que je sache ! Alors, évitons toute action impulsive. C'est mon dernier mot.

45

Travers Merton admira une fois de plus les toiles de maître qui ornaient les murs du palier, du grand escalier et du vaste hall de Cavendon. Il gagna la sortie sans croiser âme qui vive. Là, il enfila écharpe et pardessus, et s'apprêtait à ouvrir la porte quand, du coin de l'œil, il aperçut Hanson. Changeant de cap, il s'élança à sa suite vers la salle à manger.

— Monsieur Hanson ! Un mot, je vous prie.

Hanson pivota.

— Oui, Monsieur ? En quoi puis-je vous être utile ?

— Pensez-vous que je puisse me rendre à l'église ? J'aimerais me recueillir, mais je ne voudrais pas déranger les préparatifs.

— Monsieur fait allusion à la chapelle du domaine ?

— Oui, celle qui est perchée sur la colline derrière les écuries.

— Elle est vide, Monsieur. Le mariage se tiendra dans l'église du village, plus spacieuse. Les invités seront nombreux, notamment du côté de M. Brentwood.

— Ah ! Parfait. Merci.

— Je vous en prie. J'ai connu votre grand-père, Monsieur. Lord Noyers venait chasser le tétra avec les Fusils. C'était un homme admirable.

— Il aimait beaucoup la région et s'entendait bien avec

M. David Ingham, en effet. Hélas ! il n'est plus de ce monde. Ma grand-mère et lui nous ont quittés à quelques semaines d'intervalle voilà de cela sept ans.

— J'en suis navré, Monsieur.

— Moi de même. Ils m'ont élevé, vous savez. J'étais enfant unique… Bref, je vous remercie, je me rends de ce pas à la chapelle. Au fait, savez-vous où je puis trouver lady DeLacy ? Je l'ai cherchée en vain après le petit déjeuner.

— Je l'ignore, Monsieur.

— Elle sera sortie se promener, sans doute. Peut-être la croiserai-je. Merci encore, Hanson.

— Je vous en prie, Monsieur. Faites bien attention au verglas.

Par cette froide matinée de janvier, un épais manteau blanc recouvrait le domaine. La neige avait enseveli les champs et les prés, qui scintillaient sous le soleil. Pas même une branche nue n'interrompait cette monochromie. Le paysage eût résisté à toute tentative de croquis !

Travers se lança à l'assaut de la colline. Quand il poussa le vieux battant de chêne, il s'étonna de la chaleur qui régnait à l'intérieur de la petite chapelle. Puis il avisa les poêles à paraffine qui s'alignaient contre les murs. De timides rayons perçaient les vitraux aux teintes chatoyantes.

Travers s'assit sur un banc. Des fleurs ornaient l'autel. La chapelle était bien entretenue, décidément. Les Ingham connaissaient leur affaire.

Lui-même avait grandi dans une belle demeure, quoique sans comparaison avec Cavendon. Une bâtisse de style Tudor située près de Cirencester, dans le Gloucestershire. Compton Noyers, tel était son nom. Le peintre en avait hérité à la mort de ses grands-parents. Il n'y résidait pas, mais une gouvernante et un majordome y avaient leurs quartiers et se tenaient prêts à l'accueillir quand l'envie lui en prenait. Il avait promis à son grand-père d'y élever un jour ses propres enfants.

Un frémissement agita ses lèvres. Peut-être allait-il enfin tenir cette promesse. Car, contre toute attente, la femme dont il avait prévu de faire sa maîtresse lui avait tourné la tête et volé le cœur. Il en était amoureux fou.

Superbe DeLacy ! Tendre, aimante créature ! Avant de faire sa connaissance, il croyait que de telles femmes n'existaient que dans les rêves. Pourtant, sa bien-aimée était réelle. Avec ses cheveux d'or, ses yeux clairs comme un ciel d'été, son teint de rose, ses traits finement ciselés, sa beauté était sans pareille. Très vite, le peintre avait compris qu'elle n'était pas de celles dont on se sert pour les rejeter ensuite à la mer. Non : il avait envie de protéger DeLacy et de la garder à jamais auprès de lui.

Or l'incroyable s'était produit. La belle avait fini par lui rendre ses sentiments.

Cela n'avait pas été chose aisée. Il avait fallu des semaines de pose avant que s'établisse entre eux une certaine complicité, et davantage encore avant qu'elle consente à se dévêtir pour lui. Le contact physique, l'amour charnel semblaient l'effrayer et Travers en avait été désarmé. Il s'était mis en devoir de la rassurer, de la caresser inlassablement pour la mettre en confiance, et surtout de lui prouver la pureté de ses sentiments ! Enfin, elle s'était livrée à lui et il avait compris. La nuit de noces de DeLacy avec Simon Powers n'avait été rien d'autre qu'un viol. Par la suite, les choses ne s'étaient pas arrangées. Au lit, l'ex-mari de DeLacy se montrait brutal, insultant, la malmenant tant et si bien qu'elle s'était fermée au plaisir. L'autre avait alors redoublé d'agressivité, la taxant de frigidité, multipliant les propos avilissants. Pourtant, malgré cette violence, la jeune femme s'était démenée pour sauver son couple. Un divorce eût été impensable pour une femme de son milieu, son père lui avait inculqué cette idée alors qu'elle n'était encore qu'une petite fille...

Une chance pour Powers qu'il fût parti habiter en Afrique du Sud : Travers s'était juré de lui coller son poing dans la figure s'il croisait un jour sa route. Malgré ses nobles origines, ce type n'était qu'une brute.

De tout son cœur, Travers désirait épouser DeLacy, et il espérait que le comte ne s'opposerait pas à sa demande... Le peintre avait conscience de sa piètre réputation, méritée, d'homme à femmes acoquiné à de sinistres individus de la trempe de Lawrence Pierce. Mais cette époque était révolue ! Travers haïssait désormais son ancien acolyte qui, il en était sûr, avait voulu piéger sa bien-aimée. Pierce ne s'était jamais trahi, mais Travers le connaissait par cœur. Ils avaient fait les quatre cents coups ensemble, séduit dans des bars des femmes très comme il faut... D'après la rumeur, Pierce organisait même des parties fines. Mais le peintre s'était toujours refusé à y prendre part : il avait sa dignité. Et, quand Pierce avait révélé ses penchants pervers, se vantant notamment de son ascendant sur cette pauvre actrice, Travers avait préféré couper les ponts avec lui. Bien plus qu'un libertin, Pierce était un menteur, un tricheur, voire un sadique. Il s'était également permis des remarques peu flatteuses au sujet de DeLacy, de sorte que Travers et lui avaient failli en venir aux mains...

Dire que Travers avait envisagé de peindre celles du chirurgien ! Une chance qu'il ait abandonné cette regrettable entreprise et que Pierce ne fît plus partie de sa vie. Bon débarras !

Le portrait de DeLacy, en revanche, surpassait tout ce que Travers avait réalisé jusqu'à ce jour. Le peintre y avait mis toute son âme. Malgré leur brouille, Pierce l'avait payé sans faire d'histoires : grâce à ce présent, Felicity avait fermé les yeux sur ses incartades parisiennes, et il avait la paix. Nul doute que, depuis qu'il était rentré dans les bonnes grâces de sa femme, ainsi que dans son lit, les cordons de sa bourse se relâchaient pour lui...

Un bruit de pas retentit et Travers fit volte-face : c'était DeLacy ! Euphorique, il s'élança à sa rencontre.

— Hanson m'a dit où te trouver, murmura la jeune femme en déposant un baiser sur la joue de son amant.

— Je pensais à toi.

— Et qu'en pensais-tu ?

— Le plus grand bien.

Il prit ses mains et la mena devant l'autel. Un jour, il l'épouserait dans cette même chapelle. Ils s'embrassèrent longuement, puis ils échangèrent des serments. Ils se resteraient toujours fidèles, ne se quitteraient jamais, et vivraient l'un pour l'autre jusqu'à ce que la mort les sépare.

Charlotte s'était réfugiée dans son boudoir. Assise au coin du feu, elle savourait quelques instants de répit. Les invités n'étaient pas encore arrivés, à l'exception de Travers Merton, l'ami de DeLacy, mais il y avait déjà fort à faire.

Quel étrange personnage que ce Travers, songea la comtesse en caressant machinalement la broche de lady Gwendolyn, qui ornait le col de sa veste. Il idolâtrait DeLacy, cela crevait les yeux, et sa belle-fille paraissait apaisée. Oui, vraiment, Charlotte se réjouissait pour les jeunes gens. D'autant qu'elle avait rencontré jadis le grand-père de Travers, un bon ami de David qui, connaissant leur relation, mettait parfois à leur disposition son manoir du Gloucestershire.

On frappa à la porte.

— Entrez.

— Charlotte, on m'envoie vous parler, annonça Dulcie.

— Qui donc ? Et de quoi ?

— Daphné, DeLacy et Cecily. Voyez-vous, nous avons pris le thé dans l'ancien repaire secret de Miles et de Ceci, dans les combles, et ces dames ont décrété que c'était à vous de m'apprendre ce qu'il me faut savoir en vue de ma nuit de noces. Je parle des rapports intimes entre mari et femme.

— Que me vaut cet honneur ?

— Vous m'avez élevée ! Et comme vous êtes maintenant la femme de papa, cela tombe sous votre responsabilité.

Charlotte réfléchit et scruta attentivement la jeune fille.

— Que savez-vous des relations sexuelles, Dulcie ?

— Oh ! Tout un tas de choses. J'ai dix-neuf ans ! Je ne prétends pas connaître l'acte de chair dans toutes ses déclinaisons, mais j'en connais les grandes lignes.

Charlotte réprima un sourire.

— Vous n'avez pas commis d'imprudence avec James, rassurez-moi ?

— Non. J'aurais bien voulu, mais il s'est obstiné à résister à mes charmes.

— Voilà qui est tout à son honneur. Vous êtes donc vierge.

— Hélas ! oui. Il refuse de me toucher tant que nous ne serons pas mariés.

— J'espère que vous mesurez le sacrifice que cela a dû représenter pour lui.

— Et pour moi, alors, vous croyez que ça a été une sinécure ? Il me rend folle de désir ! Je dois sans arrêt me retenir de lui sauter dessus ! Il me semble pourtant que, de nos jours, mariés ou non, les amoureux sont libres de faire l'amour...

— Ne désespérez pas : James arrive ce soir, si je ne m'abuse. Il vous reste deux nuits pour venir à bout de sa résistance avant qu'il vous mène à l'autel.

— N'y comptez pas. Il a une volonté d'acier trempé. Et cessez de me taquiner ! Mes sœurs s'en chargent déjà.

Elle alla enlacer sa chère Charlotte.

— N'est-ce pas qu'il est beau, mon fiancé ?

— A couper le souffle, Dulcie. A couper le souffle.

46

Tout autour de l'église de Little Skell, la blancheur courait à perte de vue. Par chance, il avait cessé de neiger le vendredi soir. Un doux soleil hivernal présida à la cérémonie.

On avait déblayé le parvis sur ordre du comte, qui savait par expérience que les habitants des villages voisins s'attrouperaient pour célébrer l'événement, comme le voulait la tradition. Il les aurait volontiers accueillis à l'intérieur de l'édifice mais les invités étaient nombreux et la place limitée. On mettait donc à leur disposition la salle des fêtes de la paroisse, où les attendaient des tables à tréteaux garnies de petits fours. Lorsque le carillon des cloches retentirait, ils sortiraient acclamer les mariés.

Le plus grand tragédien d'Angleterre, un homme beau comme le jour, surtout dans son costume sombre, avec sa rose blanche à la boutonnière et ce sourire ravageur qui lui mangeait le visage, épousait la plus jeune fille du comte de Mowbray, la ravissante Dulcie Ingham. Un mariage pareil, cela n'arrivait pas tous les jours.

James était arrivé à l'église le premier, accompagné de son frère Owen, venu d'Australie pour lui servir de témoin. Miles, Hugo, Harry et Felix les rejoignirent. Ils étaient tous très élégants, bien que Dulcie les ait dispensés de s'affubler de hauts-de-forme. On attendait encore les demoiselles d'honneur, la petite Alicia Stanton et DeLacy, Thomas et Andrew, les jumeaux de Daphné, et Charlie, l'aîné de la fratrie, qui était rentré de sa pension pour la noce.

Les demoiselles parurent, et ce fut un concert d'exclamations émerveillées. Pour les protéger du froid, Cecily leur avait dessiné de petites toques et des capelines assorties à leurs robes de satin lavande ainsi qu'à leurs bottines de cuir à boutons. La foule applaudit à tout rompre. Les jumeaux, vêtus de culottes courtes, comme il seyait à leurs six ans, exhibaient fièrement leurs belles bottes montantes et leurs vestons militaires rouges ; on aurait juré la garde du palais de Buckingham en miniature. Escortés par leur grand frère, les jumeaux distribuaient des sourires à la ronde ; toute cette attention les ravissait. Quant à Charlie, il jubilait de s'être vu confier des responsabilités de grande personne.

Dans l'église, les bancs se remplissaient. La famille de la mariée occupait ceux de droite ; celle du marié, ceux de gauche. Quel monde ! Miles n'en revenait pas. Il reconnaissait plusieurs célébrités dans l'assemblée – très certainement des amis de James. Ce serait le mariage de l'année, à n'en pas douter.

A quelques pas de l'autel, James se pencha à l'oreille de son frère.

— Tu as les alliances ?

Une note d'urgence perçait dans sa voix.

— Non, elles sont dans la poche de Miles.

— Tu étais censé les avoir !

— Calme-toi. Miles doit les placer sur le coussin qu'apporteront les petits pages, tu te souviens ?

— Ah ! oui. J'avais oublié.

Incroyable mais vrai, pour la première fois de sa vie, James avait le trac.

Il s'appliqua à fixer le centre de la nef pour se concentrer : s'il parvenait à se convaincre que ces gens étaient son public, tout se passerait bien.

Prenant une profonde inspiration, il inspecta le premier rang. Ruby, sa chère sœur, le couvait d'un regard aimant. A côté d'elle, Dolores et Faye, avec leurs maris et leurs enfants, rayonnaient de fierté. Toute l'angoisse de James s'envola comme par magie.

Sid aussi était de la fête. Il avait été terriblement déçu d'apprendre que James n'aurait pas besoin des services d'un habilleur pour son mariage. « Comment ça, c'est pas du théâtre ? Z'allez pas vous marier en costume d'Adam, tout de même ? » s'était-il indigné, de sorte qu'attendri, l'acteur avait cédé. Et il ne l'avait pas regretté : l'aide de Sid n'avait pas été de trop au moment de boutonner sa veste tant la nervosité l'envahissait.

James reconnut encore Elaine, sa belle-sœur, et, à la rangée suivante, Constance Lambert sur son trente et un. Mais la palme de l'élégance revenait à ses sœurs. Elles s'étaient mises en frais, déterminées à évincer toutes les autres en ce grand jour. Hormis la mariée, bien sûr. Au début, le titre de Dulcie les avait impressionnées, mais son langage fleuri avait vite fait tomber cette barrière et les trois sœurs l'avaient adoptée. En retour, le comte et la comtesse avaient accueilli James comme un fils au sein de leur grande et noble famille.

James jeta un œil sur sa montre. Quinze heures dix. La mariée était en retard. Où se cachait-elle donc, la petite polissonne ?

Dulcie n'avait eu de cesse d'essayer de le séduire, et son attente avait confiné au supplice, mais elle touchait à son terme. Bientôt, James serait récompensé de sa fortitude. Bientôt, il pourrait enfin la toucher...

— La voilà, lui glissa soudain Owen.

James se redressa vivement. L'air s'était tout à coup chargé d'électricité. Dans quelques instants, la mariée remonterait l'allée. Dans les rangs, on retenait son souffle et l'on se dévissait la nuque dans l'espoir de l'apercevoir. L'orgue fit entendre les premiers accords de la marche nuptiale. L'église en frémissait d'excitation.

Elle était là ! Au bras de son père, Dulcie avança d'un pas mesuré en direction de son fiancé.

James avait les jambes en coton. La beauté de sa future épouse l'époustouflait. Comment pareil prodige était-il seulement possible ? Et dire qu'elle allait le prendre pour époux, lui ! Elle semblait tout droit sortie d'un conte de fées, avec sa traîne de brocart blanc ourlée de renard argenté. Dessous, une robe de satin immaculée tissée de perles de cristal miroitait à la lueur des bougies. Elle portait les pendants d'oreilles et le ras-de-cou en diamants qu'il lui avait offerts en cadeau de fiançailles, et leur éclat rehaussait encore son teint lumineux. Oui, elle brillait comme une étoile tombée du ciel. Quand elle fut en face de lui et que le comte lui confia sa main, les yeux de James se voilèrent de larmes.

Il esquissa un sourire. Dulcie partageait son émoi. Il brûlait de la prendre dans ses bras pour ne plus jamais la relâcher, de l'embrasser à en perdre haleine – mais ce n'était pas encore le moment. Bientôt. Bientôt.

La cérémonie s'écoula comme dans un songe. Il n'entendit que la voix de sa femme qui disait « Je le veux », et la sienne qui lui faisait écho. Les enfants s'avancèrent pour leur remettre les alliances et ils se les passèrent au doigt. Puis ils se regardèrent ; éberlués.

Ils étaient mariés.

47

Les cloches carillonnaient, les villageois lançaient des vivats, l'appareil photo crépitait, les confettis pleuvaient... James et Dulcie quittèrent l'église de Little Skell dans une joyeuse agitation. Ils firent halte au centre du parvis et le silence tomba sur la foule. Jamais on n'avait vu couple aussi glamour.

Dulcie remercia l'assemblée d'avoir bravé le mauvais temps pour les féliciter. James à son tour se dit touché par leurs vœux de bonheur, puis les enjoignit à gagner la salle des fêtes pour s'y réchauffer et s'y restaurer. Sa voix grave et sonore les emplit tous d'un sentiment de solennité ; même en plein air et par grand froid, son charisme ne se démentait pas.

Le couple reprit sa progression jusqu'à la Rolls. DeLacy et Alicia aidèrent la mariée à s'y installer, soulevant avec mille précautions sa traîne et les pans de sa robe. Quand la voiture eut démarré, James se tourna vers Dulcie et effleura son visage du bout des doigts.

— Tu es ma femme... Te rends-tu compte, mon petit bourreau ?

— Bourreau, moi ? Allons ! Jamais je ne torturerais mon légitime époux.

— Tu as bien tourmenté ton fiancé.

— Je t'ai tenté, je le sais, murmura-t-elle en lui serrant tendrement la main. Et je n'ai pas l'intention d'arrêter.

— J'espère bien que non !

Quelques minutes plus tard, la voiture se garait devant Cavendon Hall, où Miles et Cecily les attendaient. Ils les embrassèrent chaleureusement, puis, une fois dans le hall, recouvrèrent leur pragmatisme coutumier.

— Nous allons nous efforcer d'expédier les formalités, commença Miles. Dulcie m'a chargée de hâter la procédure. Je la soupçonne de vouloir se retrouver au plus vite en tête à tête avec son époux...

— Miles ! s'offusqua Dulcie, rougissant.

James ne se laissa pas démonter.

— Je serais un bien piètre mari si je m'opposais à la volonté de ma femme, répondit-il avec le plus grand sérieux. Alors, dites-nous tout, qu'attend-on de nous ?

— D'abord, vous poserez pour les photographes de presse. Ces messieurs vous attendent dans le salon jaune ; Felix est avec eux.

— Ils vont tomber en extase devant Dulcie, assura Cecily.

— Le contraire me paraît impensable, répondit James.

— Si vous avez des retouches à faire, c'est le moment, poursuivit Miles sans se laisser distraire. La séance durera une demi-heure tout au plus. Viendra ensuite l'heure du traditionnel portrait de famille dans la salle de bal de l'aile ouest...

— Ai-je besoin de retouches, Cecily ? s'enquit Dulcie.

— Tu es parfaite. Même ton rouge à lèvres est intact.

— Merci, Ceci. Pour tout ce que tu as fait pour moi. (Elle baissa la voix.) Tu seras la prochaine, tu verras.

Cecily lui retourna un sourire obligeant, mais se détourna aussitôt, en proie à une émotion que Dulcie fut la seule à remarquer.

Grâce à leur habitude respective des photographes et des séances de pose, et sous la baguette de Miles et de

Ceci, l'affaire fut rondement menée. Au bout d'une heure, le photographe chargé de réaliser le portrait de famille remballa son matériel.

James et Dulcie furent les derniers à quitter la salle de bal. Ils se dirigèrent vers l'aile sud où la fête battait déjà son plein. Armés de coupes de champagne, ils saluèrent les nombreux proches et parents venus les congratuler.

Lady Gwendolyn, arborant ses plus beaux diamants ainsi qu'un sourire d'écolière, fondit sur eux la première ; elle s'était toquée de James. Comme toutes les autres, songeait Dulcie.

Charlotte s'avança dans son sillage, suivie de DeLacy et de Travers, et de bien d'autres.

Dulcie avait sympathisé avec Ruby, la sœur aînée de James et, lorsque ce dernier fut accaparé par un ami comédien, c'est vers elle que se tourna la jeune mariée.

— Nous formons un sacré clan, pas vrai ? lança-t-elle à sa belle-sœur. Sur la photo de famille, nous étions vingt-quatre, pas moins !

Ruby leva son verre.

— Aux Ingham et aux Brentwood ! dit-elle. Je suis ravie que James vous ait rencontrée. Vous allez si bien ensemble !

Elle le pensait. Dulcie lui plaisait et lui inspirait confiance : cette petite n'était pas une mijaurée, elle avait la tête sur les épaules, les pieds sur terre, et de la jugeote à revendre.

— Oh ! Ruby, je le bichonnerai bien, vous verrez.

Constance Lambert les rejoignit, vêtue d'une superbe robe de taffetas pourpre surpiquée d'améthystes.

— Quelle belle cérémonie ! s'extasia-t-elle. Que de fleurs ! En plein hiver ! C'est prodigieux.

— Les orchidées proviennent de nos serres. Les autres sont arrivées de Sicile hier, Harte's les importe désormais.

— On n'arrête pas le progrès ! Dulcie, votre robe est une merveille.

— En plus, elle me tient chaud, ce qui n'est pas du luxe en cette saison, badina Dulcie. Mais rien n'égale les diamants que m'a offerts mon James...

— On parle de moi ? dit la voix de basse du tragédien. En bien, j'espère ?

— A ton avis ? le taquina Dulcie.

Il l'attira à lui.

— Hanson va bientôt sonner la cloche pour le dîner, et Daphné suggère que nous nous retirions le temps que nos convives s'installent. Allons dans le petit salon. On viendra nous chercher en temps voulu.

Elle le suivit, mais ne put retenir une œillade suggestive.

— Et si on allait plutôt attendre dans ta suite ? Si on se dépêche, on a le temps de consommer notre union.

— Dulcie Ingham, tu es incorrigible !

— Dulcie Brentwood. Je suis ta femme, maintenant. Veille à ne pas l'oublier.

Quand ils firent leur entrée dans la salle de bal, Dulcie écarquilla les yeux. La pièce était méconnaissable. Envolés, les meubles et les tapis ! A leur place, huit tables de dix étaient agencées autour d'une piste de danse, et partout, des arbustes, des fleurs et des plantes exotiques rivalisaient de beauté. Un assortiment de hauts cierges blancs et de petites bougies illuminait tables, manteaux de cheminée et appuis de fenêtres. Dans un angle de la pièce, cinq musiciens se mirent à jouer une version enjouée de la marche nuptiale, et un tonnerre d'applaudissements roula dans la salle.

Le dîner se déroula sans la moindre fausse note. Les plats étaient succulents, les vins raffinés, l'ambiance conviviale. Les toasts se succédaient, tantôt drôles, tantôt émouvants, et les tablées s'animaient, les rires fusaient.

James et Dulcie ouvrirent le bal, bientôt rejoints par d'autres couples. Jamais les murs de Cavendon n'avaient encore hébergé si flamboyantes festivités.

— Vous devriez prononcer votre discours avant de couper le gâteau, glissa Miles à James entre deux danses. C'est toute une affaire, la pièce montée, vous savez.

— Entendu, répondit James un peu distraitement, obnubilé qu'il était par son désir de trouver enfin seul avec la belle Dulcie.

Miles et Cecily, en tant qu'organisateurs de la soirée, firent tinter leurs coupes pour réclamer le silence.

James avait regagné sa place et se leva. Tous les yeux se braquaient sur lui, mais il en avait l'habitude. Parler en public, c'était sa vie.

— Jamais je n'oublierai ces heures magiques vécues en votre compagnie, commença-t-il. Je suis au comble du bonheur. Je pourrais vous chanter les louanges de Dulcie pendant des jours, mais, si vous le permettez, je préfère m'adresser directement à elle.

La salle l'y encouragea vivement.

— Je ne suis pas écrivain, reprit James, mais acteur. Aussi vais-je ce soir emprunter les mots d'une autre pour dire à ma femme l'amour qu'elle m'inspire.

Il se tourna vers elle, captant un regard énamouré qui faillit lui faire perdre le fil de ses pensées. La salle, touchée, se tut : le silence de l'acteur trahissait son trouble. Enfin, sa voix inimitable commença à réciter :

— « Comment t'aimé-je ? Laisse-moi t'en compter les façons. Je t'aime du tréfonds, de l'ampleur et de la cime de mon âme, lorsque, invisible, elle aspire aux fins de l'Être et de la Grâce idéale[1]. »

La voix s'adoucit.

— « Je t'aime au doux niveau du besoin de chaque

---

1. Traduction de Lauraine Jungleson, 1994. (*N.d.T.*)

jour. A la lumière du soleil et de la chandelle. Je t'aime en liberté, comme on tend au Juste. Je t'aime en pureté, comme on fuit la Louange. Je t'aime de la passion dont j'usais dans les chagrins, et de ma confiance d'enfant... »

Le rythme changea encore après une courte pause.

— « Je t'aime d'un amour qui semblait perdu envers mes saints de jadis, je t'aime du souffle, sourires, larmes de toute ma vie... »

A la fin du poème d'Elizabeth Browning, tous les convives avaient la gorge nouée. James prit les mains de Dulcie dans les siennes et la fit se lever. Plongeant son regard dans le sien, pour elle seule, du bout des lèvres, il ajouta :

— Je t'aime.

Les yeux de la jeune femme s'emplirent de larmes. Elle noua les bras autour du cou de James et l'embrassa, puis, longtemps, mari et femme demeurèrent enlacés sous l'œil attendri de leurs proches.

Sous les applaudissements, ils regagnèrent la piste de danse ; une valse ouvrait le bal et ils tourbillonnèrent sans se lâcher des yeux un seul instant. Les invités les fixaient comme hypnotisés.

Deux valets entrèrent, précédés par Hanson : ils poussaient un chariot à desserts coiffé d'une gigantesque pièce montée à trois étages, véritable chef-d'œuvre de pâtisserie. Le majordome adressa un petit signe aux mariés, qui approchèrent. On leur remit un couteau.

— Placez votre main sur celle de Madame, recommanda Hanson à James. Vous devez couper ensemble la première part.

Et c'est ce qu'ils firent. Les vivats redoublèrent, puis la musique reprit.

— Tout le monde sur la piste ! lança Miles.

Cecily se lança, suivie de Daphné et Hugo, Ruby et son mari, puis Owen et son épouse, et ainsi de suite. Bientôt, des dizaines de couples ondulaient au rythme des accords entraînants.

— Filons à l'anglaise, glissa Dulcie à James.

Il opina et l'entraîna discrètement vers la sortie. Au pas de course, ils remontèrent le couloir et gravirent le grand escalier de l'aile est.

Dulcie s'arrêta au seuil de sa chambre. Celle de James se trouvait trois portes plus loin.

— Parviendras-tu à t'extraire de cette robe compliquée, ou as-tu besoin de mon aide ? lui souffla James, mutin.

— Cecily a promis de me suivre lorsque je m'esquiverais : elle me débarrassera. Va dans tes quartiers, je te rejoins.

De fait, Cecily paraissait au bout du couloir.

— Ma foi, si j'ai pu patienter quatre mois, je peux bien attendre cinq minutes de plus, se résigna le marié. Mais tout de même... Dépêche-toi !

48

Dans les appartements de James, pas une lampe ne brûlait, mais un feu crépitait dans l'âtre et la lune baignait
la chambre de ses rayons, de sorte que Dulcie distinguait
son mari près de la fenêtre, lui tournant le dos.

Il ne l'avait pas entendue entrer, et elle resta un moment
sur le seuil à l'étudier. Elle se consumait de désir pour lui
mais voulait faire durer sa nuit de noces.

Vêtu d'une robe de chambre sombre fermée par une
ceinture et pieds nus, comme elle, James se tenait aussi
immobile qu'une statue. Ce calme faisait partie de ses
qualités, peut-être même avait-il contribué à son succès.
Lorsqu'il incarnait Hamlet, il se mouvait à peine et n'en
était que plus magnétique. Sa posture décuplait sa présence et sa grâce.

Elle fit un pas et il se retourna.

— Tu es là ! Depuis combien de temps ? s'exclama-t-il.

— Une minute, à peine.

— Et moi qui trépigne d'impatience ! Tu en as mis du
temps à te dépêtrer de ta robe.

— Pardon. Mais je suis là maintenant.

Il s'avança et elle se trouva soudain pétrifiée, intimidée
par sa beauté et par la gloire qui l'auréolait. Elle se sentait
toute petite…

Remarquant son trouble, James se hâta de la prendre

dans ses bras. Il huma profondément sa peau, ses cheveux, son parfum de roses. Elle était sienne. Enfin !

Il lui prit le menton pour mieux la contempler. Dans le clair-obscur, ses yeux paraissaient plus foncés. James y lut un désir qui reflétait le sien. Comme il avait attendu ce moment ! Comme il avait rêvé de lui faire l'amour, longuement, tendrement, en savourant chaque seconde...

Mais Dulcie n'avait que dix-neuf ans ! Elle était si pure, innocente, vulnérable ! Le cœur de James se serra. Il craignait d'esquisser le moindre geste.

— Si je t'ai fait un peu attendre, c'est parce que je demandais conseil à Cecily, murmura la jeune femme.

— A quel sujet ?

— Je voulais savoir comment te procurer du plaisir.

Il resta muet de surprise. Dulcie poursuivit :

— Elle m'a recommandé de te laisser les rênes : tu as trente-trois ans et de l'expérience, tu sauras me guider et me satisfaire.

— En effet...

Il se pencha et trouva sa bouche. Dulcie se plaqua contre lui. L'excitation de James ne lui échappa pas. Mais il la repoussa soudain.

— Ne bouge pas.

— Où vas-tu ? s'écria-t-elle.

— Fermer la porte à clé !

Lorsqu'il reparut, elle appuya le front contre son torse.

— Tu te souviens ? C'est ce geste que j'ai fait dans la boutique de Cecily pour m'assurer que tu étais bien réel.

— Et ? Le suis-je assez à ton goût ?

— Oui.

Elle recula d'un pas.

— Je sais que je t'ai mis à la torture... Je ne pouvais pas m'en empêcher. J'avais tellement envie de m'offrir à toi ! Chaque fois que je te voyais, je ne pensais qu'à cela.

— Mais moi aussi, voyons !

— Je sais. Je sais que tu me désirais, toi aussi.

James céda, le cœur battant à tout rompre. Il fit glisser le peignoir de Dulcie sur ses épaules, puis se débarrassa de sa robe de chambre.

— Je t'aime, lui dit-elle.

— Moi aussi, Dulcie. Le lit est juste là. Il y a des mois que nous attendons ce moment. Veux-tu... ?

Ils s'étendirent et leurs mains trouvèrent d'elles-mêmes un chemin sur leurs corps dénudés tandis qu'un long baiser fougueux les unissait avec la force d'une vague incontrôlable.

La jeune femme caressait le torse de James, son dos, ses cuisses musclées, explorant chaque centimètre carré de sa peau...

Il était doué, et elle, avide d'apprendre. Elle s'abandonnait à lui, ne demandant qu'à être guidée, excitée selon son bon plaisir, et il ne se fit pas prier. Quand la grande main de James se referma sur sa toison dorée, elle poussa un petit cri, et son corps se raidit, mais c'était sous le coup de la volupté et non de la crainte. L'excitation de James touchait à son paroxysme.

N'y tenant plus, il la chevaucha et la pénétra fermement, afin qu'elle souffrît le moins possible. Elle eut un petit spasme, mais il n'y prêta pas attention et, bientôt, elle se détendit et se mit à soupirer d'aise. Dulcie palpait la nuque de son amant, enfonçait ses ongles dans ses cheveux, pressait ses mains dans le creux de ses reins, puis elle s'agrippa à ses épaules, arc-boutée, les jambes nouées autour de son bassin. Ils trouvèrent leur rythme.

Elle était aussi sensuelle que lui, aussi désireuse de le combler, et semblait n'avoir aucune inhibition. James exultait.

Le corps de Dulcie était secoué de frissons. James se colla contre elle et ses coups de reins se firent plus ardents. Alors, elle se mit à crier son nom, encore et encore. James

eut l'impression de quitter son corps. Elle cria son prénom une dernière fois et il bascula dans l'abîme. Dans
un râle, il murmura : « Dulcie ! », et le monde s'embrasa
tout autour de lui.

Etendu sur sa jeune épouse, haletant, il reprit ses esprits.
Jamais encore il n'avait fait l'amour de la sorte. Leur union
avait été plus que charnelle, presque spirituelle. Car il
aimait cette femme depuis le tréfonds de son âme.

Il s'écarta, presque sonné par l'intensité de son bonheur.

Dulcie caressa timidement son visage, un air anxieux
sur les traits.

— Tout va bien ? s'enquit-il, soucieux.

— Je me demandais si l'attente en valait la peine. Je
n'ai pas été trop mauvaise ?

Ce fut plus fort que lui : il éclata de rire. Puis il la serra
dans ses bras.

— Chère tentatrice, non, bien sûr que non ! Tu as été…
phénoménale !

Elle se dérida et l'embrassa tendrement.

— Alors, on peut recommencer ?

— Pas tout de suite, lui répondit-il, charmé par sa can-
deur.

Il l'enveloppa d'un bras protecteur et la berça contre
son cœur.

— Je ne t'ai pas fait trop mal ?

— Non, c'était vite passé.

Pour la millième fois, il admira ses yeux azur.

— Tu es ma première femme et tu seras la dernière. Je
tiens à ce que tu le saches : je ne te lâcherai plus. Tu vas
devoir me supporter aussi longtemps que je vivrai.

— Avise-toi seulement de me fausser compagnie, et tu
verras ce que tu verras !

Elle se lova contre lui.

— Je me félicite que nous passions notre lune de miel

sur un paquebot. Tu ne pourras pas m'échapper. Nous serons obligés de rester dans notre cabine toute la journée !

— J'y avais pensé, figure-toi, avoua le jeune homme.

Décidément, Dulcie ne cessait de le surprendre. Malgré son manque d'expérience, elle s'avérait fougueuse, passionnée, ce dont il lui était éperdument reconnaissant. Oui, à n'en pas douter, Dulcie était l'amour de sa vie.

Il n'y avait plus aucun bruit dans la chambre, hormis le craquement d'une bûche dans la cheminée. Sous les draps, Dulcie dormait, le bras posé sur le ventre de James. Il avait éteint la lampe de chevet et somnolé un moment, puis s'était réveillé, trop heureux pour parvenir à retrouver le sommeil. Il se sentait serein, comblé, en paix.

James avait toujours su qu'il ne partagerait pas sa vie avec ses conquêtes passées. Il n'avait rien de précis à leur reprocher, mais quelque chose leur manquait. Quoi ? Il l'avait ignoré jusqu'à sa rencontre avec Dulcie. A l'instant où leurs regards s'étaient croisés dans sa loge, il avait su : c'était la perle rare, il l'avait enfin trouvée.

Elle lui inspirait des sentiments totalement inédits, un désir de la protéger, la préserver des maux de ce monde et veiller sur elle. De son côté, Dulcie paraissait toujours deviner ce dont il avait besoin, comme si, mystérieusement, elle avait de lui une connaissance spontanée. Et, sous ses airs évaporés, elle était très intelligente, capable d'apaiser en lui des angoisses profondes, de combler des besoins obscurs.

— Tu ne dors pas, mon amour ? murmura-t-elle soudain d'une voix endormie.

— Non.

Un silence s'étira. Doucement, il lui susurra :

— Dulcie, tu m'as marqué de ton sceau. Je suis tien à jamais.

298

Il la sentit sourire dans le creux de son bras. Elle vint langoureusement se mettre à califourchon sur lui et posa sur sa bouche un baiser passionné. A nouveau, le désir les emporta dans son tourbillon.

Aussi longtemps qu'ils vécurent, leur passion ne devait jamais s'essouffler.

49

— Nous rentrons dans nos frais de justesse, cette année, annonça Charlotte. Il s'en est fallu de peu ; nous avons craint le pire jusqu'au dernier moment.

— Je sais, répondit lady Gwendolyn. J'étais sur le point de revendre deux ou trois de mes biens... Par chance, cela n'a pas été nécessaire. Une bonne étoile veille sur les Ingham.

— Charles y voit surtout l'œuvre de ses gendres. Hugo nous a sauvé la mise en revendant ses investissements à Wall Street.

— Dire que la banque Drummond n'a accepté de prêter à Paul que la moitié de la somme demandée ! se lamenta la matriarche.

— Le conseil d'administration aura jugé le risque trop élevé... Par chance, Hugo a pu compléter l'apport de sa poche. Je crois qu'il se sentait responsable : Paul et lui avaient investi dans la Transatlantic d'un commun accord.

— Je vois. Merci pour ces informations, Charlotte. Vous m'avez manqué, Charles et vous. Daphné aussi sera soulagée de votre retour : elle a besoin de repos. (Elle considéra Charlotte, la tête de côté.) Vous êtes devenue une châtelaine hors pair en un rien de temps, ma chère.

— Oh ! Il me reste beaucoup à apprendre.

— Pas tant que ça. On sent que vous avez vécu à Cavendon toute votre vie.

— C'est une chose de vivre au domaine ; c'en est une autre de le gérer. Heureusement que Hanson est là pour me prêter main-forte.

— Permettez-moi de changer de sujet, ma chère. Je vous ai réclamée pour vous raconter une histoire.

— Une histoire ?

— Oui, une vieille histoire. Celle des Ingham et des Swann.

Lady Gwendolyn ajusta sa position dans son fauteuil et s'efforça de se détendre. Depuis qu'elle avait offert sa broche à Charlotte, elle brûlait de s'ouvrir à elle. Maintenant qu'elle se trouvait au pied du mur, il lui fallait rassembler tout son courage.

— Pour commencer, je souhaite vous poser une question. Où conservez-vous les archives des Swann ?

— Dans mon coffre personnel. Cecily les reprendra à ma mort...

— Ne parlez donc pas de malheur, vous êtes jeune et fringante !

— Mais pourquoi cette question ?

— Oh ! Simple curiosité. Puis-je vous en poser une autre ?

— Bien sûr, madame.

— Appelez-moi tante Gwendolyn, nous sommes parentes désormais. D'une certaine façon, nous l'avons toujours été... Ma question est la suivante : est-il fait mention de mon nom dans vos archives ?

Charlotte fronça les sourcils, intriguée par le tour que prenait la conversation.

— Non, répondit-elle. Nos livres ne comportent que ceux de personnes mortes il y a un siècle environ.

— Il y a longtemps, j'ai aimé un Swann, lâcha lady Gwendolyn.

301

Stupéfaite, Charlotte se contenta d'opiner.

— Nous étions amants, poursuivit la vieille dame. Il était veuf, moi veuve. Mon Paul avait disparu depuis six ans, j'en avais moi-même trente-six lorsque cette relation a commencé. Mon Swann était un gentleman. Jamais il n'aurait eu à mon égard le moindre geste déplacé. Mais je l'aimais depuis longtemps et je savais mes sentiments payés de retour. Un jour, sans doute dans un accès de folie passagère, je l'ai embrassé. Nous étions seuls, cela va de soi.

— Ainsi, c'était vous... murmura Charlotte.

— Que voulez-vous dire ?

— L'un de nos livres fait allusion à une intrigue amoureuse... Votre amant s'appelait-il Mark ?

Lady Gwendolyn en resta un instant interdite.

— Oui, articula-t-elle enfin. Nous nous sommes aimés pendant plusieurs années.

— Permettez que je coure chercher le livre, ma tante. Je tiens à vous le montrer. Je reviens !

Gwendolyn profita de cette absence pour ouvrir son secrétaire chinois en bois laqué et y prendre une écritoire, puis retourna s'asseoir.

Charlotte reparut peu après, un épais volume à la main. Elle l'ouvrit à la bonne page et le tendit à son aînée.

De ma propre main. Juillet 1876
Par-dessus tout je chéris ma Dame,
Les Swann sont forgés pour le fourreau des Ingham.
J'ai partagé sa couche. Elle est mienne.
Elle me donne sans compter. Un enfant lui ai donné.
Oh, notre joie ! L'enfant mort en son sein. Nous a anéantis.
Elle me quitta. Elle revint.
A nouveau
Mes nuits sont siennes. Et jusqu'à l'heure de ma mort.
M. Swann.

Gwendolyn cligna des paupières, le livre serré contre son sein, puis elle ferma les yeux et demeura un moment immobile. Enfin, sans un mot, elle rendit le volume à Charlotte.

— Vous l'avez beaucoup aimé, murmura cette dernière.

— De tout mon cœur. Jusqu'à sa mort.

— Et... cet enfant...

— Une part de moi est morte avec lui. Mark aussi s'en est trouvé profondément affecté.

Charlotte toussota.

— Tante Gwendolyn... Vous auriez fait scandale, surtout à l'époque. S'il avait vécu, comment l'auriez-vous élevé ?

— Mark et moi en avons longuement débattu, sans trouver de solution. Finalement, le sort a décidé à notre place : l'enfant était mort-né.

Il y eut un silence. L'aïeule reprit d'un ton plus léger :

— Vous le savez, Dulcie répète à qui veut l'entendre que les Swann et les Ingham ont toujours fricoté ensemble. Il n'y a pas de fumée sans feu. En l'occurrence, il eût été vain de chercher à éteindre les flammes de notre passion.

— Cecily et Miles ont repris le flambeau, pour filer la métaphore. Et rien ne les séparera, même si Clarissa s'obstine à refuser le divorce...

— Armons-nous de patience, Charlotte. Tout s'arrangera. Vous croyez au destin, n'est-ce pas ? Leur amour triomphera, en temps et en heure.

— Je l'espère.

Lady Gwendolyn ouvrit son écritoire et en tira de vieilles photographies.

— Voici Mark Swann, posant à mes côtés.

— Quel bel homme ! On jurerait Walter.

— Les Swann ont de bons gènes, reconnut lady Gwendolyn. Tenez. C'est Margaret.

Sur ce second cliché, un bébé habillé de dentelle blanche et coiffé d'un petit bonnet ouvrait sur lady Gwendolyn des yeux ronds d'étonnement.

— Notre fille, à Mark et à moi. Oui, nous avons eu un second enfant. C'était une immense surprise. Pensez ! J'avais quarante-huit ans ! Ma grossesse a été terriblement compliquée…

Sous le regard hébété de Charlotte, elle poursuivit :

— Nous l'avons fait adopter. C'était la seule solution. J'avais mis mon frère David dans le secret ; nous étions proches, et il se doutait depuis longtemps que j'entretenais une liaison avec Mark. David compatissait à notre sort mais n'en démordait pas : l'enfant du péché devait disparaître. Si j'avais été mariée… Mais mon veuvage m'interdisait de la reconnaître comme ma fille légitime.

— Quelle terrible épreuve… Qui l'a adoptée ?

— Mark et moi ne l'avons jamais su. Les avocats de mon frère se sont occupés de tout. On nous a assuré que la petite avait été confiée à un couple très convenable et aisé qui se languissait d'un enfant. Nous lui avions constitué un trousseau… David a fait verser de l'argent à sa famille, pour son entretien. Et Margaret a été effacée de ma vie.

Lady Gwendolyn s'était affaissée dans son fauteuil, terrassée. Manifestement, le temps n'avait pas adouci sa peine. Charlotte n'osait plus rompre le silence.

La vieille dame avait été très belle, comme l'attestaient les photographies, et l'âge ne l'avait pas privée de son allure. De fait, elle se redressait déjà.

— Je pense à ma fille chaque jour. Je m'interroge sur l'existence qu'elle mène, je m'inquiète de son bien-être.

— Et Mark ? Vous avez continué de le fréquenter ?

— Oui. Notre amour a résisté à cette perte, par chance.

— J'en suis heureuse.

— Il m'a beaucoup aidée dans mes heures les plus

sombres. Nous avions fait le bon choix, il en était persuadé.

Elles se turent.

— Ainsi, la relança doucement Charlotte, vous avez quelque part une fille du nom de Margaret...

— Elle a sans doute été rebaptisée.

— Sa famille d'accueil connaissait-elle ses origines ?

— Non, l'avocat s'est borné à leur dire qu'elle était de noble lignée.

— Votre confiance m'honore, tante Gwendolyn.

— Je sais que vous la méritez.

— Si je peux faire quoi que ce soit pour vous...

— Merci, Charlotte. J'ai en effet un service à vous demander. La broche que je vous ai offerte ne m'a pas été transmise par ma mère, j'ai inventé cette histoire. C'est Mark qui l'a fait réaliser pour moi. En d'autres circonstances, nous nous serions mariés et je serais une Swann à l'heure qu'il est. Vous qui êtes Swann et Ingham à la fois, portez-la, je vous prie.

— Je ne la quitte pas.

— Et pas un mot de mes secrets à Charles, n'est-ce pas ? Cela reste entre nous.

— Vous avez ma parole.

50

— Alors ? Au final, combien a coûté le mariage ?

Miles et Hugo faisaient les comptes et, comme à son habitude, ce dernier s'inquiétait.

— Une petite fortune, confessa Miles, mais papa n'a pas eu à débourser un centime. Il se peut même qu'il ait réalisé un bénéfice !

— Mais... comment est-ce possible ?

— Tante Gwendolyn lui a fait don de cinq mille livres – une avance sur héritage. Or cette somme n'a pas été dépensée en totalité, Dulcie ayant préféré que les membres de la famille participent aux frais de la noce plutôt que de lui offrir des cadeaux.

— Je reconnais bien là son redoutable esprit pratique.

— J'ai payé les musiciens, poursuivit Miles, et Charlotte, les traiteurs et le buffet...

— Quel poids en moins pour Charles !

Hugo respirait déjà mieux.

— Cecily a offert sa robe à Dulcie, ainsi que les fleurs de chez Harte's. Elle est en train de monter un partenariat avec la jeune Emma Harte pour faire distribuer ses accessoires au sein du grand magasin.

— Félicite-la de ma part. Son flair ne cesse de m'impressionner.

— N'est-ce pas ? Mais reprenons. Daphné a réglé les

tenues des demoiselles d'honneur, papa s'est chargé des extra et du photographe.

— Tu es certain que le chèque de lady Gwendolyn n'a pas été dépensé dans son intégralité ?

— Hugo, me caches-tu quelque chose ? Pourquoi cette inquiétude ?

— Non, rassure-toi. Me ronger les sangs est devenu chez moi une seconde nature. Hormis ces fuites dans l'aile ouest...

— Il y en a donc plusieurs ?

— Tu l'ignorais ? Une nouvelle canalisation a éclaté. Les ouvriers s'en occupent à l'heure où nous parlons.

— Seigneur...

Miles prit un air songeur, puis déclara :

— Je souhaiterais t'entretenir d'un autre sujet.

— Voilà que c'est toi qui sembles préoccupé, remarqua Hugo.

— Oui et non. Il s'agit de la Transatlantic. Je voudrais connaître le montant exact reporté au crédit du fonds Ingham.

— Nous avons recouvré la totalité des sommes engagées. J'en ai avancé la moitié et Paul, l'autre.

— Quelle générosité ! Dix millions de dollars... Soit deux millions de livres, à peu de chose près... Quel est le taux de change, en ce moment ?

— La livre est à quatre dollars quatre-vingt-sept.

— Tant que ça !

— Oui, la livre est forte et cela ne joue pas nécessairement en notre faveur. Le dollar a été dévalué et l'étalon-or... Mais tu sais tout cela.

— En effet. Papa m'assure que Paul et toi avez réinvesti nos fonds dans des entreprises fiables et robustes. Tu me le confirmes ?

— Oui, je t'assure qu'il n'y a pas lieu de s'inquiéter. Nous avons gardé de quoi assurer nos arrières et payer nos frais généraux ainsi que ces maudites taxes sur le revenu que nous inflige l'Etat.

— Nous sommes sauvés, en définitive ?

— Pour l'heure, mais nous allons au-devant de dépenses importantes. La réparation du toit de l'aile nord...

— Je sais. Que penses-tu de la proposition de Harry Swann ? Louer nos fermes et nos dépendances pourrait être rémunérateur...

— Je ne suis pas entièrement convaincu. Cela nécessiterait de former les ouvriers agricoles et de procéder à des rénovations, ce qui prendra du temps.

— Parlons-en à mon père dimanche.

— Nous nous en sortirons ! affirma Hugo.

Il se sentait ragaillardi. Avec son éternel optimisme, Miles n'avait pas son pareil pour lui remonter le moral.

— Allons déjeuner, déclara-t-il. Je regagne Cavendon dans l'après-midi. Et toi ?

— Je l'ignore. Cecily et moi dînons avec Felix et Constance Lambert ce soir.

— Des nouvelles des jeunes mariés ?

— Justement, Ceci vient de recevoir une lettre de Dulcie. Ils filent le parfait amour à New York, pour la plus grande joie de leurs nouveaux voisins : Diedre et Paul !

51

Dans sa chambre d'Eaton Square, devant son miroir, Constance Lambert se félicitait de sa dernière acquisition. La veste de laine blanche, bordée d'un galon noir et fermée par une rangée de boutons assortis, lui allait comme un gant. La jupe était un peu courte, mais couvrait tout de même ses genoux, et Cecily Swann, sa créatrice, assurait qu'elle était du dernier cri. Les chaussures, des escarpins à petits talons également signés Swann Couture, flattaient le galbe de sa jambe. Quant à la minaudière dorée que James lui avait offerte pour son dernier anniversaire, elle ressortait admirablement contre la capeline blanche qui complétait l'ensemble. Décidément, Constance se trouvait élégante et féminine, à la page et distinguée : une réussite, en somme !

La porte d'entrée claqua. Constance sortit dans le couloir et vit Felix qui retirait son pardessus dans l'entrée. Il s'avança et, d'autorité, la mena jusqu'à son bureau.

— As-tu un instant à m'accorder avant notre dîner ? J'ai à te parler.

— Bien entendu.

Cette brusquerie ne ressemblait guère à son mari.

— Qu'y a-t-il, mon chéri ?

Felix posa sa serviette et se laissa tomber sur le canapé.

— Viens auprès de moi, lui répondit-il. J'ai quelque

chose à t'annoncer. Mais que je te prévienne : ne répète rien à Miles et Cecily !

— Tu peux compter sur moi, mais explique-toi, tu me fais peur. Il ne s'agit pas de James, tout de même ?

Son sang ne fit qu'un tour : elle considérait le tragédien comme son propre fils.

— Non, rassure-toi.

— Tu en es sûr ? Dulcie et lui vont bien ?

— Mais oui ! Il s'agit de la mort de Helen Malone.

— Oh ! Je t'écoute.

— Helen n'était plus elle-même depuis un moment déjà, tu le sais aussi bien que moi. Le bruit courait au théâtre qu'elle entretenait une liaison avec « un type de la haute », comme dirait Sid. Il semble que l'homme ait été marié et que Helen ait extrêmement mal vécu sa position de maîtresse. L'autre refusait de divorcer. Il était, paraît-il, du genre sanguin. Voire violent. Je ne l'ai appris que récemment, sans quoi je serais intervenu... Bref. Sid est passé me voir au bureau aujourd'hui avec une valise appartenant à James. Elle est pleine de scénarios et de pièces annotées qu'il craint d'égarer, et il m'a chargé de la garder pour lui le temps de son déménagement.

Il sortit de sa poche un étui à cigarettes en or et alluma une du Maurier.

— Au cours de notre rapide conversation, Sid m'a appris que Helen était morte de septicémie, infection consécutive à un avortement. Elle avait aussi perdu beaucoup de sang...

— Seigneur ! La pauvre, pauvre femme ! Si seulement elle était venue nous trouver...

— J'ai réagi comme toi. Helen était si douée... et si jeune... Vingt-sept ans, à peine !

— Mais comment Sid sait-il tout cela ?

— Il a ses réseaux qui le mettent toujours au courant de tout. Les rumeurs vont vite, de nos jours... Toujours est-il qu'il m'a révélé l'identité de l'amant mystère. Il s'agit de Lawrence Pierce, le mari de Felicity.

— La mère de Miles ! C'est lui qui a réalisé l'avortement raté ?

— J'en doute. Helen a dû s'en remettre à une faiseuse d'anges, munie d'aiguilles à tricoter.

Constance frissonna et ferma les yeux.

— Sid m'assure qu'aucun de ses proches ne connaissait le nom de son amant, reprit doucement Felix. Mais leur secret est désormais éventé. Sid craint qu'il y ait « du grabuge », comme il dit. Je crois qu'il a voulu me mettre en garde.

Constance sursauta.

— Cours-tu un quelconque danger ?

— Non, chérie. Je me suis mal exprimé. Sid tenait simplement à ce que nous soyons prévenus.

— Y aura-t-il une enquête ?

— Je ne crois pas. Pierce a le bras long. Il est très respecté par ses pairs, et marié à une héritière, qui plus est. La police ne se frottera pas à lui. En revanche, la famille Malone pourrait chercher à se faire justice elle-même. (Il écrasa sa cigarette.) Te souviens-tu de la façon dont Helen est devenue notre cliente ?

— C'est James qui l'a découverte dans une compagnie amateur et nous l'a présentée. Ses frères sont dockers dans l'East End, ils connaissent David et Owen.

— Tout juste.

— S'en prendraient-ils à James ? Lui reprocheraient-ils d'avoir entraîné leur sœur dans cet univers qui a causé sa perte ?

— Non. James Brentwood est l'intégrité incarnée, et ils le savent. Cet homme est intouchable ! Si tu veux mon avis, c'est Pierce qui risque de faire l'objet de leur vendetta.

— Quelle chance que James soit en lune de miel... Toute cette affaire le bouleverserait.

Felix médita quelques instants, puis reprit une cigarette.

— Pour conclure sur une note plus gaie, dit-il, j'apprends de source sûre que notre Jamie sera fait chevalier par le roi avant ses quarante ans.

Le visage de Constance s'illumina.

— Quel honneur !

— Cecily, vous êtes radieuse, commenta Felix en se levant pour saluer la jeune femme. Miles, mon vieux, vous ne vous défendez pas mal non plus.

On échangea bises et poignées de main, puis on s'attabla. Le serveur déboucha une bouteille de champagne rosé, et les Lambert proposèrent un toast au succès de Cecily. Miles fronça les sourcils.

— Vous n'êtes pas au courant ? s'étonna Constance.

Cecily eut un petit rire.

— Je n'ai pas encore eu le temps de lui faire part de la nouvelle. Miles, mon cher, il m'arrive une chose formidable...

— Permettez que je le lui annonce ! l'interrompit Felix. Constance et moi représentons un influent producteur de théâtre, Michael Alexander. Il souhaite confier la réalisation des costumes de sa prochaine comédie musicale à notre Cecily !

Miles ne savait pas quoi dire.

— C'est pour cela que vous nous avez proposé ce dîner ! s'exclama-t-il. Cecily, petite cachottière !

Il l'embrassa, fier comme un coq.

— Vous allez jouer dans la cour des grands, observa Constance.

— A Cecily, grande couturière, et mon grand amour, dit Miles en levant sa coupe. Décidément, elle a le vent en poupe, ce mois-ci ! Vous a-t-elle parlé de sa nouvelle enseigne ?

— Oui, c'est merveilleux !

— J'ai beaucoup de chance, protesta Cecily.

Elle n'aurait pourtant pas hésité à échanger sa nouvelle boutique et son prestigieux contrat contre un mariage avec celui qu'elle aimait...

— Ne soyez pas modeste, répliqua Constance. Vous méritez votre réussite. Nul ne travaille autant que vous, à part peut-être mon Felix.

— James m'a téléphoné la semaine dernière, annonça ce dernier. Il prévoit d'emmener Dulcie visiter Hollywood. Savez-vous que bientôt, les films seront parlants ? James a raison d'y aller, avec sa belle voix, il ferait un tabac.

New York... Hollywood... Les femmes de Cavendon s'égaillaient de par le vaste monde, et Cecily en restait songeuse. Diedre et Dulcie lui manquaient, comme DeLacy qui, toute à son cher Travers, n'avait plus guère de temps à lui consacrer.

— Quand rentreront nos tourtereaux ? s'enquit-elle.

— Je viens d'envoyer un télégramme à James : on lui propose de jouer *Henry V* à Londres. S'il accepte, il sera de retour d'ici la fin du mois, ou au plus tard début mars, pour les répétitions.

— Formidable !

— Rien n'est fait, plaisanta Constance. Un producteur de cinéma pourrait repérer Dulcie et décider d'en faire sa nouvelle égérie.

— Dulcie, tourner dans des films ? répliqua son mari. James ne le permettrait pas. Les actrices, il en a soupé !

Chacun rit de bon cœur.

— Dites-moi, Miles, vous jouez toujours à la Bourse de Wall Street ? l'interrogea Felix.

— Non, affirma vivement Miles en secouant la tête. Nous avons frôlé la catastrophe. Une chance que Hugo et Paul soient intervenus. Nous tournons désormais le dos au marché américain : Paul pense qu'une crise boursière couve. Il est en train de prendre des dispositions pour protéger son capital, et Hugo songe à l'imiter. Ayant vécu à New York, il y a réalisé de nombreux investissements...

— Merci du tuyau.

Tandis que ces messieurs causaient affaires, Constance questionnait Cecily sur sa nouvelle boutique. Puis la conversation roula sur le théâtre et les spectacles en préparation pour la saison estivale. Quand Miles fit allusion au décès de la jeune Helen Malone, cependant, les Lambert se crispèrent.

— Je l'ai appris dans le journal, dit le jeune homme. Je l'avais trouvée épatante en Ophélia. Son jeu s'accordait parfaitement à celui de James. Je sais qu'elle comptait parmi vos clients ; cela a dû être terrible pour vous...

— En effet, dit Constance d'une voix blanche. Nous l'aimions beaucoup, et elle avait du talent.

— Mais de quoi est-elle morte ? L'article ne le précise pas.

Voyant Constance hésiter, Felix vola à sa rescousse.

— De septicémie. Nous n'en savons pas davantage. Sa famille se montre très discrète sur la question.

Le serveur approchait.

— Ah ! fit bruyamment Constance. Voici les huîtres.

Elle embraya habilement sur le sujet des perles, et Cecily, qui venait de lancer une collection de sautoirs, la suivit sans protester.

Une fois de retour chez elle, cependant, elle s'exclama :

— Miles, comment as-tu pu leur parler de Helen Malone ? J'étais à deux doigts de simuler un évanouissement pour faire diversion ! J'ai cru que tu allais vendre la mèche au sujet de Lawrence Pierce...

— Je ne me serais pas permis. Et Constance semblait aussi pressée que toi de parler d'autre chose. Tu sais, je crois que les Lambert sont au courant.

— En tout cas, ils ne disent pas tout à propos des circonstances de ce décès. Tu as vu leur tête quand tu les as interrogés ?

— Que peuvent-ils bien dissimuler ?

Sans répondre, Cecily gagna la chambre, ôta sa veste et ses chaussures… Miles la suivit.

— Allons, donne-moi ton avis, insista-t-il. Les Swann savent toujours tout. Que t'a raconté Eric ?

— Même les connaissances d'Eric ont leurs limites. Il a eu vent de rumeurs, voilà tout… Il s'agirait d'un avortement qui aurait mal tourné, et le nom de Pierce commence à circuler.

Miles s'assit pour défaire ses lacets. Comme à part lui, il marmonna :

— Ma mère serait-elle au courant pour Helen Malone ?

— Comment le serait-elle ?

— Ma foi, c'est son problème ! Allons nous coucher, Ceci, nous ne nous sommes pratiquement pas vus de la semaine.

Il l'enlaça tendrement.

— Je t'aime, lui susurra-t-il. J'ai bien vu ta peine au mariage de Dulcie. Tu sais que je ferai tout mon possible pour t'épouser. Je te le promets.

Elle ne doutait pas de sa bonne volonté, mais certaines choses échappaient à son contrôle, en particulier le bon vouloir de Clarissa.

Cecily prit une profonde inspiration.

— Nous sommes ensemble, Miles, c'est la seule chose qui m'importe. Je n'ai pas besoin d'un certificat pour savoir que tu m'aimes. Je ne suis plus triste. J'ai envie de faire l'amour.

Miles ne se le fit pas dire deux fois.

52

DeLacy et Travers regagnèrent en titubant gaiement son atelier de Chelsea. Ils revenaient d'une fête de mariage au Ritz, très arrosée, vins et champagnes avaient coulé à flots. Travers avait revu d'anciens camarades d'Eton et démarché des vedettes dont il espérait peindre le portrait, sans toutefois négliger Dulcie.

Et voici qu'ils gravissaient l'escalier, bras dessus, bras dessous, qu'ils se déshabillaient maladroitement, et basculaient sur l'édredon pour s'abandonner aussitôt aux bras de Morphée...

Il était bien plus de minuit quand l'homme posa la main sur la poignée de la porte d'entrée. Merton, dans son ivresse, avait oublié de la verrouiller. Avec un rictus de mauvais aloi, l'homme franchit le seuil. Il n'avait même pas eu à se servir de son double. Quelle aubaine !

A pas feutrés, il s'engouffra dans la cuisine. Là, il alluma une veilleuse, prit dans sa poche un flacon et une seringue, la remplit.

Dans la chambre, le couple dormait profondément. Lui ronflait même. Visiblement, les somnifères que l'homme avait acquis à Chinatown et glissés subrepticement dans leurs coupes, au Ritz, avaient fait leur effet.

Il pénétra dans la pièce en tapinois et, soulevant délicatement le bras de Travers, lui injecta sous l'aisselle la dose de chlorure de potassium. Puis il considéra dédaigneusement DeLacy. Il ne la convoitait plus maintenant que Travers l'avait souillée. Elle était ivre, débauchée. Une vraie catin. Revenant sur ses pas, l'homme quitta l'atelier.

L'air frais de la rue le revigora. Il gagna King's Road d'un pas vif, ravi d'avoir mis son plan à exécution. Ce salaud de Merton l'avait bien cherché. Par sa faute, il allait devoir se coltiner la vieille pendant des années, au lieu de couler des jours heureux avec sa fille ainsi qu'il l'avait machiné.

Cela dit, rien ne l'empêchait de consoler la belle dans son deuil. Il attendrait quelques mois avant de l'entreprendre, lui paierait deux ou trois toilettes pour l'amadouer, puis il les lui arracherait. Il lui montrerait ce que c'était de partager la couche d'un homme, un vrai ! Elle succomberait comme toutes les autres.

Souriant à cette idée, il héla un taxi et indiqua au chauffeur son adresse sur Charles Street. C'était le jour de chance de Felicity. Excité par ses projets, il allait lui payer une petite visite nocturne à son arrivée. Elle pourrait s'en donner à cœur joie, la gourmande !

DeLacy fut réveillée par de violentes nausées. Elle se leva péniblement et tituba jusqu'à la salle de bain. Tombant à genoux, elle vomit dans les toilettes, puis s'affala sur le carrelage. Peu à peu, son malaise commença de se dissiper.

Elle se leva, se rinça la bouche et gagna la cuisine pour avaler un verre d'eau à grandes goulées ; elle se sentait étrangement déshydratée.

De retour dans l'atelier, il lui fallut s'asseoir ; la tête lui tournait et elle sentait monter une migraine carabinée. Elle s'appliqua à respirer profondément...

Depuis son fauteuil, elle distinguait Travers. Il dormait dans une position étrange. La moitié de son corps pendait hors du lit. Intriguée, DeLacy s'approcha d'un pas chancelant. Soudain, elle se figea et un cri s'étrangla dans sa gorge.

Travers avait les yeux grands ouverts, révulsés.

Prise de panique, DeLacy se rua hors de la chambre et fondit sur le téléphone. Elle composa le numéro de Cecily en tremblant violemment.

Une sonnerie... deux... Enfin, une voix féminine un peu enrouée.

— Allô ?

— Ceci, c'est moi... Il est arrivé quelque chose à Travers. Je crois qu'il est mort ! Viens vite, je t'en supplie !

— Où es-tu ?

— Dans son atelier.

— Tu es habillée ?

— Non, je...

— Habille-toi et rassemble immédiatement toutes tes affaires – bijoux, tout. J'arrive, avec Eric.

— Avec... Mais pourquoi ?

— On ne sait jamais. Je me dépêche, DeLacy.

— Entendu.

Quand elle eut raccroché, l'émotion la submergea et elle éclata en sanglots.

Quand Cecily arriva avec son cousin, DeLacy pleurait en silence, mais elle se tenait prête. Au premier coup frappé, elle courut ouvrir la porte d'entrée. Cecily la prit dans ses bras. DeLacy s'abandonna un moment à son étreinte mais les hoquets menaçaient de la reprendre, aussi se dégagea-t-elle.

— Bonjour, Eric, murmura-t-elle.

Les yeux arrondis par l'effroi, elle ajouta :

— Travers est dans la chambre. Pouvez-vous me dire ce qu'il a ?

— J'y vais, répondit Eric.

— C'est par là.

Eric et Cecily entrèrent dans la chambre à coucher. Eric prit le bras du peintre et chercha son pouls – en vain. Délicatement, il rabattit les paupières du défunt.

— Je suis désolée, madame. Il est mort. Une crise cardiaque, sans doute...

— Mais il est si jeune... murmura Cecily.

DeLacy ne dit rien. Elle regardait dans le vide, comme absente. Lentement, elle marcha jusqu'au lit où gisait son amant et l'embrassa. Surprise par la froideur de son visage, elle tressaillit. Puis elle tira le drap sur lui.

— Tu as toutes tes affaires ? chuchota Cecily en posant la main sur son bras.

— Oui.

— Alors, allons-nous-en.

— Attendez, dit Eric. Je voudrais que vous nous racontiez les événements de la soirée.

DeLacy opina et s'exécuta.

— Nous avons beaucoup bu. Nous sommes rentrés en taxi. Arrivés ici, nous sommes tout de suite allés nous coucher. Je me suis réveillée vers deux heures et demie, j'avais la nausée. J'ai vomi...

Elle leur raconta le moment où elle s'était aperçue que Travers ne bougeait plus.

— Lorsque j'ai vu ses yeux, j'ai su que quelque chose n'allait pas...

— Vous étiez seuls ici ? demanda Eric.

— Oui.

— Tu dis avoir vomi, releva Cecily. S'agirait-il d'une intoxication alimentaire ? Travers se serait-il empoisonné ?

— Au Ritz ? Cela me semble improbable.

— Une attaque peut survenir à n'importe quel âge quand on souffre de problèmes cardiaques, remarqua Eric. Etait-ce le cas de M. Merton ?

— A ma connaissance, il jouissait d'une excellente santé.

319

— Pourrait-il s'agir d'une réaction allergique ? Peut-être liée à l'alcool ?

Silence. Cette piste semblait tirée par les cheveux. Cecily reprit la parole :

— On ne peut pas le laisser comme ça. DeLacy, permets que j'appelle mon oncle Howard.

— Mais il travaille à Scotland Yard ! Faut-il vraiment alerter les autorités ?

— Cecily, veux-tu que je fasse venir une ambulance ? demanda Eric au même moment. Une autopsie s'impose en général dans les cas de mort subite.

— Laissons Oncle Howard en décider. D'accord, DeLacy ?

— Entendu, lâcha-t-elle dans un souffle. Après tout, c'est presque un Swann.

Howard Pinkerton arriva moins d'une demi-heure plus tard. Après un long entretien avec DeLacy, il souhaita voir le corps et la jeune femme le conduisit jusqu'à la chambre à coucher où elle le laissa seul.

L'inspecteur souleva le drap et examina minutieusement le défunt. Le cadavre ne présentait aucune trace de coups. Quand il eut terminé, il replaça le drap et rejoignit les autres dans l'atelier.

— Je vais appeler une ambulance, les informa-t-il. Il faut remettre le corps aux mains des médecins pathologistes. J'assisterai à l'examen, mais tout semble indiquer une mort naturelle. Je penche pour la crise cardiaque. Quel âge avait M. Merton, madame ?

— Trente-sept ans, bredouilla DeLacy. Il était en pleine forme...

Les larmes lui montèrent aux yeux et elle laissa sa phrase en suspens.

— Cela arrive plus souvent qu'on ne le pense, l'informa gentiment l'inspecteur. Avait-il un médecin attitré ?

— Non. Il disait n'en avoir pas besoin, puisqu'il se portait comme un charme.

— Bien. Inutile de spéculer : nous en saurons plus après l'intervention des professionnels de la santé. Connaissez-vous le plus proche parent du défunt ?

— Travers était orphelin. Il n'avait plus qu'un cousin germain, dont il était assez proche. Et moi.

Là-dessus, DeLacy perdit connaissance.

Eric et Cecily la reconduisirent en taxi jusqu'à son appartement d'Alford Street. Ils répugnaient à la quitter en ces heures difficiles, mais la jeune femme insistait : elle souhaitait se recueillir, chez elle. Seule.

— Si tu changes d'avis, tu peux venir loger chez moi, lui répéta Cecily.

— Que va-t-il se passer maintenant ?

— Oncle Howard nous en informera en temps et en heure, n'est-ce pas, Eric ?

— Tout à fait. Nous ne devrions pas tarder à connaître les causes du décès. Il faudra prévenir ce cousin, afin d'organiser les funérailles.

— Il s'agit de M. Vivian Carmichael, précisa DeLacy. Mais j'ignore comment le joindre.

— Nous nous en chargeons. A bientôt, DeLacy. Essaie de dormir…

Eric et Cecily traversèrent Mayfair à pied. Ils étaient presque parvenus à Chesterfied Street, où vivait la jeune femme, quand son cousin lui prit le bras.

— Qu'y a-t-il ? lui demanda-t-elle.

— Je tenais juste à te féliciter. Tu t'es comportée avec tout le sang-froid et la présence d'esprit d'une vraie Swann.

— Il s'en est fallu de peu que je commette une imprudence : mon instinct premier me poussait à arracher

DeLacy aux lieux du drame. Nous autres Swann avons cela dans le sang. Protéger les Ingham est notre priorité.

— Tu as bien fait de téléphoner à Howard. Es-tu de son avis ?

— Ma foi, oui. M. Merton semble être mort de causes naturelles. Pourtant, quelque chose me turlupine...

L'autre fronça les sourcils.

— Tu penses encore à un empoisonnement ? Mais qui en aurait eu après lui ?

— Je l'ignore, mais DeLacy a été prise de vomissements...

— Elle reconnaît avoir beaucoup bu.

Cecily n'était pas convaincue.

— Elle est si fragile, Eric, reprit-elle. Elle va avoir besoin de moi.

53

Cecily remontait l'allée qui menait au manoir. Décidément, rien ne valait le spectacle de Cavendon en avril.

Il faisait doux. Le ciel était piqueté de nuages blancs. Les arbres bourgeonnaient et les premières jonquilles fleurissaient. Tout n'était que renaissance et renouveau.

Plusieurs semaines s'étaient écoulées depuis la mort tragique de Travers Merton. Les médecins avaient conclu à une crise cardiaque. Lors des obsèques organisées par DeLacy et Vivian Carmichael, le cousin du défunt, tous les Ingham étaient venus témoigner leur soutien. Depuis, la jeune femme endeuillée puisait dans l'amour des siens la force d'aller de l'avant.

Elle s'était installée à Cavendon, où tous lui prodiguaient les soins dont elle avait besoin. Harry, notamment, veillait sur elle. Fidèle ami depuis l'enfance, le jeune homme l'emmenait au théâtre à Harrogate pour lui changer les idées, ou faire de longues promenades à cheval. Cecily, qui connaissait bien les ravages de la solitude, était infiniment reconnaissante à son frère de son dévouement.

Cecily avait plus que jamais le vent en poupe. Michael Alexander, le producteur de théâtre, l'avait appelée pour la féliciter personnellement, emballé par ses premiers croquis de costumes. Elle travaillait dans le même temps sur une ligne d'accessoires dédiés dont Harte's aurait l'exclusivité, aidée de Dulcie qui multipliait les suggestions. La jeune fille avait trouvé des locaux pour sa galerie, à Mayfair, et s'apprêtait à faire main basse sur les trésors de Cavendon. Elle s'attendait à soulever des protestations, mais comptait sur son charme et son bagout pour venir à bout des résistances les plus âpres. Diedre avait donné naissance à un petit garçon en pleine santé, et Paul et elle nageaient dans le bonheur. De son côté, Hugo avait emmené Daphné à Paris pour des vacances bien méritées.

Cecily consulta sa montre : quinze heures trente. Elle était en avance. Tiens ! La porte de la roseraie était ouverte. Et cette silhouette... Oui, c'était bien sa tante Charlotte, avachie sur un banc, la tête entre les mains ! Qu'était-il donc arrivé ?

Cecily s'engouffra dans la roseraie au pas de course. Alertée par le bruit, Charlotte releva la tête. Elle était livide.

— Ma tante, qu'y a-t-il ? s'écria Cecily en se laissant tomber à ses côtés.

Charlotte ne répondit pas. Seule une veine palpitait sur sa tempe. C'était grave, à l'évidence. Et Cecily, qui n'avait jamais redouté rien ni personne de toute sa vie, prit peur. Le comte serait-il malade ? Non. Charlotte n'aurait pas quitté son chevet le cas échéant. Mais alors, quoi ?

Soudain, Charlotte fut secouée de sanglots. Cecily l'enlaça, et l'autre s'agrippa à elle comme une noyée. Un moment plus tard, un peu apaisée, elle s'excusa.

— Tu n'as pas à t'excuser, assura Cecily. Mais que t'arrive-t-il ? Je peux peut-être t'aider. Tu n'es pas malade, au moins ?

— Non, ma chérie. Je ne suis pas malade. C'est Cavendon qui est à l'agonie. Le domaine tombe en ruine, Ceci ; il vit ses dernières heures sous nos yeux impuissants. Et quand Charles en prendra conscience, il en mourra. Je le sais. Cavendon, c'est sa vie. Je ne sais plus à quel saint me vouer. Je n'ose pas lui annoncer la nouvelle. Et s'il refaisait une attaque ?

— Tu es sûre que tu ne t'exagères pas l'ampleur de la chose ? Raconte-moi tout, ma tante.

— Ted a découvert d'importants problèmes de plomberie...

— Tu parles de ces fuites ? Je croyais le problème résolu.

— Hélas ! Les canalisations ont explosé dans une première pièce, puis dans deux, puis dans dix. (Une larme roula sur sa joue.) Et si encore il ne s'agissait que de cela ! Mais les planchers menacent de rompre, le toit n'est plus étanche, la charpente est fragilisée de toutes parts. Plus on entreprend de travaux, plus le chantier s'étend ; je n'en vois pas le bout. J'ai demandé la permission à Charles d'embaucher un expert pour estimer la santé générale du domaine et...

Sa voix se brisa. S'armant d'un mouchoir, Charlotte se tamponna les yeux.

— Le dégel et les fortes pluies des derniers jours ont causé des dommages terribles. L'ensemble du manoir a cruellement manqué d'entretien au cours des années passées. J'ai reçu les rapports des experts ce matin : ils sont catastrophiques. Je tremble à l'idée de les montrer à Charles.

— Il faut donc rénover l'ensemble du manoir ?

— A peu de chose près, oui.

— Cela coûterait une fortune...

— ... dont nous ne disposons pas.

Cecily assimila ces informations en silence. Puis elle baissa les yeux sur le cadran de sa montre.

— Il est presque quatre heures, constata-t-elle. Tu sauras donner le change aux autres pendant le thé ?

— Oui... mais à quoi bon ? murmura Charlotte.

— Ne te décourage pas. Je crois avoir une idée. Laisse-moi le temps d'élaborer un plan.

Charlotte la dévisagea, abattue. Pour elle, le combat était déjà perdu.

— Qui sera là pour le thé ? se renseigna Cecily.

— DeLacy, Gwendolyn, Miles, Charles, et nous deux.

Les yeux pervenche de sa nièce avaient pris une teinte d'acier, reflet de sa détermination farouche. Cecily avait toujours eu de la suite dans les idées.

— Tu crois vraiment pouvoir… ?

— Je ne veux pas te donner de faux espoirs. Où se trouve le rapport des experts ?

— Dans ma commode, parmi mes dessous.

— Voilà ce que tu vas faire : rentre chez toi, passe-toi de l'eau sur le visage et fais-toi belle. Puis descends au salon tenir ton rôle de comtesse comme tu le fais si bien. Préviens Miles que j'aurai quelques minutes de retard, et que nous ferons une annonce.

— Quand ? murmura Charlotte.

— Sitôt que Hanson aura débarrassé.

— Tu veux que je révèle tout ?!

— Oui. Fais-moi confiance. Tu verras.

Après le départ de Charlotte, Cecily demeura quelques instants assise dans la roseraie. Elle tira de son sac un calepin, effectua une série de calculs, puis se leva et emprunta la même direction que sa tante. Toutes sortes d'idées se bousculaient dans sa tête.

Elle se glissa dans les cuisines par l'entrée de service, salua la cuisinière et fila se réfugier dans le bureau de Daphné, où nul ne la dérangerait. Là, elle téléphona à Emma Harte. Cecily lui posa trois questions et Emma répondit à chacune par l'affirmative.

— Vous me faites penser à moi lorsque j'avais votre âge, s'amusa Mme Harte au moment de prendre congé, une vingtaine de minutes plus tard. Je me réjouis grandement de notre collaboration. Les contrats vous parviendront dans le courant de la semaine prochaine.

Cecily pénétra dans le petit salon. Miles et le comte se levèrent pour la saluer, et lady Gwendolyn l'invita à s'asseoir à ses côtés.

— On m'apprend que Dulcie a trouvé ses locaux, affirma-t-elle. Que diriez-vous de lui organiser un vernissage ?

— J'en dis que c'est une excellente idée ! Elle sera ravie.

Tandis que la conversation roulait sur ce projet, Cecily épiait Charlotte du coin de l'œil.

La comtesse de Mowbray, coiffée, maquillée, apprêtée avec soin, semblait en pleine forme. Elle n'avait jamais été femme à se laisser abattre : après un moment de faiblesse passager, elle remontait la pente. Cecily la reconnaissait bien là !

On débarrassait quand Charlotte se tourna vers son mari.

— Je souhaiterais demander à nos hôtes de s'attarder quelques instants : j'ai une annonce à faire.

— Tiens ? Tu m'intrigues, ma chère.

Elle lui sourit vaillamment, mais son cœur se serrait. La chute du domaine signerait sa perte, elle n'en doutait pas un instant.

Elle s'éclaircit la gorge et inspira profondément.

— Merci de votre attention. Nous avons procédé ces derniers mois à de nombreux travaux de réparation. Sur les recommandations de Ted Swann, et avec l'appui de Charles, qui connaît mieux que quiconque la valeur de notre demeure, j'ai fait réaliser une expertise du manoir.

— Le rapport est arrivé ? l'interrompit Charles d'une voix pressante.

— En effet. Je précise pour rappel que le manoir, qui date de 1761, compte au total cent quatre-vingt-trois pièces, en incluant les quartiers des domestiques, les vestiaires et les garde-manger, bien entendu.

— Tant que ça ! s'exclama Miles.

Charles fronçait les sourcils. Quelque chose dans le ton de sa femme avait éveillé ses craintes. Il la connaissait trop bien pour se laisser berner par ses sourires, si bien imités fussent-ils.

— La bonne nouvelle, reprit-elle, c'est qu'en l'espace de trois ans, Cavendon pourrait être totalement remis à neuf. La mauvaise nouvelle, c'est le coût des travaux nécessaires.

— Combien ? murmura Charles.

Il se prépara au pire. Le montant devait se chiffrer en milliers de livres…

— Dans les cent mille livres, lâcha Charlotte. Au moins.

Charles en resta estomaqué. Il n'avait pas cillé, mais son teint avait viré au gris et son cœur s'était mis à tambouriner. C'était fini. C'en était fait des Ingham et de leur dynastie.

Miles aussi s'était figé, assommé. Ruinés ! Ils étaient ruinés !

Mais alors retentit une voix féminine.

— Je vous avancerai la somme, monsieur.

Charles se tourna vers Cecily, sidéré, imité par Miles et Charlotte.

— Mais… Pourquoi ? Comment ? bredouilla cette dernière.

— Il ne s'agit pas d'un cadeau, expliqua Cecily. En échange, je voudrais que vous me cédiez les bijoux « souillés », ceux qu'avait… empruntés l'ancienne comtesse.

Le comte la dévisageait. Si la jeune femme était en

mesure de lui avancer une telle somme, c'est qu'il avait manifestement sous-estimé son succès... Cependant, Cecily s'était déjà munie de son carnet de chèques.

— A quel ordre dois-je le rédiger ?

54

Lady Gwendolyn fut la première à recouvrer l'usage de la parole.

— Eh bien, Charles, qu'attends-tu pour accepter cette offre ? Le manoir tombe en décrépitude et toi, tu tergiverses ! Cède tes bijoux à Cecily ainsi qu'elle te le propose. Aucune d'entre nous ne les reportera jamais.

La réponse de Charles tomba comme un couperet :

— J'ignore la valeur des bijoux en question. Je dois m'assurer que nul ne sera lésé par ce marché.

— Mais, papa…, commença Miles.

— Comprenons-nous : c'est de Cecily que je m'inquiète. Il serait indigne de nous d'abuser de sa générosité.

— Rassurez-vous, monsieur, reprit la jeune femme. Mon offre s'assortit en effet d'une condition. Puis-je vous en exposer les termes ? Il s'agirait de faire rédiger un contrat…

— Un contrat entre les Swann et les Ingham ? se récria Charlotte. Jamais nos deux familles n'ont encore eu recours à de telles formalités !

— Je le sais, ma tante. J'ai prêté serment, comme des générations de Swann avant moi. En l'occurrence, il faudrait faire intervenir un tiers, d'où ma requête.

— De qui s'agit-il ? l'interrogea Miles.

— Emma Harte, la fondatrice du grand magasin du même nom.

— C'est son argent que vous m'offrez, Cecily ?

— Non, monsieur. C'est le mien propre. Si vous me vendez les bijoux, j'en ferai réaliser des copies en cristal, en pierres semi-précieuses et en verroterie et les distribuerai en partenariat avec Mme Harte. Avec votre permission, nous appellerions cette gamme la « Collection Cavendon ».

— Bravo, Ceci ! la félicita DeLacy. Papa, dis oui !

— Je pourrais vous vendre quelques pièces, moi aussi, suggéra lady Gwendolyn. Si tant est que vous soyez intéressée...

— Bien volontiers, madame.

Le comte et la comtesse, eux, se taisaient.

— Quand avez-vous formé ce projet ? s'enquit Charles.

— Le jour où Miles a récupéré les bijoux.

— Je vois. Cecily, je vous remercie. Vous venez de sauver Cavendon. Je vous en serai éternellement reconnaissant.

— C'est moi qui vous remercie, monsieur. Alors, ce chèque, je l'établis à quel ordre ?

Sous la dictée de Miles, elle inscrivit le nom de compte dédié à la restauration du domaine de Cavendon puis tendit le chèque au comte.

— Inutile, Cecily. Vous me le donnerez une fois le contrat signé.

— Monsieur, j'ai en vous toute confiance. Je suis une Swann, et vous un Ingham. Il n'est pas besoin entre nous d'un morceau de papier.

Elle tendit le poing et récita le serment de leurs deux maisons.

— *Loyauté me lie.*

— *Loyauté me lie,* répéta le comte en plaçant son propre poing au-dessus du sien. Merci.

— Et maintenant, dit Miles, si nous sablions le champagne pour célébrer cette bonne nouvelle ?

Dans le salon, l'ambiance avait changé du tout au tout. Soulagés, les convives trinquaient. Bien qu'encore stupéfaits par la présence d'esprit et la générosité de Cecily, Charles et Miles avaient repris des couleurs. Charlotte n'était pas en reste.

— D'où t'est venu ce trait de génie ? demanda-t-elle discrètement à sa nièce.

— Je l'ignore. Pour ne rien te cacher, l'idée m'était complètement sortie de l'esprit. Jusqu'à cet après-midi.

— Mais... et Emma Harte, quand lui as-tu parlé ?

— A l'instant, ma tante ! Dès que tu as quitté la roseraie. (Cecily pouffa.) Elle est enchantée.

D'une voix chargée d'émotion, Charlotte la remercia une fois de plus.

— Tu as sauvé la vie de mon mari, j'en ai l'intime conviction.

— En ce cas, tout le monde est gagnant : je suis pour ma part ravie de mon partenariat avec Emma.

— Elle est un modèle pour les femmes d'aujourd'hui, comme toi, Cecily, acquiesça l'autre.

— Sais-tu que nous avons aussi parlé de lancer une ligne de robes de mariée ? Je dessinerais aussi des bas, de voiles, des jarretières... Emma est très enthousiaste. Elle suggère de baptiser la collection « Les Mariées de Cecily ». Et elle manifeste également de l'intérêt pour un autre de mes projets...

— Ah ? Lequel ?

— Je ne t'en ai pas parlé, mais je travaille avec un laboratoire afin de mettre au point une gamme de crèmes pour le corps et de cosmétiques.

— Tu es pleine de ressources, décidément. Emma peut se féliciter de votre association. Je n'en reviens pas de ce que tu as fait. Donner tes économies à Charles alors que rien ne t'y obligeait...

— Je l'ai fait pour Miles, ma tante. Pour préserver son domaine. Cavendon est sa raison d'être, tu sais.

En début de soirée, Cecily regagna la maison de sa tante, où elle logeait avec Miles.

La maison était spacieuse et bien aménagée. Le salon donnait sur le parc. Un petit bureau jouxtait la chambre à coucher.

Un jour, Harry et elle hériteraient de cette propriété et Cecily savait que son frère la lui céderait ; il se trouvait mieux dans sa propre demeure.

La jeune femme s'assit à la table de la cuisine et se plongea dans ses dossiers. Il lui tardait que son parfum voie le jour. Il s'appellerait *White Rose*, en hommage à sa mère qui, autrefois, s'était rendue à Grasse avec l'idée de créer sa propre eau de Cologne. Elle avait passé des jours à visiter les parfumeries, comparer essences, huiles et muscs, pour aboutir à une composition originale qui avait connu un réel succès commercial ; avec ses notes entêtantes de tubéreuses, il avait même séduit la jeune Dulcie. Cecily entendait encore la voix de sa mère : « La chance ne fait pas tout, ma chérie. Travaille ! C'est là le secret. »

Cecily l'avait prise au mot. Sept jours sur sept, six années durant. Et cela avait porté ses fruits.

On frappa à la porte. S'arrachant à ses souvenirs, Cecily se leva.

C'était Genevra.

— Je voulais te dire merci, pour les robes. C'est juste ma taille.

Elle fit la révérence, un pan de sa jupe dans chaque main.

— Tant mieux ! dit Cecily. J'ai toujours mon talisman,

et Miles chérit le sien, lui aussi. Ils nous portent bonheur, comme promis.

— Puisque je te le dis !

Sur ce, la gitane tourna les talons et disparut.

55

Lawrence Pierce quitta le Ritz, un air fat sur le visage. Il se rendait au White's, un club de St James's Street, après un divin après-midi en compagnie de sa dernière conquête.

Quelques jours lui avaient suffi pour séduire Mattie Lou Brown. Si l'Américaine portait un nom vulgaire, celui-ci cachait une fortune colossale. Veuve et sans descendance, elle avait hérité de son troisième mari un véritable empire dans les chemins de fer. Bien qu'un peu plus âgée que le chirurgien, Mattie ne manquait ni de charmes, ni d'appétit. Elle ne faisait pas mystère des raisons qui l'avaient conduite à Londres : faire bombance et s'adonner aux plaisirs de la chair.

Elle en avait eu pour son argent. Jamais elle n'avait connu pareille extase, lui avait-elle confié après leur première fois. Ainsi, ils avaient pris l'habitude de se retrouver en journée, en soirée, et quand bon leur semblait. Elle le flattait éhontément, le couvrant de compliments sur son physique et ses prouesses au lit, ainsi que de présents coûteux, baisant au passage ses « mains magiques », comme elle les désignait.

Jusqu'à ce que, la veille, elle lui annonce son intention de l'épouser. Lawrence avait failli en tomber à la renverse. Mais Mattie, imperturbable, lui avait collé entre les mains un document qui l'avait laissé sans voix.

Pierce découvrait qu'elle était riche à millions, possédait son propre yacht, une demeure en Californie, un triplex sur la Cinquième Avenue, et plus encore. Et une part non négligeable de cette fortune serait à lui s'il consentait au mariage. « Je m'occuperai bien de toi, mon chou, lui avait-elle susurré. J'attends ta réponse pour demain. »

Jamais Felicity n'accepterait de divorcer, mais l'occasion était trop belle. S'il liait son destin à celui de l'Américaine, Lawrence n'aurait plus jamais à brandir le scalpel de toute sa vie ! Aussi avait-il accepté, pour la plus grande joie de l'héritière. Bientôt, ils embarqueraient sur son yacht, à Nice. Bientôt, il voguerait vers l'Italie. Vers un nouveau départ. Le chirurgien était passé à l'hôpital pour rassembler le nécessaire et cheminait en sifflotant. Ce qu'il transportait dans sa poche ferait de lui un homme libre.

Ses galipettes avec Mattie lui ayant ouvert l'appétit, il dîna à son club avec deux compères. Passablement avinés, ils rirent grassement en comparant les prouesses de leurs maîtresses respectives. Le cognac succéda au vin, et les cigares au cognac... Les amis de Lawrence finirent par prendre congé tandis que lui s'attardait un peu. Depuis des années, ce club était son repaire, son refuge interdit aux femmes, et donc idéal pour en parler à son gré...

Mais il fallait regagner Charles Street : il avait à faire. Quelques tasses de café plus tard, il avait recouvré toute sa lucidité et reprit à pied le chemin de Mayfair.

Il abordait Berkeley Square quand une camionnette s'arrêta à son niveau, le long du trottoir.

— Hep, l'ami, c'est par où, Bond Street ? lui demanda le conducteur.

— Bond Street ? Tournez à...

Lawrence Pierce n'eut pas le temps de finir sa phrase :

il reçut un coup sourd à l'arrière du crâne et s'effondra sans connaissance sur le pavé.

— Il est dans le gaz, lâcha son agresseur.

Deux complices bondirent de la camionnette. L'un d'eux chloroforma la victime pour plus de sûreté, et à trois, ils soulevèrent son corps inerte et le jetèrent à l'arrière du véhicule.

— Pas un flic à la ronde, commenta le conducteur. Une veine !

Il remit le contact et prit la direction de l'entrepôt abandonné qu'ils avaient repéré sur les docks. Lui et ses acolytes allaient donner à cette ordure une leçon qu'il n'était pas près d'oublier.

Le dimanche 5 juin, jour de l'ouverture de la galerie de Dulcie, il faisait un temps radieux. Lady Gwendolyn avait pris en mains l'organisation du vernissage de la toute nouvelle galerie Dulcie Ingham-Brentwood, ainsi qu'on l'avait baptisée. Folle de joie et de fierté, elle paraissait plus belle encore qu'à l'accoutumée. James aussi était présent et gratifiait les invités de son charme légendaire.

— Dulcie, mon enfant, je te félicite, déclara lady Gwendolyn. Tu as parfaitement mis en valeur mes tableaux.

— Et vos pièces de jade, les avez-vous vues, ma tante ? renchérit sa petite-nièce. Je suis persuadée qu'elles partiront très vite...

— Certes. Tu verseras les bénéfices réalisés sur ces ventes au fonds de restauration de Cavendon, n'est-ce pas ?

— Oui, ma tante. Papa m'a prié de faire de même avec les meubles qu'il m'a cédés.

— N'est-ce pas qu'elle est douée, ma femme ? fanfaronna James. Et quelle ténacité ! Elle a fait main basse sur vos trésors tel Attila le Hun.

Bientôt, la galerie fourmilla d'hôtes de marque : comédiens réputés, proches ou parents de James et de Dulcie, Felix et Constance Lambert bien sûr, Michael Alexander le producteur...

— Ma parole, tout le gratin est là ! résuma DeLacy.

Dorothy Swann arriva parmi les derniers, Howard Pinkerton à son bras. Ils commencèrent par faire le tour des lieux, admirant tableaux, sculptures et autres antiquités.

Avisant sa tante, Cecily se hâta d'aller la saluer. Après un échange de politesses, Howard attira la jeune femme à l'écart.

— Quelque chose ne va pas ? s'enquit-elle, alarmée.

— Un dossier énigmatique a été soumis à mon attention. Il concerne Lawrence Pierce...

— De quoi s'est-il encore rendu coupable, cet odieux personnage ?

— Ma foi, je dirais qu'il a fait pire : il est mort.

— Ciel ! Quand ? Comment ?

— Samedi soir. On l'a trouvé sur les marches de son hôpital samedi en fin de journée ; il était alors entre la vie et la mort. Il a succombé à ses blessures dans la nuit qui a suivi. On l'avait manifestement battu ; son visage n'était plus qu'ecchymoses et boursouflures... Surtout, on avait systématiquement massacré ses mains. Il semble qu'on lui ait broyé les doigts à coups de bottes cloutées. Quand bien même il aurait survécu, il n'aurait plus jamais opéré.

— Sa femme est au courant ?

— Oui. Mais voilà où je voulais en venir : on a retrouvé dans sa poche une fiole de chlorure de potassium. En connais-tu les effets, Cecily ?

— Non. Quels sont-ils ?

— Injecté en quantité suffisante, le chlorure de potassium suscite l'arrêt cardiaque. La substance est indétectable : en effet, l'organisme en produit naturellement

338

lorsque le cœur est endommagé, de sorte que tout porte à croire dans de tels cas à une simple crise cardiaque.

Cecily fit aussitôt le rapprochement.

— Travers Merton...

— Tout juste. Ils étaient amis, puis se sont brouillés.

— Il faut absolument rouvrir l'enquête !

— Je crains qu'il ne soit trop tard pour cela. Quoi qu'il en soit, quelqu'un avait une dent contre Lawrence Pierce. Tout suggère une vendetta.

QUATRIÈME PARTIE

Des anges très discrets
Décembre 1928-janvier 1929

Aucun malheur ne t'arrivera, aucun fléau n'approchera de ta tente.

Car il ordonnera à ses anges de te garder dans toutes tes voies.

Ils te porteront sur les mains, de peur que ton pied ne heurte contre une pierre.

Psaume 91
(traduction de Louis Segond)

Les anges vivent parmi nous comme autrefois ;
Retourne une pierre, il en fuit un vers le ciel
Mais c'est vous, c'est vous et vos visages de bois
Qui vous fermez à la splendeur universelle.

Francis Thompson
(traduction de Roger Asselineau)

56

— Quelle étrange année que 1928, dit Dorothy dans un soupir. Il s'est passé tellement de choses ! Tant de malheurs...

En face d'elle, à son bureau, Cecily approuva :

— J'ai moi-même été plutôt épargnée, les Ingham en revanche...

— Les pauvres. La mort de lady Lavinia leur a porté un coup à tous. Lady Gwendolyn en reste fortement ébranlée, de même que lady Vanessa. Et ce pauvre Mark Stanton...

— Il l'aimait. Les autres aussi, qui ne se pardonnent toujours pas cette querelle... Lavinia avait ses défauts, mais elle ne méritait pas qu'on la batte froid alors qu'elle luttait contre la maladie.

— Bon, je descends voir Dulcie, annonça Dorothy après un silence. Elle est en train d'essayer des manteaux.

— Je te rejoins dans une minute, le temps d'étudier ses croquis.

La jeune fille avait conçu pour Cecily une collection de broches, vendues par paire : l'une s'accrochait au col, l'autre au chapeau. Elle les appelait les « épingles Duo », et était allée jusqu'à composer un slogan publicitaire afin de mieux les vendre : « L'épingle Duo : faites-lui le plaisir de vous l'offrir ! » Dulcie disait s'être inspirée d'une broche en forme de plume qu'elle avait admirée sur sa sœur Diedre, à laquelle elle avait apporté sa touche en incurvant audacieusement la tige. Elle avait également dessiné un cygne d'or de toute beauté, copie de celui que sa grand-tante Gwendolyn avait offert à Charlotte. Les propriétaires des pièces originales avaient autorisé Cecily à en faire réaliser des copies et à conserver tout bénéfice réalisé sur leurs ventes : c'était leur façon de remercier la styliste. On lui devait, après tout, le salut de Cavendon.

La troisième esquisse, une création originale, représentait un cœur d'or un peu asymétrique tout enrubanné de rubis. Dulcie l'avait baptisé le « Cœur Brentwood ». Cecily était en train de l'admirer quand Dulcie passa la tête dans le bureau.

— Nous avons une cliente en pleurs dans la cabine d'essayage, une certaine Cora Ward. J'ai essayé de la calmer, mais rien n'y fait ! Tu veux bien venir lui parler ?

Au fond de la boutique, au rez-de-chaussée, des sanglots retentissaient.

— Madame Ward ? C'est Cecily Swann. Puis-je entrer ?

— Oui, hoqueta Cora.

Cecily s'exécuta.

— Puis-je vous aider ? Vous vous trouvez mal ?

L'autre leva de grands yeux noirs baignés de larmes et secoua la tête.

Cecily l'avait toujours trouvée belle avec sa masse de boucles auburn qui tranchaient sur son teint de lait. Sans doute descendait-elle d'un de ces marins échoués en Irlande après l'invasion de l'armada espagnole...

— Venez donc vous asseoir dans le boudoir, madame. Dorothy va vous préparer une tasse de thé, et vous nous direz en quoi je peux vous être utile.

L'autre opina et suivit docilement Cecily.

— Je n'ai pas essayé les vêtements, murmura-t-elle. Je

ne voulais pas les froisser. Voyez-vous, je ne pourrai pas les payer.

— C'est votre mari qui vous cause du souci ? suggéra Dulcie en s'installant à ses côtés. Parfois, ces messieurs se lassent de débourser de grosses sommes pour enrichir nos garde-robes...

— Si tel est le cas, ne vous inquiétez pas, ajouta Cecily. Ces vêtements ont été réalisés sur mesure pour vous, mais ils iront à d'autres. Je ne vous contraindrai pas à les acheter.

— Merci, mademoiselle Swann.

Cora tira un mouchoir de son sac et sécha prestement ses larmes.

— Je me donne en spectacle, bredouilla-t-elle. Je suis confuse...

L'émotion l'assaillit et de nouvelles larmes jaillirent. Mme Ward sortit de son sac une liasse de factures.

— Il refuse de payer et moi, j'en suis incapable : il m'a repris tous mes bijoux...

Les sanglots la reprirent.

— Si je comprends bien, votre époux rencontre des difficultés financières, dit Cecily. Ne vous inquiétez pas ; ces factures attendront. Votre situation va s'arranger, vous nous rembourserez plus tard.

— Merci, merci, murmura l'autre en rempochant ses factures. Vous êtes trop bonne.

Dorothy lui versa une tasse de thé. Quand Mme Ward fut rassérénée, elle reprit la parole :

— Je trouverai du travail et je réglerai mes dettes. Je ne peux pas compter sur lui. Il a tout perdu, puis il m'a répudiée, comme d'autres avant moi.

Honteuse, elle piqua du nez.

— Je ne comprends pas, intervint Cecily. Allez-vous divorcer ?

— Non, mademoiselle. Je... je ne suis pas mariée. Je ne l'ai jamais été. Et mon nom n'est pas vraiment Ward, mais

O'Brian. Monsieur était mon… bon ami depuis quatre ans. Mais c'est terminé. Je vais devoir me trouver un toit…

— Il aura bien la décence de vous aider ! s'indigna Dulcie.

— Hélas ! Il est ruiné. Il a même congédié Bert, son chauffeur. Bert prétend que Monsieur n'a jamais été qu'un escroc doublé d'un sale bonhomme… Que les sommes que Monsieur a perdues ne lui appartenaient même pas. Mais il n'est pas si mauvais, je le connais ! Lord Mildrew n'aurait jamais escroqué ses amis, pas en connaissance de cause ! Bert dit qu'il va finir en prison, mais ce n'est pas possible !

La jeune femme enfouit son visage dans ses mains. Un silence de mort s'abattit sur la pièce. Cecily et Dorothy échangèrent un regard. Dulcie dévisageait la cliente, bouche bée. Elle faillit laisser échapper une exclamation, mais se ravisa à temps. Sous son regard ahuri, Cecily reprit :

— Mademoiselle O'Brian, je suis navrée d'apprendre les difficultés de votre ami. Quel genre d'emploi recherchez-vous ? Quelles sont vos compétences ?

— J'ai été vendeuse chez un cordonnier, puis chez une couturière. J'ai également gardé une petite fille pendant un an. J'apprends vite.

— Je vais réfléchir et me renseigner. En attendant, quelqu'un peut-il vous héberger ?

— Oui, mon amie Marie veut bien me loger le temps que je retombe sur mes pieds. Elle vient de perdre son mari, elle a besoin de compagnie.

— Tâchez de vous trouver un toit d'ici à la semaine prochaine. Voyons, nous sommes mardi… Téléphonez à Dorothy vendredi. Entendu ?

— Merci, mademoiselle Swann, merci pour votre grande bonté, je vous rembourserai, je vous le promets…

— Ne vous tracassez pas pour ça dans l'immédiat. Veuil-

346

lez m'excuser : Dulcie et moi avons du travail. Dorothy, tu veux bien aider mademoiselle à rassembler ses affaires ?

Cecily et Dulcie gravirent l'escalier avec dignité mais, en leur for intérieur, elles bouillonnaient. Dès que la porte du bureau se fut refermée sur elles, Dulcie s'exclama :

— C'est la maîtresse du père de Mlle Mildiou ! Ceci, tu te rends compte de ce que ça signifie ? Elle va bien être obligée de divorcer, maintenant qu'elle est sur la paille !

Cecily hocha vigoureusement la tête, incapable de prononcer un mot.

— Tu crois vraiment que lord Mildrew sera arrêté pour fraude ? poursuivit Dulcie.

— Le temps le dira, mais je n'en serais pas surprise.

— Elle est partie ! annonça Dorothy en les rejoignant. J'ai fermé la boutique : il faut que nous parlions.

Dulcie, sur sa lancée, était intarissable.

— Je vois déjà les gros titres : « Mildrew le magnat sous les verrous » ! L'article dévoilera l'existence des femmes qu'il entretenait avec son argent mal acquis... Alors ? On alerte la presse ? Qu'en dites-vous ?

Cecily fronça les sourcils.

— Ce ne serait pas très noble. Les journaux en feraient leurs choux gras...

— Moi, je vote pour ! s'exclama Dulcie. James connaît des tas de journalistes. Felix aussi. Clarissa sera mise au ban, ce qui sera justice, et elle devra bien supplier Miles de lui verser une pension alimentaire. Mieux : menaçons-la de tout dire aux journaux et elle reverra ses exigences à la baisse pour nous en empêcher !

— Ce serait du chantage, gronda Cecily.

— Et pour Cora, que fait-on ? l'interrogea sa tante. Nous ne pouvons pas l'embaucher. J'y ai bien sûr songé, mais...

— Je sais : nous devons avoir avec elle le moins de

347

contacts possible. Cela pourrait se retourner contre nous. Elle m'a l'air d'une jeune femme charmante ; elle aura laissé un richard sans scrupule abuser de sa misère et de sa naïveté... Mais il n'empêche que nous ne pouvons pas la prendre sous notre aile. Je chargerai Emma de lui trouver un emploi chez Harte's. Dorothy, que vas-tu dire à Howard ?

— Rien dans l'immédiat. A moins que tu souhaites requérir son assistance ?

— Non, merci, Dorothy. Du moins, pas tout de suite...

La jeune femme eut un petit rire. Miles était pour ainsi dire tiré d'affaire !

57

Diedre inspecta le salon de Charles Street. Elle y était venue plusieurs fois au cours des semaines passées afin d'inventorier les biens de sa défunte mère.

Felicity n'avait pas survécu un an à son époux : une attaque l'avait emportée en juillet 1928. L'immense fortune qu'elle tenait de son père était échue à Grace, la fille de feu sa sœur Anne. A ses propres enfants, elle ne laissait pas un centime, à l'exception de Diedre qui héritait de la maison et de son contenu.

Dans un souci d'équité, celle-ci s'était proposé de tout vendre afin de partager le bénéfice avec ses frères et sœurs mais, comme tous projetaient de reverser leur part au fonds de restauration du domaine, il apparaissait plus simple de dédier directement la somme à l'entretien de Cavendon.

Dulcie devait passer dans l'après-midi pour l'aider à terminer le tri. Elle emporterait quelques objets et tableaux pour sa galerie, tandis que les meubles seraient vendus aux enchères. Daphné elle aussi avait donné un peu de son temps pour assister Diedre, de même qu'Olive Wilson et Cecily. DeLacy, en revanche, ne quittait guère plus Cavendon ; elle ne nourrissait au demeurant que mépris pour Felicity et refusait d'en entendre parler. Diedre poussa un grand soupir. Il lui tardait d'en finir.

Fatiguée, elle s'assit dans un fauteuil et songea à l'année

qui venait de s'écouler. Paul et elle étaient revenus s'établir à Londres à l'été 1928, six mois après le décès de sa belle-mère. Ayant renoncé à tout investissement à Wall Street, les associés avaient relocalisé à Londres leur bureau new-yorkais. Paul avait revendu son manoir du Connecticut, l'appartement de sa mère sur la Cinquième Avenue, et son triplex de Park Avenue. Ils résidaient temporairement avec leur petit Robin dans l'appartement de Diedre, en attendant d'emménager dans leur nouvelle demeure d'Eaton Square.

L'après-midi avança. Bientôt, Ratcliffe, l'ancien majordome de Felicity, fit entrer Cecily et Dulcie. Dès qu'il les eut laissées, cette dernière explosa :

— Dis-lui, Ceci, je n'y tiens plus, je veux connaître sa réaction !

— Me dire quoi ?

Cecily lui conta leur rencontre fortuite avec Cora O'Brian et la situation financière de lord Mildrew. Diedre en tira les conclusions qui s'imposaient.

— Cette jeune femme t'a offert un joli moyen de pression, se réjouit-elle. La ruine, c'est une chose, quant aux turpitudes de lord Mildrew... Si la presse s'emparait de l'histoire, il ne s'en relèverait pas.

— Je suis pour ébruiter l'affaire, déclara l'impétueuse Dulcie.

— Je ne crois pas que ce soit une bonne idée, riposta sa sœur. Papa serait effaré.

— Mais c'est l'occasion rêvée d'humilier la Mildiou ! Et d'obtenir gain de cause auprès d'elle. Elle va avoir besoin d'argent...

— Méfiance. Les hommes de la trempe de son père ont toujours un compte caché quelque part, pour les cas d'urgence, poursuivit Diedre. Plus ils sont retors, mieux ils assurent leurs arrières. Sait-on quand la nouvelle sera rendue publique ?

— Cora paraissait l'ignorer, l'informa Cecily.

— Elle citait le chauffeur, observa Dulcie. Peut-être que les autorités ne sont pas encore au courant.

— Il est aussi possible que lord Mildrew ait tout manigancé pour se débarrasser d'une maîtresse devenue trop encombrante, remarqua Diedre, qui ne perdait pas le nord. Avez-vous parlé à Miles ?

— Pas encore, répondit Cecily. Il est dans le train pour Londres en ce moment même.

— Informez-le dès son arrivée. Il dispose à présent d'un levier de pression : même sans aller au bout, il pourrait menacer Clarissa de parler à la presse. Après tout, nous ne devons rien aux Mildrew.

— Vu la façon dont ils ont traité Miles, à sa place, je ne me gênerais pas ! déclara Dulcie.

Le silence retomba. Dulcie admira le portrait de DeLacy.

— Quelle merveille... murmura-t-elle.

— N'est-ce pas ? renchérit Diedre. Je vais l'offrir à DeLacy, en souvenir de Travers. Au fait, comment se vendent les tableaux qu'il lui avait légués ?

— Ils partent comme des petits pains ! Je sais qu'elle en conçoit toujours un pincement au cœur, mais Cavendon reste sa priorité, d'autant que le grand-père de Travers adorait le domaine.

— En tout cas, n'hésite pas à te servir ici. Je dois te laisser, Robin m'attend, mais il y a quelques toiles de maîtres au premier, ainsi que divers objets d'art.

— J'ai des frissons rien qu'à l'idée de me trouver cernée par les possessions de cette femme odieuse qui se prétendait ma mère. Ah ! Que ne ferais-je pas pour sauver Cavendon ? Cecily, tu viens m'aider ?

Les deux jeunes femmes partirent explorer le premier étage.

— Ma foi, s'exclama Miles lorsque Cecily lui fit part des révélations de la matinée, notre problème n'est pas pour autant réglé, mais c'est un argument de taille pour négocier avec Clarissa.

Ils sirotaient une tasse de thé, devant la cheminée, chez Cecily.

— Tu vas aller la voir, n'est-ce pas ?

— Bien sûr ! Je l'appellerai demain à la première heure pour convenir d'un rendez-vous.

— Voilà qui devrait piquer sa curiosité.

— Je ne lui dirai rien au téléphone. Ainsi, elle sera trop intriguée pour me refuser l'entretien.

— Si elle refuse, j'irai la trouver, moi...

— Et tu la tailleras en pièces, je sais ! Il vaut mieux que tu me laisses faire. Je saurai la manipuler. Je parlerai de rumeurs, je ferai mine de m'inquiéter pour son père, je m'enquerrai de son bien-être... Puis, je lui proposerai mon aide !

Il noua le bras autour de sa bien-aimée.

— Tu verras, ma Ceci. 1929 sera notre année. La chance va bientôt nous sourire, je le sens.

58

— Ton rôti était fameux, ma chérie, dit Howard Pinkerton à son épouse. Presque autant que ton canard à
l'orange.

Dorothy en rosit d'aise. Elle débarrassa la table et servit
le dessert :

— Un crumble aux pommes, bien croustillant comme
tu l'aimes.

— Ah, tu me gâtes, ma Dottie ! Je parie que tu m'as
aussi préparé une crème anglaise.

— Je l'oubliais !

Elle disparut en cuisine et Howard s'inclina contre son
dossier. La neige de décembre dessinait sur les carreaux
des motifs ésotériques. L'inspecteur songea que la vie leur
ressemblait : elle était complexe, alambiquée, pleine de
nœuds et de détours. Lui qui côtoyait chaque jour crimi-
nels et autres individus mal intentionnés, il était bien placé
pour le savoir ! Mais la vie, comme ces délicats flocons,
regorgeait aussi de beauté. Un an auparavant, l'incroyable
Charles Lindbergh avait franchi l'Atlantique en avion. Les
automobiles conçues par Henry Ford se faisaient de plus
en plus sophistiquées. James Brentwood continuait de faire
se pâmer l'Angleterre avec son magnétisme unique.

C'était un chic type, au demeurant. Dommage qu'il
n'y en ait pas davantage, des comme lui. Les gens de la

trempe de Lawrence Pierce restaient trop nombreux en ce bas mode. L'inspecteur pensait régulièrement à lui : il avait assassiné Travers Merton, cela ne faisait pas un pli. Le flacon de chlorure de potassium ne s'était pas trouvé dans sa poche par hasard la nuit de sa propre agression. Quelqu'un avait cherché à se venger de lui. Il devait fomenter un autre mauvais coup à ce moment-là... Mais contre qui ? Pierce avait emporté son secret dans la tombe.

Les pensées de Howard se tournèrent vers John Mildrew. Encore un sale bonhomme, celui-là ! Cet escroc avait causé la ruine de nombreux innocents, exploitant leur crédulité au profit de sa fortune personnelle.

— Tiens, mon chéri, lui dit Dorothy en lui tendant une assiette copieusement garnie.

Ils savourèrent ensemble la fin de leur dîner.

Howard épiait sa femme en silence. Elle semblait perturbée. Il patienta jusqu'au café, puis l'interrogea :

— Tu es préoccupée depuis quelque temps, ma chérie. Pas la peine de nier : je te connais par cœur. Dis-moi ce qui te tracasse.

Dorothy soupira et porta sa tasse à ses lèvres. Elle hésita un instant, puis décida de se lancer. Elle allait lui demander si la rumeur concernant les malversations de lord Mildrew était fondée.

— Une cliente nous a fait d'étonnantes révélations, cette semaine. Elle s'appelle Cora Ward, ou plutôt Cora O'Brian, et...

— Cora O'Brian, tu dis ? Sais-tu qu'il s'agit de l'ancienne maîtresse de lord Mildrew ?

— Ainsi, tu es au courant. Es-tu chargé du dossier, Howard ?

— Non, c'est la brigade financière qui traite des cas de fraude. Mais le directeur, Matt Praeger, est un vieil ami. Cela fait des mois qu'ils planchent sur le cas de Mildrew. Il finira devant le juge, puis derrière les barreaux !

— Ainsi, c'est donc vrai... Quand va-t-on procéder à son arrestation ?

— Je l'ignore ; l'équipe de Matt continue d'amasser les preuves. Ils veulent monter contre lui un dossier en béton armé. Je devine pourquoi l'affaire t'intéresse, ma Dottie : sa fille empêche l'union de Miles et de Ceci... Mais au fait, que faisait Mlle O'Brian dans sa boutique ?

— Elle y a des dettes. Lord Mildrew l'a répudiée, reprenant les bijoux qu'il lui avait offerts, et la voilà sans ressources. Je lui ai trouvé un poste de petite main chez Mme Arlette, la couturière. Je ne pouvais guère faire davantage...

— Surtout, ne la revois pas ! s'écria vivement son mari.

Dorothy ouvrit des yeux ronds.

— J'ai mal fait, Howard ?

— Non. Seulement elle pourrait être appelée à comparaître comme témoin lors du procès. Je ne voudrais pas que nos noms se trouvent mêlés à l'affaire.

— En effet. Et Richard Bowers, connaîtrait-il la date du procès en question ?

— Je ne pense pas, ce n'est pas de son ressort. Et, bien qu'il soit désormais de la famille, il reste mon supérieur. Je ne tiens pas à le déranger.

— Je comprends. Pourtant, j'aimerais tellement aider Ceci...

Elle faillit confier autre chose à son mari, mais se ravisa : mieux valait d'abord s'assurer des faits.

— Si j'ai du nouveau, je t'en ferai part, je te le promets. Mais aie confiance : Clarissa Mildrew s'estimera bientôt heureuse de percevoir une pension, crois-moi.

Le dimanche après-midi, Miles téléphona six fois chez Clarissa. Cela faisait des jours qu'il appelait en vain. Il s'était même rendu en personne à Kensington un matin

355

de bonne heure, mais avait trouvé la porte verrouillée et les rideaux tirés.

— Ceux-là ? Sont en vacances, m'sieur ! lui avait indiqué le laitier qui effectuait sa tournée. Enfin, je crois bien…

Mais, cette fois, alors que Miles s'apprêtait à reposer le combiné, on décrocha.

— Résidence Ingham, j'écoute, annonça la voix juvénile de Molly, la femme de chambre.

— Pourrais-je parler à Mme Clarissa Ingham, je vous prie ?

— Je crains qu'elle ne soit absente, Monsieur. Elle a quitté Londres.

— Je vois. A quel numéro puis-je la joindre ?

— Je l'ignore, Monsieur. Elle passe les fêtes en Suisse.

— Bien sûr. Quand rentre-t-elle ?

— Au début du mois de janvier, Monsieur.

— Connaissez-vous l'adresse de sa résidence actuelle ?

— Non, Monsieur.

— Merci quand même, Molly.

Il coupa la communication et se tourna vers Cecily.

— Elle passe Noël en Suisse. Nous revoici à la merci de ses caprices…

Cecily secoua la tête.

— Non, mon cher. Nous allons oublier cette histoire le temps des fêtes de fin d'année. Nous nous amuserons à Cavendon. Qu'est-ce que quelques mois de plus ? Nous avons attendu des années ! Et tu obtiendras le divorce, je le sais.

Il la gratifia d'un regard plein de tendresse.

— Tu as raison. Comme toujours ! Patientons. Bientôt, nous nous marierons, je te le promets.

59

— Alors ? demanda Daphné dans l'embrasure de la porte.

Hugo terminait de s'habiller. Il se retourna et demeura sans voix. Sa femme était saisissante, avec sa robe fourreau de soie turquoise et son élégant chignon blond (pour son plus grand bonheur, Daphné n'avait toujours pas cédé aux sirènes des coupes à la garçonne qui continuaient de faire fureur). Des pendants d'oreilles en saphir rehaussaient le bleu de ses yeux.

— Tu passes l'examen haut la main, plaisanta-t-il. Tu vas toutes les évincer !

— C'est mal connaître mes sœurs, Hugo.

— Mais dis-moi, votre nourrice vous soumettait-elle vraiment à une inspection avant chacune de vos sorties ?

— Mais oui ! Elle était très dure. Mais aimante.

— Tu es prête ?

— Oui mais, avant de descendre, j'ai quelque chose à te demander. Tu m'as remis ceci quand nous nous sommes mariés, t'en souviens-tu ?

Elle sortit de son réticule une petite enveloppe.

— Je m'en souviens, répondit Hugo. Je t'ai invitée à la ranger dans le coffre de notre chambre à coucher.

— Et c'est ce que j'ai fait, puis je n'y ai plus songé : les mots inscrits dessus m'horrifiaient bien trop.

— « A n'ouvrir qu'après mon décès »... murmura Hugo, se remémorant la phrase tracée de sa main des années plus tôt. Pourquoi m'en parler à présent ?

— Je veux savoir ce que renferme cette enveloppe, Hugo.

— Il s'agit du numéro de mon compte à Zurich. C'est mon mentor new-yorkais, M. Benjamin Silver, qui l'avait fait ouvrir à mon nom. Il avait confié l'enveloppe à sa fille Loretta, ma première femme, et elle me l'a remise à son tour peu avant sa mort.

— Ce compte est-il... approvisionné ?

— Oui, copieusement. Nul n'a touché à cet argent depuis des années.

— Je vois. L'héritage de Loretta se trouve-t-il également sur ce compte en Suisse ?

— En partie. Il s'agissait surtout d'une entreprise dont j'ai confié la direction à Neil Coulton et de plusieurs biens immobiliers, sur lesquels je perçois chaque année des revenus... Mais pourquoi ces questions, ma chère ?

— Simple curiosité. Je suis tombée sur l'enveloppe en prenant mes saphirs dans le coffre, et de fil en aiguille...

— Daphné, ma chère, ce compte est une garantie de sécurité, pour nous et nos enfants. Je ne peux pas le dépenser pour la restauration du domaine.

— Oh, Hugo, je n'y pensais même pas ! Tu en as déjà tant fait pour papa.

— C'était tout naturel. Mais je suis heureux que tu m'aies interrogé : ainsi, tu sais que quoi qu'il advienne, notre famille sera toujours à l'abri du besoin. S'il m'arrivait quelque chose...

— Ne dis pas de sottises, Hugo. Tu es dans la force de l'âge.

Hugo enfila sa veste de smoking et prit les mains de sa femme.

— S'il m'arrivait malheur, promets-moi de ne toucher à

cet argent qu'en tout dernier recours, l'enjoignit-il, solennel.

— Je te le promets.

Il l'embrassa et la mena vers le rez-de-chaussée.

Le vent s'apprêtait à tourner, et Hugo le savait. Après les années fastes qu'avaient été 1927 et 1928, le krach guettait. Mais c'était Noël. Hugo répugnait à gâter la fête. Il tiendrait sa langue.

Le dîner de Noël de Cavendon constituait une tradition depuis plus de quatre-vingts ans. Or Charles attachait beaucoup d'importance aux traditions.

En promenant les yeux sur sa parentèle assemblée autour de la table dressée pour l'occasion, il ne put réprimer un élan de fierté. Ses filles resplendissaient, parées de leurs plus beaux atours. Miles, son fils unique et héritier, ne l'avait jamais déçu. Cecily, sa future bru, lui inspirait une admiration croissante. Quant à ses gendres, ils faisaient le bonheur de leurs épouses, ce dont Charles leur savait gré. Il était bien placé pour savoir qu'au jeu du mariage, on ne gagne pas à tous les coups, or aussi bien Hugo Stanton que Paul Drummond s'étaient révélés des maris attentionnés et d'excellents pères de famille. Paul avait été le premier à dérider Diedre après des années de célibat morose. Et James Brentwood était pour ainsi dire irréprochable : beau, talentueux et dépourvu de vanité. Il idolâtrait Dulcie, ce pour quoi Charles ne lui jetait pas la pierre.

Son regard s'arrêta sur son fils. Il connaissait sa situation délicate et le plaignait de tout son cœur. Mais les escroqueries de lord Mildrew feraient le jeu de Miles. Sitôt passées les fêtes de fin d'année, il consulterait ses avocats pour tirer le meilleur parti de ce rebondissement. Le jeune homme divorcerait, épouserait Cecily et lui donnerait enfin un nouvel héritier.

Sa sœur Vanessa lui souriait avec chaleur, et il lui adressa un petit signe de tête. Elle aussi avait trouvé le bonheur. Elle l'avait attendu longtemps, mais cela en avait valu la peine : Richard et elle nageaient dans le bonheur, cela crevait les yeux.

Tante Gwendolyn, la doyenne, présidait, plus imposante que jamais. Jamais on n'aurait cru, à la voir, qu'elle allait sur ses quatre-vingt-neuf ans. « Je vivrai cent ans, Charles, lui avait-elle annoncé avant le dîner. Tu verras ! » Il la croyait sur parole. Avec sa santé de cheval et sa volonté d'acier trempé, elle les enterrerait tous !

Enfin, Charles croisa le regard de sa femme. Charlotte. Elle avait toujours fait de lui et des siens sa priorité. Elle défendrait Cavendon et les Ingham jusqu'à son dernier souffle.

Son clan au grand complet l'entourait. Depuis qu'il avait hérité du titre, il n'avait eu qu'une chose à cœur : fédérer les siens et veiller sur eux du mieux qu'il le pouvait. Ce soir-là, il avait le sentiment d'y être parvenu.

Deux semaines plus tôt, Charles s'était en outre décidé à vendre sa résidence de Grosvenor Square à un riche maharadjah indien et le personnel de maison avait été rapatrié à Cavendon. Afin de conserver un pied-à-terre à Mayfair, il avait trouvé une adorable maisonnette de ville sur Queen Street. Eric et Laura se chargeraient de l'aménager après les fêtes. Les Swann n'avaient jamais manqué de diligence quand il s'agissait de servir les Ingham ! Ils constitueraient l'ensemble du personnel de maison de la nouvelle demeure, avec une femme de chambre en renfort.

Hanson et Eric Swann apportèrent le plat principal, aidés de deux valets, puis le vin fut servi. Ian Melrose et Gordon Lane découpèrent le canard, versèrent la sauce. Chacun paraissait dans son élément, et la cuisinière s'était surpassée, de sorte que la tablée retentit bientôt des rires et des joyeux bavardages des convives.

Une fois le plat terminé, Charles se leva.

— Rassurez-vous : je serai bref, commença-t-il. Je tenais simplement à tous vous remercier d'être présents ce soir, et à porter un toast à mes quatre filles, ainsi qu'à Cecily. Pour tout ce que vous avez fait pour le domaine ces deux dernières années, je vous suis très reconnaissant. Vous êtes mes anges gardiens ! Pour votre générosité, pour votre versant, je vous remercie. Je lève mon verre aux femmes de Cavendon Hall.

Autour de la table, chacun l'imita.

Noël était passé depuis plusieurs jours quand Miles se rendit chez Cecily, dans l'ancienne maison de Charlotte. Il comptait la persuader de s'installer avec lui dans ses quartiers : elle y était la bienvenue ; ni Charlotte ni le comte ne se permettraient le moindre commentaire.

Le garde-chasse l'avait averti qu'une tempête de neige menaçait. Il fallait convaincre Cecily qu'il serait dangereux de demeurer seule dans la maisonnette isolée. Elle protesterait certainement mais il n'en démordrait pas : sa sécurité passait avant tout.

Il la trouva en train d'enfiler son manteau.

— Où vas-tu, ma chère ?

— Je me rendais chez toi, sur les conseils de ma mère. Percy fait la tournée du village pour prévenir les habitants de l'imminence de la tempête, et elle préfère me savoir auprès de toi, dans mon état...

Elle s'interrompit : elle en avait trop dit !

— Dans ton état ? répéta Miles, sans comprendre.

— Je voulais dire : dans l'état actuel des choses... Au fait, que vont faire Genevra et les siens ? Ma mère s'inquiète à leur sujet...

— Percy veillera à ce qu'il ne leur arrive rien. Peut-être les logera-t-il dans une de nos fermes le temps que le climat se radoucisse. Ne te soucie de rien !

La tempête n'éclata pas ce jour-là. Le ciel commença même par se dégager et, pendant plusieurs jours, le temps se montra clément. Mais, le 28 décembre, en ouvrant ses rideaux, Miles poussa un petit cri. Dehors, tout était blanc. Des bourrasques faisaient voler la neige par paquets et courbaient les troncs nus des arbres. De lourds nuages s'amoncelaient dans le ciel.

Miles songea aussitôt à l'aile nord. Si le toit y avait été réparé, de nombreuses pièces demeuraient fragiles, et d'autant plus vulnérables aux intempéries qu'elles étaient exposées aux vents les plus virulents, ceux qui provenaient de la mer du Nord...

Cecily dormait encore. Miles se glissa hors de la chambre sur la pointe des pieds. Il n'était que six heures du matin, mais le temps pressait. On allait avoir besoin de lui.

Il trouva son père dans la salle à manger, en train de déjeuner avec Paul et Hugo. Tous partageaient manifestement son inquiétude. Ils discutèrent des mesures à prendre.

— Et vous, Hanson, qu'en pensez-vous ? demanda Miles au majordome qui lui versait son café.

— Il faut nous barricader, Monsieur. Nous risquons d'être cloîtrés ici quelques jours. Les ouvriers s'attacheront à déblayer les environs dès que possible, mais en attendant, préparons-nous à passer une rude semaine.

Ces sombres prédictions se vérifièrent : les chutes de neige redoublèrent, puis vint la pluie, que des vents glaciaux changèrent en gel. Le verglas recouvrit tout et il fallut répandre sel, cendres et sable sur les sentiers.

Les Ingham se résolurent à prendre leur mal en patience. James et Dulcie étaient repartis le 27 ; ils fêteraient la Saint-Sylvestre en compagnie des sœurs et de l'agent de l'acteur. Restaient Diedre, Paul et Robin, ainsi que Vanessa et Richard, en plus des résidents permanents de Cavendon.

Charles avait profité de la présence de Richard Bowers pour le sonder au sujet de l'affaire Mildrew : le père de Clarissa n'avait pas encore été arrêté, mais ce n'était qu'une question de temps. Il s'agissait dans l'intervalle de rassembler le plus grand nombre possible de témoignages... Une conclusion s'imposait : bientôt, Clarissa n'aurait plus d'autre choix que d'accéder à la requête de son mari.

Pendant la tempête, Cecily, recluse, s'acquitta de la comptabilité annuelle de son entreprise. La boutique était prospère, le partenariat avec Harte's tenait toutes ses promesses, et même sa ligne de robes de mariée remportait déjà un certain succès. La collection de diadèmes, notamment, avait séduit les Londoniennes. A partir des quatre tiares en diamant achetées aux Ingham, Cecily avait fait réaliser des copies si remarquables qu'on les différenciait à peine des vraies, et les clientes de la capitale se les arrachaient. Mais c'était ses accessoires – sacs, broches, souliers – qui faisaient le plus gros des ventes. « De nos jours, les jeunes femmes n'ont pas toutes les moyens de s'offrir des diamants, mais un joli sac, voilà qui reste abordable pour tout le monde, avait un jour remarqué Dulcie. Ainsi, vous mettez votre marque à la portée de tous. » La jeune fille ne cessait de l'étonner par la justesse de ses analyses. D'ailleurs, sa galerie d'art prospérait. Elle s'était adjoint les services d'une antiquaire aguerrie, une certaine Mélanie Oakshot, forte de vingt ans de métier, venue avec son assistante, Bethany Armitage.

On frappa à la porte. C'était Charlotte.

— J'ai une surprise pour toi, ma chérie.

— Une surprise ?

— J'ai convaincu Charles de vendre de nouveaux bijoux

de sa collection. Et si nous descendions au coffre pour sélectionner les pièces susceptibles de t'intéresser ?

— Oh ! avec plaisir. Merci, ma tante.

Quand sonna l'heure du déjeuner, Miles affichait un grand sourire.

— Les températures remontent, annonça-t-il. La neige commence à fondre ; le dégel ne devrait plus tarder.

— Miles... intervint Diedre. Je suis navrée d'avoir à te l'apprendre, mais j'ai remarqué des traces de fuite au plafond de ma salle de bain ce matin. Je l'ai signalé à Hanson, mais il va falloir procéder à une nouvelle inspection du manoir.

— Flûte ! tonna Miles.

— Ted et ses ouvriers s'en chargeront, l'assura son père. Ils font chaque jour le tour des pièces à risque. C'est l'aile nord qui a subi le plus de dégâts, comme l'an passé.

On servit la soupe préférée de Miles – la cuisinière avait un faible pour lui –, du poulet rôti, des légumes, des pommes au four. Tout le monde mangeait de bon appétit. Sauf Cecily.

— Tout va bien, ma chère ? s'enquit Miles, plein de sollicitude.

— Je ne me sens pas très bien, admit-elle. Puis-je me retirer ? Je voudrais m'allonger un moment.

— Veux-tu que je t'accompagne ? proposa sa tante.

— Non, merci, ce n'est pas la peine.

Miles recula sa chaise.

— Je vais l'escorter. Papa, Charlotte, si vous voulez bien m'excuser...

— Dois-je appeler le docteur Laird ? suggéra le comte. La route doit être à nouveau praticable.

— Pas dans l'immédiat, merci.

Miles accompagna sa femme, qui s'appuyait sur son bras, jusqu'à sa chambre tout en la questionnant :

— Tu n'es pas toi-même depuis la Saint-Sylvestre. Que t'arrive-t-il ?

— Miles, j'ai quelque chose à t'avouer, murmura-t-elle gravement.

Il haussa un sourcil. Ce ton ne lui ressemblait guère.

— Je t'écoute.

Ils étaient parvenus dans la chambre ; Cecily alla ouvrir la fenêtre et huma une bouffée d'air frais avant de se lancer.

— Je suis enceinte, Miles. Je porte ton enfant depuis dix semaines.

Miles en resta muet de stupeur. Lentement, un sourire béat se peignit sur son visage, et ses yeux s'embuèrent de joie. Il lui ouvrit les bras, l'enlaça, baisa ses joues, son nez, son front.

— Un bébé, murmura-t-il quand il eut retrouvé sa voix. Un bébé !

Cecily riait, soulagée.

— Un bébé illégitime, si tu ne divorces pas avant l'été, précisa-t-elle tout de même.

— Compte sur moi, ce sera réglé d'ici là ! Je suis plus déterminé que jamais. Et papa me soutiendra.

— Tu n'es pas fâché, dis ?

— Je suis furieux... de ne pas t'avoir épousée il y a huit ans. Mais pour le reste, je suis un homme comblé ! Est-ce que... Ceci, puis-je toucher ton ventre ?

— On ne sent pas encore grand-chose, tu sais. Mais si cela peut te faire plaisir...

Il plaça sa paume contre son abdomen.

— Et toi, que ressens-tu ? lui demanda-t-il à mi-voix.

— Je ressens... un changement. Des gonflements, de légères nausées...

— Rien de trop pénible, j'espère ? As-tu vu un médecin ?

— Bien sûr.

— Veux-tu qu'on fasse appeler le docteur Laird ?

— Non, je me sens déjà mieux. Il faut simplement que je me ménage. Je préfère ne pas alerter toute la famille de ma grossesse.

Miles pouffa.

— Tu sais, Ceci, ma famille n'est pas dupe. Chacun sait que nous ne passons pas nos nuits à jouer aux cartes, toi et moi... Je crois qu'ils sont parfaitement au courant de notre relation.

Cecily sourit complaisamment et s'assit dans un fauteuil.

— Nous sommes le 4 janvier. Penses-tu que Clarissa soit rentrée de Suisse ?

— Je ne t'en ai rien dit, mais je lui téléphone quotidiennement deux fois au moins, en vain. Personne ne décroche jamais. Papa propose que nous sollicitions l'aide de nos avocats dès la semaine prochaine. Il est temps de monter au front. Avec un peu de chance, nous n'aurons même pas à lui forcer la main, elle s'inclinera d'elle-même, au vu de la situation de son père.

— Je l'espère, Miles. Je veux que notre enfant soit légitime. Je veux te donner un héritier.

— Aie confiance, Cecily, future madame Ingham. Aie confiance.

Hugo avait une marotte : il adorait éplucher la rubrique des faits divers dans les journaux, et affectionnait même la lecture de la presse à scandale. Dans la famille, on s'en amusait : il s'agissait, somme toute, d'un passe-temps innocent. Tous les dimanches matins, il se retirait dans son bureau de l'aile sud pour s'y adonner, et n'émergeait qu'à l'heure du déjeuner. Daphné avait appris à ses enfants à ne pas déranger leur père pendant ces moments où il se détendait et se changeait les idées.

Ainsi, un dimanche matin du début du mois de janvier, Hugo se carra dans un fauteuil devant la cheminée et feuilleta le *New York Times*. Il s'apprêtait à le remiser pour entamer la lecture d'une de ses feuilles de chou quand quelque chose attira son regard. Soudain, il se redressa vivement. Puis il posa le journal et se leva d'un bond, quitta son bureau, gravit l'escalier quatre à quatre et tambourina à la porte de Miles.

— Qu'y a-t-il, Hugo ? Tu vas réveiller Cecily...

— Suis-moi. J'ai quelque chose à te montrer.

60

Dans son bureau, Hugo reprit l'exemplaire du *New York Times* et le tendit à son beau-frère.

— Lis.

Intrigué, Miles scruta la une.

DES CITOYENS BRITANNIQUES
VICTIMES D'UNE AVALANCHE
Chamonix, France
6 janvier 1929

« Une avalanche meurtrière a fait quarante-deux victimes et trente blessés à Chamonix, dans le massif du Mont-Blanc, hier. Parmi les victimes se trouvent Mme Clarissa Ingham, fille de lord John Mildrew, et son fiancé, M. Philippe Meurice, un financier français. Les jours de lord Mildrew ne sont pas en danger, quoiqu'il ait été blessé lors de la catastrophe. Il se trouvait en effet à bord d'une remontée mécanique lorsque l'avalanche s'est produite, provoquant la rupture des câbles et la chute des nacelles. "La survie du capitaine d'industrie relève du miracle", a affirmé un enquêteur à notre correspondant. On ne compte pas d'autre survivant sur la remontée mécanique.

Des témoins rapportent qu'un grondement sourd a

empli la vallée juste avant que s'abattent sur le versant d'importantes masses de neige. L'avalanche a tout emporté sur son passage ; on s'emploie actuellement à rechercher les corps des skieurs ensevelis. Parmi eux, les citoyens britanniques M. Peter Pullen, Mme Jessie Green... »

Miles arrêta là sa lecture. Les noms qui suivaient ne lui étaient pas familiers. Bouche bée, il fixa son beau-frère.

— Que faisait-elle en France ? Je la croyais en Suisse... Et qu'est-ce que c'est que cette histoire de fiancé ? Nous étions encore mariés, que je sache ! (Il se prit la tête à deux mains.) Seigneur... Quelle mort effroyable...

— Le *New York Times* a eu la décence de ne pas vous mentionner, le comte et toi, mais les tabloïds vont en faire leurs choux gras. Toi et Charles devriez regagner Londres, mais que Cecily reste un moment ici : elle y sera à l'abri des journalistes sans vergogne.

— Tu as raison. Merci.

— Miles, murmura Hugo, la mort de Clarissa est une tragédie mais elle fait de toi un homme libre.

— Je sais. Je monte parler à Cecily. Puis j'irai trouver papa.

— Je me charge de l'avertir. Reste auprès d'elle.

— Merci, Hugo.

Mais Miles ne se rendit pas tout de suite dans la chambre où dormait Ceci. Il s'isola d'abord un instant et se laissa tomber sur un canapé, abasourdi.

Clarissa était morte.

Même dans ses rêves les plus fous, ou ses pires accès de rage, Miles n'avait jamais souhaité un tel dénouement. Personne ne méritait de connaître une fin pareille.

Un froissement d'étoffe lui fit lever les yeux. Cecily se tenait devant lui, drapée dans sa robe de chambre.

— Tu ne m'as pas réveillée pour le petit déjeuner ?

— Non, tu dormais trop bien.

Il s'avança vers elle et l'enlaça.

— Assieds-toi, Ceci. Il est arrivé quelque chose...

— Tu es pâle, Miles... C'est grave ?

Il lui raconta tout.

— Hugo craint que nos noms se trouvent mêlés à l'affaire. Tu devrais rester ici quelque temps. Papa et moi serons vraisemblablement sollicités par des journalistes...

— Entendu. Cela me fera du bien. Mais, Miles... Quelle horreur ! La pauvre femme...

Les journaux fondirent sur la tragédie comme la misère sur le pauvre monde. Chacun y alla de son portrait de lord Mildrew, de la biographie de Clarissa, de ragots concernant son mariage avec Miles Ingham, et de Cecily Swann, sa rivale. Ils ne reculèrent devant aucune spéculation. Mais les Ingham s'en moquaient. Et Cecily aussi. Elle portait en son sein l'enfant de son amant.

— Qu'ils écrivent donc ce que bon leur semblera ! éructa un jour Charles. La bave du crapaud n'atteint pas la blanche colombe. Nous sommes au-dessus de tout cela.

— Du reste, nous n'avons pas été si malmenés par la presse, observa son fils. C'est sur lord Mildrew qu'ils s'acharnent.

Grâce à l'intervention de leurs avocats, les Ingham avaient récupéré la demeure de Kensington, qui leur revenait de droit, et Miles s'apprêtait à la remettre sur le marché. L'argent de cette vente permettrait de poursuivre les réparations de Cavendon.

— Merci pour ton appel, oncle Howard, dit Cecily. C'est très gentil à toi. Miles aime être au courant de tout.

— Je t'avais promis de te prévenir des dernières nouvelles. Lord Mildrew devrait être coffré sitôt remis de ses blessures. Certains de mes collègues montent la garde devant sa chambre d'hôpital à l'heure où je te parle.

— Tant mieux. Cet homme ne devrait pas être autorisé à circuler en liberté.

— Mais parlons de choses plus joyeuses. Quand aura lieu la noce, Ceci ? Attends, je te passe Dorothy, elle trépigne.

— Allô, Ceci ?

— Bonjour, tante Dottie. Je suis désolée, je vais devoir prolonger mon séjour dans le Yorkshire, sur ordre du docteur Laird.

— Je t'en prie, prends tout ton temps ! Je fais tourner la boutique. Dulcie me donne un coup de main, et Diedre propose de venir en renfort au besoin. Je voulais juste te dire que ta robe est prête. DeLacy te l'apportera demain.

— Il me tarde de la voir !

— Et moi je suis impatiente de la voir sur toi ! Devant l'autel... Miles à tes côtés...

Cecily eut un petit rire.

— Je n'en reviens toujours pas. Mon rêve se réalise enfin !

— Tu sais ce que dit ta tante Charlotte : le destin trouve toujours un chemin ! Elle sait de quoi elle parle.

Les deux femmes se dirent au revoir et Cecily resta seule – mais pas pour longtemps. Bientôt, la porte du salon s'ouvrit sur la doyenne du clan Ingham.

— Puis-je entrer ? Et palper votre ventre ? demanda lady Gwendolyn.

Cecily éclata de rire.

— Si vous voulez !

— Je plaisante, rassurez-vous, je n'en ai nullement l'intention. Ah ! Est-il rien de plus émouvant que le miracle de la vie ? (Elle s'avança.) J'ai un petit cadeau pour vous, Cecily. J'espère qu'il vous plaira.

Elle remit un paquet enrubanné à la future maman,

qui la remercia abondamment tout en défaisant le lien de satin. Elle souleva le couvercle d'un écrin de cuir rouge, pour découvrir une broche en rubis en forme de fraise.

— Qu'elle est originale ! s'émerveilla Ceci.

— Paul l'avait commandée pour moi en guise de clin d'œil : j'ai toujours raffolé de ce fruit. N'hésitez pas à la faire copier pour votre gamme de bijoux.

Touchée, Cecily abandonna toute retenue : elle sauta au cou de la matriarche et lui baisa les joues.

La cérémonie se déroula dans l'intimité, avec pour seuls invités les parents des mariés. La robe de Cecily, avec sa taille Empire, dissimulait son ventre naissant ; elle l'avait conçue exprès. Les « Quatre D » portaient des robes bleues assorties à leurs yeux, comme à leur habitude.

C'était au mois de mars – Miles avait catégoriquement refusé d'attendre plus longtemps. Et Cecily partageait son avis : après tant d'années, et trois demandes, il était grand temps !

Charles en personne servit de témoin à son fils. Walter Swann mena sa fille jusqu'à l'autel.

L'église croulait sous les fleurs. Etait-ce leur parfum qui tournait la tête de Cecily, ou cette impression de vivre un rêve éveillé ? Le soleil perçant les vitraux inondait la nef de mille couleurs féeriques...

D'une voix tremblante, Cecily articula « Je le veux ». Tant d'obstacles s'étaient opposés à son union avec l'homme qu'elle aimait qu'elle peinait encore à croire à la réalité de la scène ! Lorsque sa voix à lui résonna dans l'édifice, claire et assurée, cela ne fit plus aucun doute : tout était bien vrai. Voici qu'il l'embrassait et qu'elle sentait leurs deux cœurs battre à l'unisson.

— Nous voilà mariés, ma Ceci, lui chuchota son mari.

La marche nuptiale retentit et, fièrement, il l'entraîna vers la sortie.

Au-dehors, les mariés furent accueillis par les acclamations des villageois, dans un déluge de confettis et de pétales de rose que la bise faisait tourbillonner. La première personne que reconnut Cecily fut Genevra la gitane, un ruban rouge dans les cheveux.

— Attends, dit-elle à Miles. Il faut la saluer.

La sauvageonne leur sourit et tendit à Cecily un morceau de papier.

— C'est un cadeau. Regardez !

Cecily baissa les yeux : sur la feuille était tracé un carré surmonté d'un oiseau, et une main hésitante y avait inscrit quelques mots : « Swann maître ». Des années auparavant, Genevra avait réalisé le même dessin dans la poussière du bout de son bâton. Cecily comprit aussitôt.

— Qu'est-ce que cela signifie ?

Genevra inclina la tête et posa ses mains sur son ventre.

— Le bébé Swann, ce sera le maître, dit-elle.

Puis elle éclata de rire et détala à travers champs.

Le carré, c'était Cavendon ; l'oiseau, le cygne qui représentait les Swann.

— C'est un garçon, murmura Cecily. Je porte ton héritier, Miles.

Et quelques mois plus tard, par une chaude journée de juillet, après dix heures de travail, Cecily donna naissance à son enfant. On l'appela David Charles Walter Swann Ingham, en hommage à ses aïeux.

— Il est parfait, déclara Miles dans un souffle le jour de son baptême.

Ils se tenaient sur le parvis de la chapelle du domaine, sous un fier soleil.

— Il a de qui tenir, répondit Cecily en levant vers son époux des yeux adorateurs.

Miles se pencha et l'embrassa tendrement, ému. Enfin, ils goûtaient le bonheur qui les avait si longtemps fuis.

Les mariés passèrent le restant de l'été à Cavendon. Miles travailla à l'entretien du domaine aux côtés de Charles et Harry. Les fermes qu'on avait mises en location étaient devenues très rentables ; en revanche, de nombreux travaux de restauration nécessitaient toujours leur supervision. Cecily dessinait pour sa part de nouvelles collections tout en s'adonnant aux joies de la maternité. Elle n'aurait pu être plus heureuse...

Hugo et Paul discutaient avec Tim Drummond. Il était rentré la veille d'un déplacement professionnel à Paris, avec des nouvelles alarmantes.

— C'est le krach. Les spéculateurs se sont emballés, ont créé une bulle, et celle-ci est en train d'éclater. Voilà ce qui arrive quand Wall Street se dispense de toute forme de régulation... Bref, c'est pour bientôt.

— Voilà qui est inquiétant, marmonna Hugo. Nous sommes le 19 septembre. Quand redoutez-vous la crise boursière, exactement ?

— Je l'ignore. Vous n'êtes plus concernés, n'est-ce pas ?

— J'ai revendu tous mes titres à Wall Street sur tes recommandations, le rassura Paul.

— Il me reste quelques actions de Benjamin Silver... L'heure est donc si grave ?

— Je le crains. Lorsque la bulle éclatera, les Etats-Unis ne seront pas le seul pays touché. Nous allons au-devant d'une dépression d'ampleur mondiale.

— Seigneur..., murmura Hugo.

Le vendredi 20 septembre, par un bel après-midi ensoleillé, Cecily et Miles se reposaient au jardin quand Charles sortit les trouver. Le choc se lisait sur son visage. Il était arrivé un grand drame, cela sautait aux yeux. Charlotte marchait dans son sillage, livide.

Miles se leva d'un bond.

— Qu'y a-t-il, papa ?

— C'est une catastrophe. La Bourse de Londres vient de s'effondrer.

— Pas possible ! Mais comment ? Pourquoi ?

— Un certain Clarence Hatry, déjà condamné pour fraude et contrefaçon, serait à l'origine de la situation. Le marché est instable depuis des jours, on vend, on achète à tort et à travers, et un vent de panique soufflait sur les salles des marchés depuis une semaine déjà...

— Je ne comprends pas. Quelles sont les implications de cette crise pour nous ? s'enquit Cecily.

— Nous avons perdu des sommes colossales, laissa tomber le comte.

— Sommes-nous ruinés ? murmura Miles.

— Non. Mais il s'en est fallu de peu.

— Allons-nous perdre Cavendon ? insista Cecily.

— J'espère de tout cœur que non, mais je ne peux pas le garantir, lâcha le comte. Il faut interrompre les travaux sur-le-champ. Notre priorité, dorénavant, consiste à payer nos taxes et les traites de nos employés.

— Mais le chèque de Cecily...

— Dépensé. Il a couvert la réfection de la toiture, des sols, et la consolidation de la charpente... les impôts fonciers...

— Papa, dis-nous la vérité. Est-ce la fin ?

— Pas encore. Cecily a continué de nous racheter des bijoux : c'est ce qui nous sauve aujourd'hui. Mais il s'agit d'un sursis. Nous allons devoir nous serrer la ceinture, réduire toutes nos dépenses et vendre tout ce que nous pourrons...

Vaincu par l'accablement, Charles laissa sa phrase inachevée. Cecily, pour sa part, sentait sourdre en elle une immense détermination. Elle s'était toujours battue pour contrôler son propre destin. Prenant son enfant dans ses bras, elle se leva et gravit les marches du perron. Là, elle contempla l'imposante façade.

— Que fais-tu ? lui demanda Miles, qui s'était élancé à sa suite.

Pour toute réponse, Cecily s'adressa à son fils :

— Regarde bien ce manoir, mon enfant. Un jour, il t'appartiendra. Je t'en fais le serment. Cavendon sera tien, je m'y engage sur l'honneur. Je sauvegarderai ton héritage.

Cecily se tourna vers le parc.

— Et pas seulement le manoir, reprit-elle. Mais encore ses milliers d'hectares, ses chasses et ses villages, qu'il t'appartiendra de protéger. Tu seras comte de Mowbray, mon fils. Et tu assureras la survie de la dynastie.

Miles en restait sans voix. Jamais il n'avait vu sa femme si implacable, si résolue.

— Ce n'étaient pas des paroles en l'air, tu sais, murmura-t-elle, radoucie, en serrant l'enfant contre son sein. Nous allons nous battre, toi et moi. Pour Cavendon, et pour notre fils. Ton héritier. Le huitième comte de Mowbray. Entendu ?

Il posa la main sur l'épaule de son épouse.

— Entendu, répondit-il.

Il posa sur sa famille un regard solennel. Oui, il se battrait pour elle.

Remerciements

Mon mari, qui est producteur de cinéma, soutient que le public ne doit rien savoir de ce qui se trame en coulisse. Il prétend que cela détruirait l'illusion. J'imagine qu'il en va de même concernant la construction d'un roman. Je tiens néanmoins à remercier tous ceux et celles qui ont contribué à sa création.

Une fois écrit, tout roman est soumis à une équipe de relecteurs, éditeurs, etc. J'adresse un immense merci à mes amis de chez HarperCollins, Londres. Je salue tout particulièrement Lynne Drewe, responsable éditoriale : son sens de l'intrigue, du suspense et de la narration m'a été précieux ; nul ne sait comme elle sonder les motivations des personnages, et elle n'est jamais à court d'idées et de suggestions. Je remercie également ses collègues Kate Elton, pour son enthousiasme et son soutien, Martha Ashby, pour sa minutie et son œil de lynx, et Charlotte Brabbin, pour ses nombreux et précieux services. Ma reconnaissance va aussi à Susan Opie et à Penelope Isaac, dont le soutien ne s'est jamais démenti ces dernières années. J'ai également une pensée pour Elizabeth Dawson, des relations presses de HarperFiction, qui a assuré la promotion des *Femmes de Cavendon* et qui m'a fait rire chaque jour durant notre tournée ! Roger Cazalet, responsable de la stratégie éditoriale de la maison, et Oliver Wright, responsable des ventes pour le Royaume-Uni, ont droit eux aussi à toute ma reconnaissance pour leur excellent travail. Je remercie au passage toutes leurs équipes londoniennes.

Wendy Jeffrey, mon ancienne éditrice chez Doubleday, a quitté l'édition, mais nous sommes restées amies. Cela fait trente-cinq ans qu'elle relit mes manuscrits, par plaisir, mais aussi par générosité : ses remarques sont inestimables. Merci, Wendy.

Lonnie Ostrow, de Bradford Enterprises, est un génie de l'informatique qui m'a ôté plus d'une épine du pied lors de la préparation de mes manuscrits ou encore de travaux de recherche. Je le remercie, de même que Linda Sullivan chez WordSmart – son travail est toujours irréprochable.

Jamais je ne remercierai assez mon mari, qui comprend et approuve ma volonté d'écrire. Il est mon meilleur critique : ses commentaires sur mes manuscrits, qu'il relit assidûment, sont objectifs et pertinents. Bob dirige ma carrière avec la poigne d'un homme d'affaires et la fantaisie d'un cinéphile, et je lui dois énormément. C'est grâce à ses castings que j'ai pu voir mes personnages prendre vie à l'écran dans les adaptations de mes romans. Surtout, mon cher Bob, merci de la joie que tu m'apportes, chaque jour, tout au long de l'année.

Barbara Taylor Bradford a l'honneur de soutenir la National Literacy Trust, une organisation qui œuvre pour l'alphabétisation au Royaume-Uni. Elle multiplie en outre les initiatives défendant l'égalité des chances, surtout pour les femmes. Pour en savoir plus, veuillez consulter le site www.literacytrust.org/ barbarataylorbradford.

Composition et mise en pages
Nord Compo à Villeneuve-d'Ascq

MARQUIS

Québec, Canada

Cet ouvrage a été achevé d'imprimer en juin 2015
chez Marquis imprimeur inc.
Dépôt légal : juillet 2015

Imprimé au Canada